读懂汉字

人类与生活

子默◎著

中国出版集团
中译出版社

作者手记

中文的美丽，首先在于汉字。汉字是世界上仅有的形、音、义完美结合的表意文字，她不仅仅是记录汉语的符号，她还是一幅幅图画，更是一首首诗词，是世界上唯一一种将文字的书写变成艺术的文字。汉字的声色光影呈现在视觉上的艺术美感，悦人以目，感人于心，足以令任何拼音文字黯然失色。

从传说中黄帝时期的仓颉造字开始，汉字走过了四千多年的漫长岁月，是目前世界上使用时间最长的文字。在这漫长的历史长河中，汉字的字体在不断地演变着，汉字的读音和意义也在不断的变化中，但是汉字的灵魂始终不灭。她记录着古老的历史，承载着丰厚的文化，渗透着祖先的智慧和情怀，寄托着中国人独有的奇想与深刻的哲理，汉字发展演变的历史就是一部形象而生动的中华文明史。正如台湾著名作家余光中在他的散文《听听那冷雨》中所说："只要仓颉的灵感不灭，美丽的中文不老，那形象磁石般的向心力当必然长在。因为一个方块字是一个天地。"直到今天，中国人每天仍然使用着汉字，中国人的生活须臾也离不开汉字，她依然有着旺盛的生命力。即便今天已经进入数字网络时代，汉字书写似乎离我们渐行渐远；但是纵观汉字的历史，无论书写工具、书写方式和书写介质如何变化，中国人用来记录和书写汉语的依然是汉字。因为汉字是中华民族的文化之根，是中华民族得以安身立命的精神家园，每一个中国人都有着汉字情结。

正是由于汉字丰富的历史文化内涵、独特的艺术美感价值以及经久不衰的生命力，汉字才不仅仅是用来书写的，而是可以倾听和阅读的。倾听汉字的诉说，可以使我们形象地了解民族的血脉根基，从而更加清楚地认识自己；读懂汉字的故事，能够使我们重续与汉字的情缘，从而感悟并坚守书写的优美，不让美丽的汉字失落在键盘之中。

书中文物图片来自中国国家博物馆等单位，尤其得到中国国家博物馆藏品保管一部的大力支持与协助，在此深致谢忱！特别感谢本书的责编、美编、审校以及每一位为此书的出版付出大量精力与心血的朋友，特向他们致以诚挚的敬意！

2015年9月于北京

目录

上篇 人与人类

第一部分 与人的体态姿势有关的

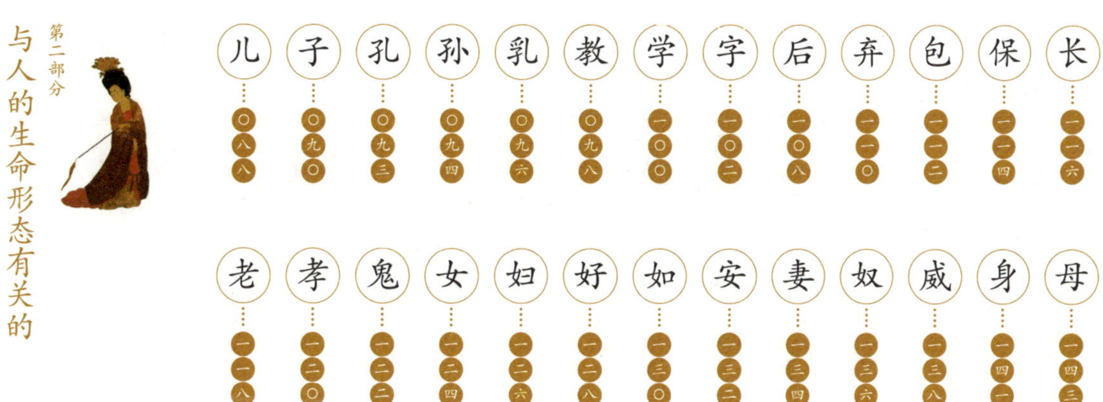

第二部分 与人的生命形态有关的

第三部分 与人的身体部位有关的

下篇 日常生活

第一部分 与服饰有关的

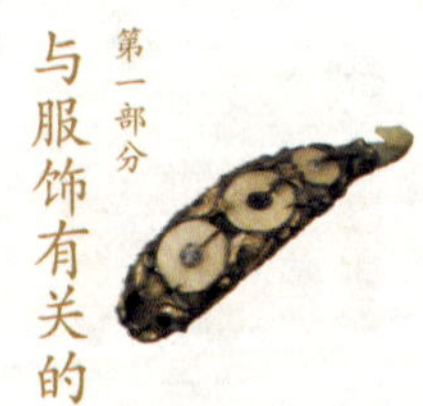

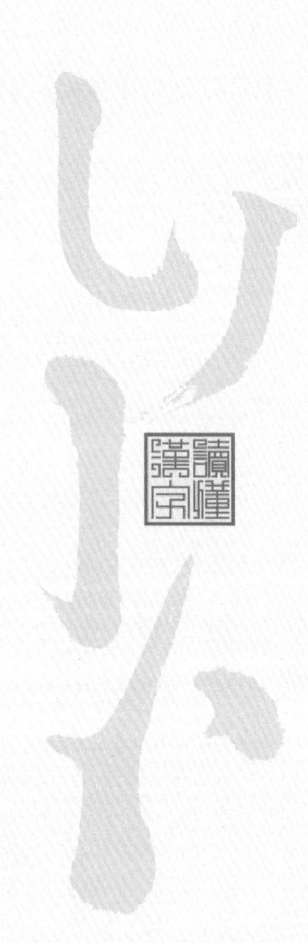

讀懂漢字

上篇

人与人类

第一部分

与人的体态姿势有关的

rén

【笔顺】丿人

【笔画数】2画

【部首】人（人部）

【结构】独体

【书写提示】“人”字是一撇一捺，捺的上端要在撇中间靠上的位置；注意不要与“入”相混。“人”在字的左边时写作“亻”，叫作单立人。

【词语】人丁兴旺　人定胜天　人欢马叫　人山人海　人声鼎沸　人仰马翻　诲人不倦　任人宰割　平易近人　一鸣惊人　人不可貌相

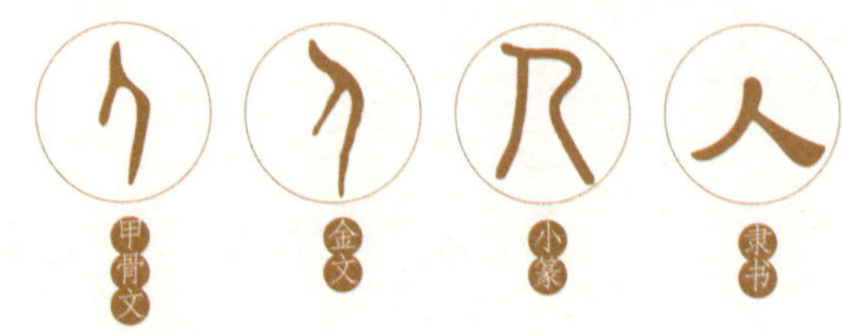

甲骨文中的“人”像一个面朝左侧立的人。这个侧立的人弓腰垂臂，面朝黄土背朝天，像在地里劳动的样子。劳动创造了人类，人类离不开劳动，我们的祖先对此有着深刻的认识，因此用一个劳动着的人的形象和姿态创造出了“人”字。

相传天地开辟之初，大地上并没有人类，女娲用黄土和水捏成团，仿照自己的样子造出了一个个小泥人。后来她觉得这样速度太慢，就用一根藤条蘸满泥浆挥舞起来，点点的泥浆洒在地上都变成了人。女娲就这样创造了生命，被称为“大地之母”。为了让人类永远延续下去，女娲又给人类立下了婚姻制度，使男女两性相互婚配，繁衍后代，因此被尊为中华民族的母亲。古人认为，“天地间，人为贵”，人是“天地之性最贵者”，是“万物之中有智慧者”，

是万物之灵，是天地的中心，是宇宙中最宝贵的生命存在。古人对人的认识肯定了人的自身价值，赋予人在宇宙中的崇高地位，蕴含着“以人为本”的思想。

“人”可以表示世间各式各样的人，如“工人、农人、猎人、军人、商人、主人、客人、行人、男人、女人、老人、强人、病人、成年人”；特指杰出的人，如“人才、人英、人杰”；又可以表示干事儿、干活儿的人，如“人手、人匠、人力、人员、人役、人浮于事”。“人”还可以表示自己、别人、每个人、大家等，如“本人、他人、个人、众人、人人、助人为乐、人云亦云、人手一册、受人尊敬”；泛指百姓，如“人黎、人等、天下人”；也泛指人世间，如“人世、人间、人宇、人寰、人境”；又可以表示人的身体、品质、性情、名誉等，如“人身、人体、人品、人性、人情、人欲、为人、丢人、人在心不在”。

汉字中以“人”为形旁的字多与人以及人的状态、动作、行为等有关，如“夫、夹、从、体、保、休、依、倚”等。

大林寺桃花

（唐代）白居易

人间四月芳菲尽，山寺桃花始盛开。

长恨春归无觅处，不知转入此中来。

qiān

【笔顺】㇒二千

【笔画数】3 画

【部首】十（十部）

【结构】独体

【书写提示】“千”字第一笔是撇，注意不要与“干”相混。

【词语】千里马 千锤百炼 千军万马 千钧一发 千言万语 千真万确 气象万千

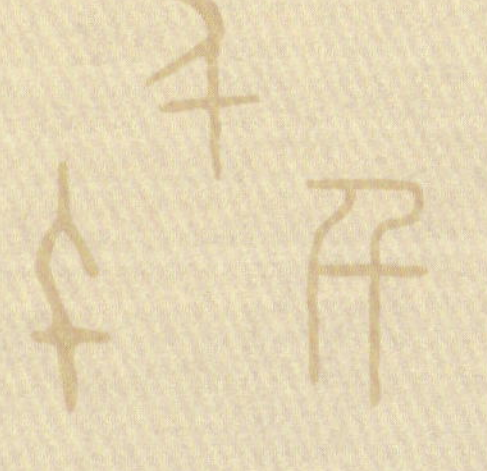

“千”在甲骨文中是指事字，在一个侧立的人身上加一横线，表示十个百的大数目，如“千人、千年、千乘”。金文字形与甲骨文一样，只不过人侧立的方向与甲骨文相反。“千”是个重要的大数，古人用“人”这个天地间的中心来表示。在甲骨文里，一千是在人身上加一横，两千在人身上加两横，依此类推。超过五千以后，大概古人认为这样表示很不方便，于是便采用了数字与“千”分写的形式。

“千”由具体的大数喻指数量很多的意义，如《乐府诗集·木兰诗》“愿驰千里足，送儿还故乡”；又如“千里迢迢、千篇一律、千金难买、千载难逢、千夫所指、名垂千古”。在汉语中，“千”常与“百、万”并用，表示数量极多，如《列子》“千变万化，不可穷极”；又如“千方百

计、千奇百怪、千姿百态、千疮百孔、千家万户、千秋万代、千呼万唤、千叮万嘱、千沟万壑、千千万万、成千上万、万水千山、万紫千红”等。

数字“千”的大写是“仟”，专用于财务账目票据，防止数目被涂改。

江畔独步寻花（其六）

（唐代）杜甫

黄四娘家花满蹊，千朵万朵压枝低。

留连戏蝶时时舞，自在娇莺恰恰啼。

wěi

【笔顺】 ㇇ ㇆ 尸 尸 尸 ⺆ 尾

【笔画数】7 画

【部首】尸（尸部）

【结构】半包围

【读音提示】“尾”又读作 yǐ。

【词语】摇尾乞怜 藏头露尾 彻头彻尾 摇头摆尾

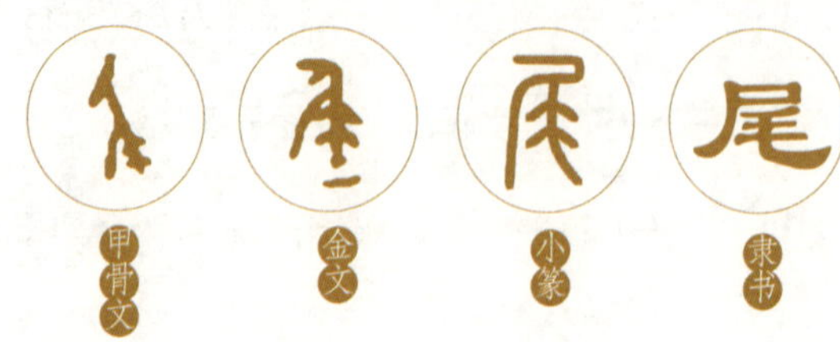

甲骨文中的“尾”像一个人身后拖着一条有毛的长尾巴的样子。古人在祭祀或舞蹈时，常用动物的毛系在身后作为装饰，至今在有些民族的服饰中仍能看到这样的装饰。“尾”的本义是人身后的尾饰，引申指动物的尾巴，如“鱼尾、牛尾、虎尾、狗尾续貂、虎头蛇尾”。成语“尾大不掉”出自《左传》，意思是尾巴太大身体就甩不动了；形容部属势力太大，以致无法控制。

“尾”由尾巴泛指事物的末端、后面，如《列子》“运于渤海之尾”，《国语》“夫边境者，国之尾也”；又如“首尾、末尾、扫尾、收尾、江尾、舟尾、尾句、尾灯、尾翼、尾数、尾声”。“尾”还引申为跟在后面、追随的意义，如“尾随、尾追、尾衔、尾其后”。“尾”又用作量词，表示鱼的数量，如“一尾鱼”。

“尾”是多音字，又读作yǐ，特指马尾巴上的毛和蟋蟀等尾部的针状物，如“马尾儿、三尾儿”。

卜算子

（宋代）李之仪

我住长江头，

君住长江尾。

日夜思君不见君，

共饮长江水。

此水几时休，

此恨何时已。

只愿君心似我心，

定不负相思意。

◎剪纸马

rén

【笔顺】丿 亻 仁 仁

【笔画数】4 画

【部首】亻（单立人部）

【结构】左右

【词语】仁而下士 仁人志士 仁至义尽 不仁不义 麻木不仁

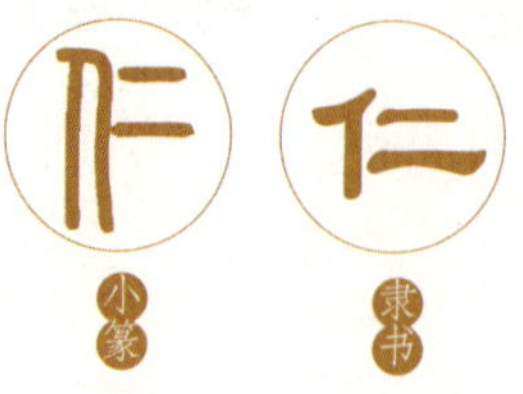

"仁"的小篆字形左边是人；右边是二，上面的一横代表天，下面的一横代表地，表示天地之间包容万物。"仁"表示人与人之间相互平等友爱的意义，如"仁爱、仁慈、仁厚、仁义、仁术、仁政、仁道、仁民爱物、一视同仁"。

在古代中国，"仁"属于道德范畴，其核心是爱人，即人与人相亲相爱，表现了一种文明友爱的人际关系，也表达出一种温情美好的社会理想。虽然"仁"字在甲骨文中还没有见到，但"仁"的思想在殷商时期就已经产生了，西周时期统治者开始提倡"仁"的理念，如《礼记》"上下相亲谓之仁""仁者，可以观其爱焉""温良者，仁之本也"。春秋战国时期，"仁"成为儒家思想的核心，儒家的代表人物进一步倡导"仁"的思想，如《孟子》"仁者，人也""仁者爱人"，强调"仁"对于人的重要性，指出人的本性是仁爱，人应当满怀爱意，对人要充满慈爱之心，行为处事应以爱为出发点。孔子在《论语》中赋予“仁”更加丰富的内容，把“仁”作为最高的道德境界，形成了以“仁”为核心的伦理思想体系，他认为孝悌是“仁”的基础，能够实行“恭、宽、信、敏、惠”这五种德行便是“仁”，具有“仁德”的人是“仁人”；他还提出“当仁，不让于师”，成语“当仁不让”即出于此，原指以仁为己任，无所谦让，后泛指遇到应做之事就主动去做，不能推诿；他主张“杀身以成仁”，不惜为实现“仁”而献身。我们祖先主张并崇尚的“仁”的美德源远流长，绵延数千年而不衰，在今天依然闪耀着中华文明的光辉。

“仁”还用作敬称，用于书信中，如称呼对方为“仁兄、仁弟”。“仁”又表示内核的意义，如“果仁、杏仁、虾仁、核桃仁”等。

赐萧瑀

（唐代）李世民

疾风知劲草，板荡识忠臣。

勇夫安识义，智者必怀仁。

xiū

【笔顺】丿 亻 亻一 什 什 休

【笔画数】6画

【部首】亻（单立人部）

【结构】左右

【书写提示】“休”字右边是“木”，中间一竖不带钩；注意不要与“体”相混。

【词语】休养生息 善罢甘休

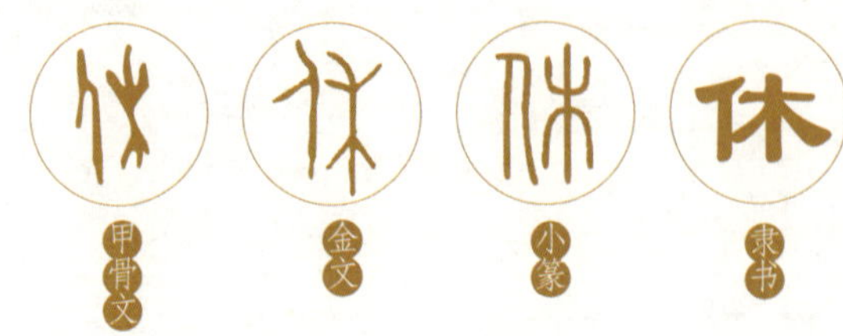

甲骨文中的“休”左边是人；右边是木，像一棵树。整个字像人背靠大树乘凉歇息的样子，表示歇息的意义，如《诗经》“南有乔木，不可休思”，《礼记》“毋休于都”，《晏子春秋》“景公猎，休，坐地而食”；又如“休息、休憩、休眠、休养”。

劳动之后的休息是愉快的，“休”由此引申为美好、愉悦等意义，如《周易》“顺天休命”中的“休”是美好的意思，《诗经》“既见君子，我心则休”和成语“休戚相关”中的“休”是高兴的意思。“休”由休息还引申为停止、结束的意义，如《诗经》“妇无公事，休其蚕织”，《战国策》“先生休矣”，《史记》“日夜无休时”；又如“休止、休战、休学、休耕、休官、休刊、罢休、解甲休兵、喋喋不休、不做不休”。“休”也特指休假，如“休沐、休告、公休、轮休、双休日”。

“休”在古代还表示解除婚姻的意义，如“休妻、休夫、休亲、休书、休弃”。“休”又用作副词，表示不、不要的意义，如“休想、休要、休提、休得无礼”等。

题临安邸

（宋代）林升

山外青山楼外楼，西湖歌舞几时休。

暖风熏得游人醉，直把杭州作汴州。

bīn

【笔顺】丶 丷 宀 宀 宀 宀 宀 宾 宾 宾

【笔画数】10 画

【部首】宀（宝盖部）

【结构】上下

【书写提示】“宾”字中间是“丘”，第三笔横的右端要出头。

【读音提示】“宾”读作 bīn，不要错读成 bīng。

“宾”在甲骨文中外面是宝盖，表示房屋，里面是人；整个字像有人来到房间里，表示家中的客人的意义。金文在人的下边增加了一个贝，指财物或金钱；整个字表示宾客携带礼物来到，主人也要以礼物相赠，以示尊敬。古代“宾”指贵宾，“客”指访者，《周礼》说：“诸公之臣相为国客，是散文宾客通称，对称则宾尊而客卑，宾大而客小。”

◎ 汉代宾主宴饮画像砖

可见古代“宾”“客”虽可通用，但对举时意义略有差异。“宾”是地位尊贵、受人尊敬的客人，如《诗经》“我有嘉宾，鼓瑟吹笙”，《荀子》“宾出，主人拜送”，《左传》“相待如宾”；又如“上宾、贵宾、来宾、外宾、国宾、宾朋、宾客盈门”。

“宾”的古字形反映出中国古代礼尚往来的待客习俗和中华民族热情好客的优良传统，宾客来了不仅要以礼相待，“相敬如宾”，而且要招待得细心周到，使客人感到“宾至如归”，就像在自己家里一样，这样才能“宾主尽欢”，这些传统一直保持至今。

“宾”在古代又用作动词，表示顺服的意义，如“四海宾服”。

江陵晦日陪诸官泛舟

（唐代）钱起

节物堪为乐，江湖有主人。
舟行深更好，趣久主弥新。
尊酒平生意，烟花异国春。
城南无夜月，长袖莫留宾。

sù

【笔顺】丶丶宀宀宀宀宀宀宿宿宿

【笔画数】11 画

【部首】宀（宝盖部）

【结构】上下

【书写提示】“宿”右下边是“百”，不要错写成“白”。

【读音提示】“宿”又读作 xiǔ、xiù。

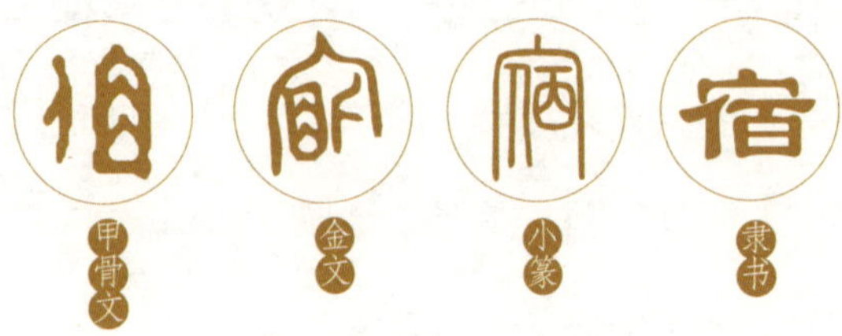

甲骨文中的“宿”左边是人，右边是躺卧用的席子，表示睡在席子上。金文外面是宝盖，表示房子；里面右边是人，左边是席子；整个字像一个人躺在屋里的席子上，表示过夜、住宿的意义，如《诗经》“出宿于干”，《孟子》“孟子去齐，宿于昼”；成语“风餐露宿”指在野外的风雨中吃饭，在露天睡觉，形容旅途的辛苦；又如“留宿、投宿、归宿、寄宿、借宿、露宿、宿营”。“宿”由过夜引申为守夜，如“宿直、宿卫、值宿”；又引申为停留，如“宿留、宿食、停宿”；特指军队驻扎，如“宿兵”。

“宿”也用作名词，由住宿引申为住宿的地方，古代官道上设有供人休息的住宿站，如《周礼》“三十里有宿，宿有路室”。“宿”还引申为夜晚，如《战国策》“不出宿夕，人必危之矣”；又如“宿膳、宿雾”。“宿”也引申为隔夜、隔年、隔世等意义，如“宿雨”指昨夜的雨，“宿雪”指过冬的雪，“宿麦”指隔年成熟的麦子，“宿命、宿福、宿孽”指前世造成的后果、福分、灾祸；由此又引申为以前、年老等意义，如“宿旧、宿疾、宿愿、宿怨、宿债、宿敌、宿仇、宿老、宿儒、宿将”等。

“宿”是个多音字，还读作 xiǔ，用作计算夜晚的量词，如“一宿、半宿”；又读作 xiù，表示天上的星座，如“星宿、二十八宿”。

太湖秋夕

（唐代）王昌龄

水宿烟雨寒，洞庭霜落微。

月明移舟去，夜静魂梦归。

暗觉海风度，萧萧闻雁飞。

bìng

【笔顺】丶 亠 广 广 疒 疒 疔 病 病 病

【笔画数】10 画

【部首】疒（病字旁部）

【结构】半包围

【书写提示】“病”字里面是“丙”，其中的“人”最后一笔捺要写作点。

【词语】病从口入 同病相连 药到病除 养病如养虎

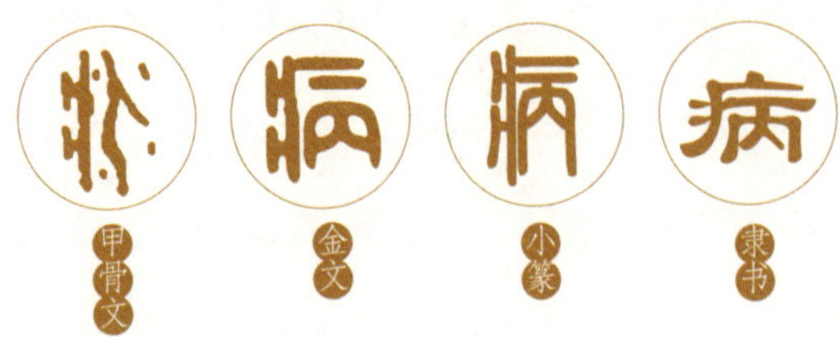

“病”在甲骨文中就是“疒”，看上去就像一个人大汗淋漓地躺在一张床上的样子，人周围的小点像病人因病痛而出的汗；整个字表示身患重病而卧床不起的意义。为了书写的方便，床和人都竖了起来。在金文中“病”变成了形声字，丙表示读音。现代汉语中“病”与“疾”是同义词，而上古时期这两个字在意义上却有一些差别，“病”指内患的重病，“疾”则比“病”轻，指外患的伤病，如“病笃”指病势沉重，“病亟”指病势危急。有个成语叫“病入膏肓”，指的是十分严重、难以治愈、危及生命的病，“膏”指心尖的脂肪，“肓”指心脏与隔膜之间的地方，古人认为膏、肓是针灸和药力都达不到的地方，如果病到了这里，病人也就没救了。

“病”由疾病引申为缺点、瑕疵，如《新唐书》“砭切政病”，又如“语病、毛病、弊病”；还引申为草木枯萎，如“病树、病草”。“病”又用作动词，表示损害、祸害的意义，如“病国殃民、祸国病民”。

“病”在字的左上边写作“疒”，叫作病字旁。汉字中以“病”为形旁的字多与疾病有关，如“瘟、疫、疯、癫、疤、癣、疼、痛、痒、疗”等。

酬乐天扬州初逢席上见赠

（唐代）刘禹锡

巴山楚水凄凉地，二十三年弃置身。
怀旧空吟闻笛赋，到乡翻似烂柯人。
沉舟侧畔千帆过，病树前头万木春。
今日听君歌一曲，暂凭杯酒长精神。

tíng

【笔顺】㇐ 二 千 壬 廷 廷

【笔画数】6画

【部首】廴（建之部）

【结构】半包围

金文中的“廷”右边是侧立的人，中间是土，左下边的直角表示庭院一角。整个字像一个人站立在庭院之中，表示宅内的空地，即庭院，是“庭”的本字，如《诗经》“子有廷内，弗洒弗扫”，意思是你有庭院却不去洒扫整理。

“廷”由庭院引申为朝廷的意义，指大臣们向君主朝拜并议事时站立的场所，如《韩非子》“无能之士在廷”，《史记》“廷见相如”“相如廷叱之”；又如“宫廷、汉廷、清廷”。在朝廷之上，满朝的大臣都是“廷臣、廷吏”；君臣之间有问有答，群臣之间也多有辩论，如“廷对、廷议”；臣子可以向君主谏言，如“廷争”；唐代武则天时举行了皇帝亲自策问的科举殿试“廷试”，头名状元叫“廷魁”；明代朱元璋则开了明朝“廷杖”之先例，使庄严神圣的朝廷变成了杖责大臣以示惩辱的刑场。“廷”还引申为地方官办公的厅堂，如“县廷”。

“廷”后来多用于引申意义，其本义另造“庭”字来表示。现在“廷”专用于“朝廷、宫廷”以及与朝廷有关的词语，“庭”则用于“庭院、家庭”及其相关词语。

岁暮

（唐代）杜甫

岁暮远为客，边隅还用兵。

烟尘犯雪岭，鼓角动江城。

天地日流血，朝廷谁请缨？

济时敢爱死？寂寞壮心惊！

yǒng

【笔顺】` 氵氶 永

【笔画数】5画

【部首】丶（点部）

【结构】独体

【书写提示】“永”五画，不要把第三笔分成两笔，也不要把第四笔和第五笔连成一笔。

【词语】永世长存　一劳永逸

甲骨文、金文中的“永”像一个人在一条由主流和分出的支流组成的河流中，表示人潜行水中，即在水中游泳的意义，是“泳”的本字，如《诗经》“汉之广矣，不可永思”，意思是汉水那么宽广，游泳是游不过去的。“永”由此引申为绵长的水流，如《诗经》“江之永矣，不可方思”，意思是长江那么长，划船是过不去的。

“永”由水流长引申为时间久远、连绵不断的意义，如《尚书》“惟以永年”“万世永赖”，《诗经》“且以永日”“维以不永怀”“永以为好也”；又如“永远、永久、永恒、永存、永昼、永年、永生、永别、永志不忘、永垂不朽”。正因为“永”表示时间长久的意义，古代君主都很喜欢以“永”为年号，希望自己的统治能够千秋万代、“永世无穷”。“永”由长、久、连绵不断又特指长吟，即歌咏，如《诗经》“乐郊乐郊，谁之永号”，这个意义后来写作“咏”。

“永”后来专用于引申意义，人们加水另造“泳”字来表示游泳的意义。

醉花荫

（宋代）李清照

薄雾浓云愁永昼，瑞脑消金兽。

佳节又重阳，玉枕纱厨，半夜凉初透。

东篱把酒黄昏后，有暗香盈袖。

莫道不消魂，帘卷西风，人比黄花瘦。

yù

【笔顺】丶 ⺀ 氵 氵 氵 氵 氵 氵 氵 浴

【笔画数】10 画

【部首】氵（三点水部）

【结构】左右

【书写提示】“浴”字右边是“谷”，上边是“八”，捺要写作点，不要错写成“人”；中间是“人”，不要错写成“入”。

“浴”的甲骨文下面是一个盛水的大器皿，上面是一个人，人两边的小点表示洗澡溅出来的水滴；整个字像一个人站在盆中用水清洗身体的样子，表示将身体浸入水中洗澡的意义，即我们今天所说的盆浴。小篆中的“浴”变成了形声字，左边是水，用作形旁；右边是谷，用作声旁。“浴”本义是清洗身体，如《左传》“二人浴于池”，《论衡》“浴去身垢”。《史记》“新沐者必弹冠，新浴者必振衣”，即意思是洗过头的人一定要弹弹帽子上的灰尘再戴上，洗过澡的人一定要抖抖衣服上的灰尘再穿上。

古代洗澡为“浴”，洗头为“沐”，洗手为“盥”，洗足为“洗”。“浴”是清洗身体，并不包括洗头、手、脚，如《周礼》“共王之沐浴”，“沐浴”合起来指洗头和洗身。后来“沐

浴”合用，表示现在洗澡的意义，即包含头、身、手、脚的全身清洗，“浴”也由洗身泛指洗澡，如“浴室、浴池、浴缸、浴巾、洗浴、淋浴、盆浴”。

洗澡时身体浸泡在水中，“浴”因此喻指浑身浸染的意义，成语“浴血奋战”用的就是这个意思，又如“海水浴、日光浴”等。

齐安郡后池绝句

（唐代）杜牧

菱透浮萍绿锦池，夏莺千啭弄蔷薇。

尽日无人看微雨，鸳鸯相对浴红衣。

队

duì

【笔顺】⺁ 阝 队 队

【笔画数】4 画

【部首】阝（双耳部）

【结构】左右

【书写提示】“队”字左边是“阝”，不要错写成“卩”；右边是“人”，不要错写成“入”。

甲骨文中的“队”右边像山丘，左边是头朝下倒着的人。整个字像人头朝下从山丘上掉下来，是“坠”的本字，如《左传》“公惧，队于车”，说的是齐襄公因心里害怕，从车上掉了下来。“队”后来被借用来表示纵向行列的意义，如“队伍、队列”；还引申为军队的编制单位，如《史记》“乃分其骑以为四队”；又引申为某种有组织的集体，如“球队、团队”。“队”也用作量词，表示成行列的人或车辆，如《左传》“以成一队”，又如“一队人马”。

“坠”本是“队”的俗字，“队”专用于假借意义后，人们就用“坠”来表示“队”的本义，如“坠落、坠下”。

xiàn

【笔顺】⁊ 阝 阝′ 阝⺈ 阝⺈ 阝⺈ 阝⺈ 陷 陷 陷

【笔画数】10 画

【部首】阝（双耳部）

【结构】左右

【书写提示】“陷”字左边是“阝”，不要错写成“卩”；右边是“臽”，不要错写成“舀”。

【词语】冲锋陷阵　人马俱陷　天塌地陷

小篆中的“陷”左边是阜，像山坡的石阶，表示山丘；右边是臽，像人掉进地坑中的样子，兼作声旁。“陷”表示人从高处坠落掉入坑中；泛指落入灾难之中，如“陷入、陷溺、沉陷”。“陷”由此引申为设计阴谋，使人落入危险之中的意义，如“诬陷、陷害”；也引申为攻破，如“攻陷、沦陷”；还引申为塌落、凹进去，如“塌陷、凹陷”。

“陷”也用作名词，表示猎捕野兽的坑，如“陷阱、陷坑”；引申为缺失、过失，如“缺陷”。

朱佑

（宋代）徐钧

万死逃生陷敌回，功能掩过亦良才。

君恩不是南阳旧，事业多从讲学来。

guāng

【笔顺】丨 丨丨 ⺌ 业 光

【笔画数】6画

【部首】小（小部）

【结构】上下

【词语】光彩夺目 光怪陆离 光明磊落 流光溢彩 韬光养晦 正大光明

“光”在甲骨文中上面是火，下面是跪坐着的人。整个字像一个跪坐着的奴隶头顶着照明用的火把、火炬或燃油灯，表示光亮、光芒的意义，如《诗经》“夜未央，庭燎之光”的“光”指火的光亮，《楚辞·九章·涉江》“与日月兮齐光”的“光”指日月的光芒；又如“阳光、月光、星光、灯光、晨光、荧光、反光、光芒四射、五光十色”。“光”引申为明亮、荣耀、好处等意义，如“光明、光彩、光天化日、光荣、光耀、增光、为国争光、脸上无光、沾光、借光”；还用作动词，表示增加光彩的意义，如“光宗耀祖、发扬光大”；又用作敬称，表示对来访之人的尊敬，如“光临寒舍、光顾小园”。“光”还引申为时光、景色等意义，如“光阴、光景、风光、春光”。

“光”也表示裸露的意义，如“光头、光脚、光着膀子”；还表示穷尽、一无所有的意义，如“精光、花光、吃光喝光、一扫而光”；又表示顺滑的意义，如“光滑、光溜、磨光了”。“光”还用作副词，表示仅仅，如“光说不练、光他一人不行”等。

静夜思

（唐代）李白

床前明月光，疑是地上霜。
举头望明月，低头思故乡。

© 战国人形青铜灯

qiú

【笔顺】丨 冂 冈 冈 囚

【笔画数】5 画

【部首】囗（方框部）

【结构】全包围

【书写提示】“囚”字里面的“人”最后一笔捺要写作点。

【词语】囚首垢面

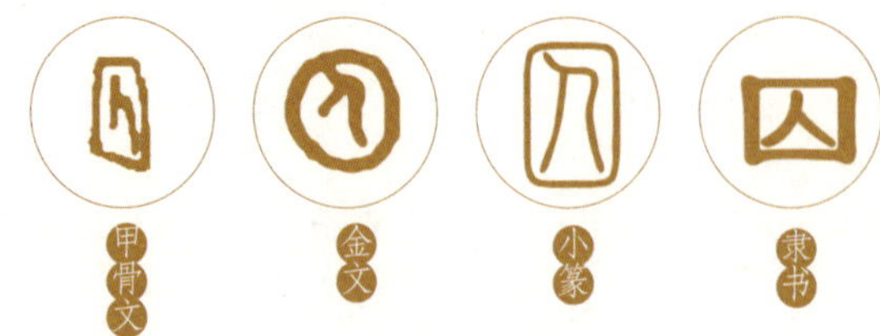

“囚”在甲骨文中外面是大方框，像四面围住的牢笼或陷阱；里面是一个侧立的人。整个字像人被关押在四面围住的牢笼或陷阱里，表示拘禁、关押的意义，如《报任安书》“韩非囚秦”，又如“囚禁、囚拘、囚桎、囚笼、囚牢、囚室、囚阱、囚衣”。古代在关押或解送犯人时往往用一种木制的笼子，叫作“囚笼”，因令犯人戴重枷立于笼中，故又称“立

◎ 山西平遥古城县衙内的古代囚笼

◎ 汉代解囚画像砖（局部）

枷、站笼”。囚笼笼顶开口，套于犯人颈部，使犯人昼夜立于笼中，可致其死亡。古代解送犯人的“囚车”，车上就是像囚笼一样的木制笼子，使犯人立于或跪于笼中。

“囚”由拘禁、关押又引申为在战争中俘获的意义，如“囚俘、囚执”。“囚”也用作名词，指被关押的犯人或俘获的俘虏，如《诗经》“在泮献囚”，《左传》“问秦囚”；又如“囚犯、囚徒、死囚、囚虏、阶下囚”等。

长安秋望

（唐代）赵嘏

云物凄清拂曙流，汉家宫阙动高秋。

残星几点雁横塞，长笛一声人倚楼。

紫艳半开篱菊静，红衣落尽渚莲愁。

鲈鱼正美不归去，空戴南冠学楚囚。

sǐ

【笔顺】一 ㄏ 歹 歹 歹 死

【笔画数】6 画

【部首】一（横部）

【结构】上下

【书写提示】“死”左下边是“夕”，不要错写成“夂”；右下边是“匕”，撇的下端不出头。

【词语】死不瞑目 死得其所 死灰复燃 死里逃生 死心塌地 救死扶伤 兔死狐悲 生离死别 大难不死，必有后福

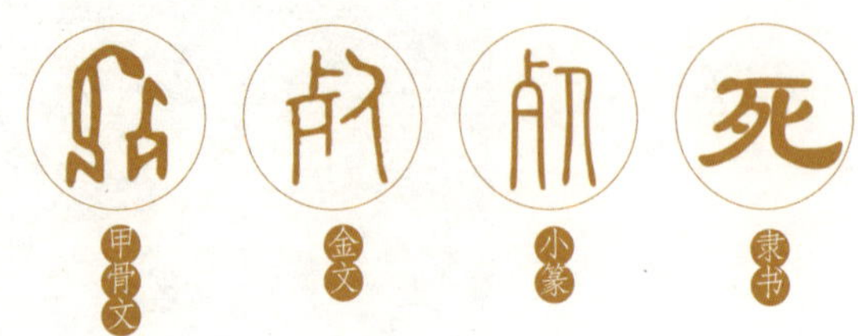

甲骨文中的“死”左边是一个低头跪着的人；右边是歺（è），表示残骨，代表死者。金文字形与甲骨文相同，只是歺在左边，人在右边。整个字像一个人跪在死者旁边祭奠、凭吊的样子，表示人生命结束的意义，与“生”相对，如《列子》“死者，人之终也”，《左传》“楚令尹死”；又如“死亡、死难、垂死、惨死、起死回生、死有余辜”。在古代，不同等级的人，死的叫法也有所不同。周代对死就有不同的称呼，《礼记》说：“天子死曰崩，诸侯死曰薨（hōng），大夫死曰卒，士曰不禄，庶人曰死。”又说：“小人曰死。”说明当时普通人去世才叫作“死”。

“死”引申为拼命、不顾生死、无生命等意义，如“死战。死守、死拼、死缠烂打、拼死一战、死灰、死寂、死火山、死气沉沉”；还引申为坚持不放、不灵活、不流动等

意义，如“心不死、死板、死心眼、死脑筋、认死理、死记硬背、死水一潭”；又引申为不可调和、不能通过、难以解开等意义，如“死敌、死对头、死角、死胡同、死路一条、死棋、死结”。

在口语中，“死”还用于骂人话，有的含有亲昵之意，如“死丫头、死老头子”。“死”又用作副词，表示达到极点，如“美死了、气死人、忙得要死、死要面子、东西死贵”等。

过零丁洋

（宋代）文天祥

辛苦遭逢起一经，干戈寥落四周星。
山河破碎风飘絮，身世浮沉雨打萍。
惶恐滩头说惶恐，零丁洋里叹零丁。
人生自古谁无死，留取丹心照汗青。

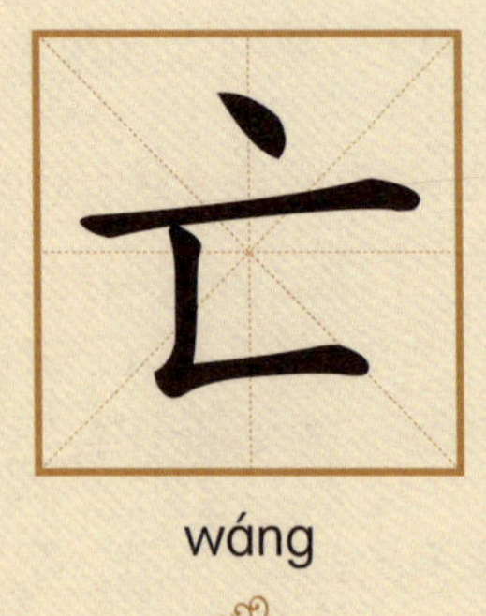

wáng

【笔顺】丶亠亡

【笔画数】3画

【部首】亠（点横部）

【结构】独体

【书写提示】“亡”三画，不要把第三笔分成两笔，错写成四画。

【词语】亡魂丧魄　亡命之徒　亡矢遗镞　唇亡齿寒　家破人亡　民族兴亡　名存实亡

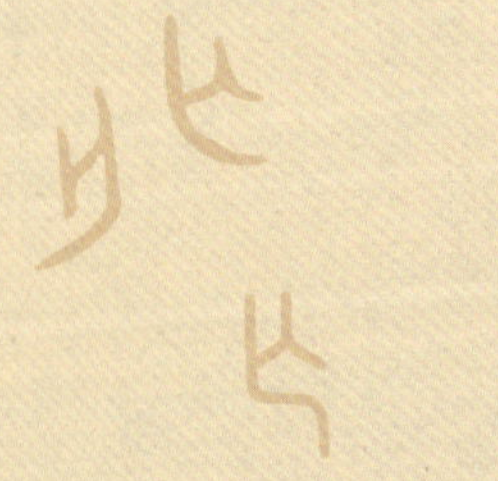

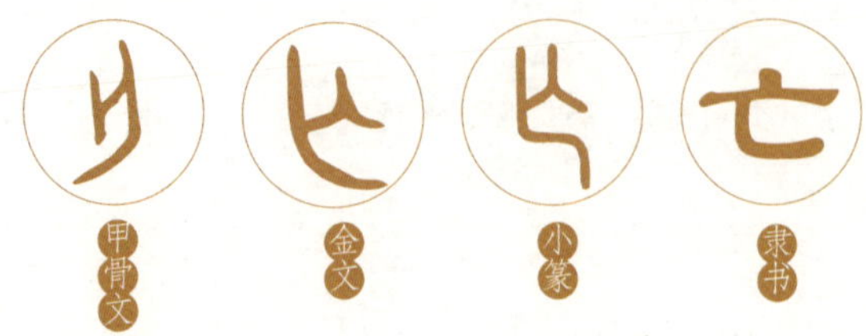

甲骨文和金文中的“亡”里面都像一个人，外面的直角像藏身的角落，所不同的是甲骨文和金文位置相反。“亡”的古字形表示一个人到了隐蔽的地方，本义是逃走、逃跑、逃匿，如《国语》“子牟有罪而亡”，又如“逃亡、流亡、亡命之徒”。“亡”由此引申为失去、丢失，成语“亡羊补牢”说的是丢失了羊之后如能及时扎紧围栏还不算晚，喻指有了失误要及时补救。“亡”还引申为死亡、灭亡等意义，如《战国策》“亡赵自危”，又如“亡灵、死亡”等。

泊秦淮

（唐代）杜牧

烟笼寒水月笼沙，夜泊秦淮近酒家。

商女不知亡国恨，隔江犹唱后庭花。

dà

【笔顺】一ナ大

【笔画数】3画

【部首】大（大部）

【结构】独体

【读音提示】“大”又读作dài。

【词语】大无畏 大惊小怪 大名鼎鼎 大显身手 大义凛然 夜郎自大

“大”在甲骨文中像一个伸着双臂、叉开两腿、正面站立的人。古人用一个顶天立地的高大的人来表示大小的大，如《尚书》“奠高山大川”，《诗经》“遵彼大路兮”，《列子》“此不为远者小而近者大乎”；又如“大山、大河、大风大浪、大海捞针、大腹便便、身高马大”。“大”由此引申为年长的、排行第一的，如《乐府诗集·孤儿行》“大兄言办饭，大嫂言视马”；又如“大女、大儿、大哥、老大、大男大女”。“大”还引申指品德高尚、知识渊博、技艺精湛的人，如《庄子》“吾长见笑于大方之家”，后有成语“贻笑大方”，指被有学问、有修养的人笑话；又如“大德、大贤、大师、大匠”。

“大”又引申为重要的、超出一般等意义，如“大事、大计、大旨、大典、大纲、大权、大赛、大志、大智大勇”。

◎ 新石器时代浮雕人像褐陶罐

"大"还用作敬辞，表示对对方的尊敬，如"尊姓大名"是询问对方姓名，"大作"指对方的诗文，还有"大人、大夫、大爷、大娘"。

"大"也用作副词，表示程度深或范围广的意义，如"大红、大团圆、大冷天、大反攻、大肆渲染、大举进犯、大吃大喝、大长志气、大发雷霆、大喜过望、勃然大怒"等。

"大"是多音字，又读作 dài，用于"大夫（医生）、大王"。

湖州歌

（宋代）汪元量

北望燕云不尽头，
大江东去水悠悠。
夕阳一片寒鸦外，
目断东南四百州。

fū

【笔顺】一 二 夫 夫

【笔画数】4 画

【部首】一（横部）

【结构】独体

【书写提示】“夫”撇的上端要出头，注意不要与“天”相混。

【词语】大丈夫

一夫当关，万夫莫开

古代男子成年后要把头发束起来，“夫”的甲骨文字形就像一个束着发站立着的人，头上的一横表示头上插的簪子，表示束发的成年男子。“夫”是成年男子，如《诗经》“夫也不良”，又如“匹夫、武夫、懦夫”。“夫”引申为女子的配偶，如《乐府诗集·陌上桑》“使君自有妇，罗敷自有夫”；又如“丈夫、夫婿、夫妇、夫妻、姐夫、夫唱妇随”。

古代男子多从事体力劳动，“夫”由此引申为从事体力劳动的男子，如“樵夫、农夫、渔夫、马夫、轿夫、车夫、纤夫、伙夫”；还引申为服劳役的男子，如“夫役、夫头”。“夫”又用作代词，相当于“他、那”，如《论语》“夫人不言，言必有中”。

“夫”在古代又借作助词，读作 fú，用于句首、句中或句末，表示疑问、感叹、推测等语气，如《史记》“夫秦

有虎狼之心”。孔子在《论语》中说：“逝者如斯夫，不舍昼夜。”孔子看见流水，不禁感叹光阴易逝，一去不复返，于是说出了时间就像这流水一样昼夜不停地流逝的话；“斯”指“川”，即河水，“夫”表示感叹的语气。

望夫石

（唐代）刘禹锡

终日望夫夫不归，化为孤石苦相思。

望来已是几千载，只似当时初望时。

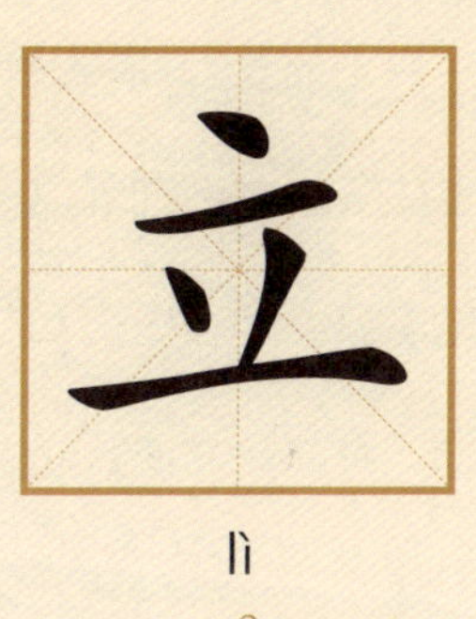

lì

【笔顺】丶 亠 亠 ⺍ 立

【笔画数】5 画

【部首】立（立部）

【结构】独体

【词语】立此存照　立竿见影　立功赎罪　立国之本　安身立命　成家立业　势不两立　亭亭玉立

◎ 新石器时代玉人

“立”的甲骨文字形是一个人正面站立在地上的样子，下面的一横表示地面。“立”表示站着、站立的意义，如《史记》“持璧却立”，又如“直立、挺立、肃立、立正、立候、立等可取、坐立不安”；由此引申为竖立、建立等意义，如《战国策》“乃立宗庙于薛”，又如“树立、确立、立碑、立德、立言、立业、立功、立身、立足、立眉

瞪眼、顶天立地”。孔子说“三十而立”，指的是一个人到了三十岁的时候应该有所建树、有所成就。“立”还引申为创建、制定的意义，如《史记》“足以立事”，又如“创立、建立、订立、立法、立案、立功、立文书、立军令状”；也引申为登基、继承王位的意义，如《吕氏春秋》“故立君”，又如“册立、立位、立储、立太子为王”。

“立”也用作副词，表示马上的意义，如“立刻、立即、立马、立见奇效、立等可取”等。

◎ 新石器时代人形彩陶罐

竹石

（清代）郑燮

咬定青山不放松，立根原在破岩中。

千磨万击还坚劲，任尔东西南北风。

yì

【笔顺】丶亠亣亦亦亦

【笔画数】6画

【部首】亠（点横部）

【结构】上下

【书写提示】“亦”下边的中间是一撇一竖钩，不要错写成一撇一竖或两竖。

【词语】亦真亦假　亦庄亦谐　不亦乐乎　人云亦云

甲骨文中的“亦”像一个正面站立的人，人两臂下各有一点，表示人的腋窝之所在。本义指人的腋窝，是“腋”的本字。后来“亦”借作副词，相当于“也、也是”，如“反之亦然”；还相当于“又”，如《左传》“先君何罪？其嗣亦何罪”。“亦”常连用，表示彼此并列，如“亦步亦趋”等。

“亦”后来专用于假借意义，人们又另造“腋”字来表示腋窝的意义。“亦”现在多用于书面语。

饮湖上初晴后雨（其二）

（宋代）苏轼

水光潋滟晴方好，山色空蒙雨亦奇。

欲把西湖比西子，淡妆浓抹总相宜。

yào

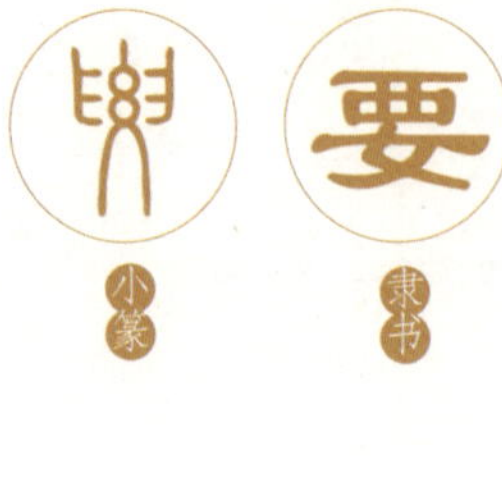

【笔顺】 一 丆 冂 襾 襾 覀 要 要 要

【笔画数】 9画

【部首】 覀（西部）

【结构】 上下

【书写提示】“要”字上边是“覀”，不要错写成“西”；下边的“女”三画，不要把第一笔分成两笔，错写成四画；注意不要与“耍”相混。

【读音提示】“要”又读作yāo。

◎ 唐代浮雕人物灰陶罐（局部）

小篆中的“要”中间像一个站立的人；两边是两只手，朝向人体中间的部位。整个字像一个人双手叉腰的样子，表示人体中间的腰部，是“腰”的本字，读作yāo，如《墨子》“楚灵王好细要”，“细要”即细腰；《荀子》“故量食而食之，量要而带之”，“量要”即量腰；又如“要支”即“腰肢”，“要章”是腰间佩带的印章。古代有一种酷刑，将人拦腰斩断，叫作“要斩”。

“要”由此引申为重要、关键的部分，读作yào，如

《韩非子》"事在四方，要在中央"；又如"主要、重要、险要、纲要、提要、扼要、摘要、显要"。"要"还引申为重大的、关键的，如《过秦论》"北收要害之郡"，又如"要事、要缺、要冲、要塞、要害、要领、要闻、要人、要犯、要言不烦"；又引申为索取、请求、力图实现等意义，如"要账、要债、要价、要饭、要好、要强、讨要、想要"。

"要"也用作助动词，表示即将的意义，如"将要、快要、饭要熟了、太阳要出来了"；也表示必须、应该的意义，如"要细心、不要着急"；还表示需要的意义，如"路上要两个小时"。"要"又用作连词，表示假设、选择等关系，如"要是、要么、要不、要不然"等。

由于"要"多用于引申意义，人们就用后起的"腰"字来表示"要"的本义。"要"是多音字，在"要求、要挟"等词语中读作 yāo。

石灰吟

（明代）于谦

千锤万击出深山，烈火焚烧若等闲。

粉身碎骨全不顾，要留清白在人间。

jiāo

【笔顺】丶 亠 亣 六 亣 交

【笔画数】6 画

【部首】亠（点横部）

【结构】上下

【书写提示】“交”字中间是“八”，捺要写作点，不要错写成“人”。

【词语】交相辉映 觥筹交错 不可开交

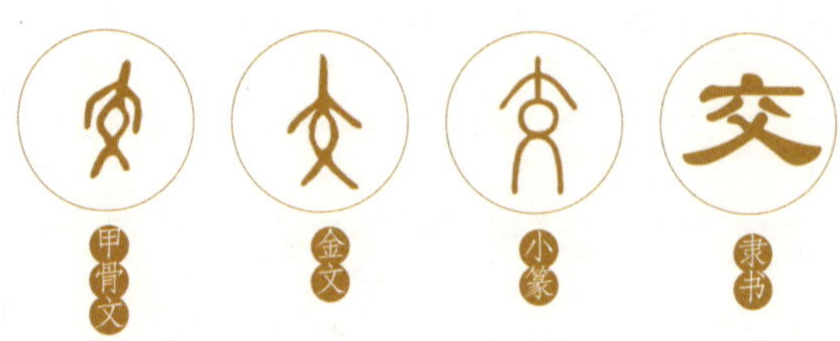

甲骨文中的“交”像一个人交叉着双腿的样子，表示两腿交叉的意义，如《礼记》“雕题交趾”，《战国策》“交足而待”。“交”由此泛指彼此交叉、交错的意义，如“交歧、交戟、交佩、失之交臂”；引申为来往结交、相识的意义，如《资治通鉴》“交游士林”，又如“交往、交际、交涉、交情、交友、社交、打交道”；还引申为接触、接替、互换等意义，如《诗经》“十月之交”，又如“交手、交战、交火、交兵、交换、交替、交易、交头接耳、贫困交迫、春夏之交”；又引申为托付、付给的意义，如“交班、交付、交纳、交账、交货、交学费”。“交”也喻指生物配种，如“交配、交媾、交尾、杂交”。

“交”还用作名词，表示友情、朋友等意义，如《战国策》“交浅而言深，是忠也”；又如“故交、旧交、深交、

◎ 战国蛙蛇形马饰

至交、私交、建交、邦交、绝交、断交、莫逆之交、一面之交、布衣之交”。“交”又用作副词，表示同时、一齐、相互等意义，如“交响乐、交口称赞、风雨交加、惊喜交集、情景交融”等。

四月

（明代）文徵明

春雨绿阴肥，雨晴春亦归。

花残莺独啭，草长燕交飞。

香篋青缯扇，筠窗白葛衣。

抛书寻午枕，新暖梦依微。

wén

【笔顺】丶 亠 ナ 文

【笔画数】4 画

【部首】文（文部）

【结构】独体

【词语】文不对题 繁文缛节 望文生义

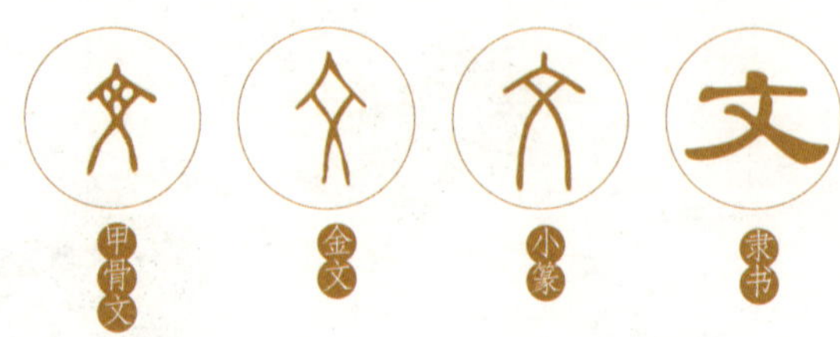

“文”在甲骨文中像一个人的胸部刺有花纹的样子。“文”的本义是在身体肌肤上刺刻花纹，也就是纹身，是“纹”的本字。古人在身上刺刻自己本部落图腾的图案和花纹，既是对自己所属族群的一种标示，以求神灵护佑，或驱鬼避邪；也是对自己身体的一种装饰，美化自己以吸引异性。“文”的古字形反映的就是远古时期人类“被发文身”的古老习俗。商周时期，吴越等国就有纹身的习俗，如《庄子》“越人断发文身”，《墨子》“越王勾践，剪发文身”。“文”由此引申为错杂的纹理、艳丽的花纹，如“文锦”是有着美丽花纹的锦缎；又如《韩非子》“茵席雕文”，《诗经》“织文鸟兽，白旆央央”，“旆（pèi）”是旌旗上的飘带，泛指旌旗。“文”的这些意义后来写作“纹”。

古时汉字需要契刻、描画，汉字的笔画纵横交错像图画一样，因此“文”引申指文字，如“甲骨文、金文、篆文、石鼓文、籀文、英文、分文析字、说文解字、文房四宝”；还引申为与文字有关的、用文字记录下来的，如“文章、文献、文稿、文学、文笔、文辞、文风、以文害辞”；现代汉语又特指古汉语书面语或社会科学，如“文言、文科”。

“文”也引申为文采、礼仪等意义，如《论语》“质胜文则野，文胜质则史。文质彬彬，然后君子”，意思是质朴多于文采则流于粗鄙，文采多于质朴则流于浮华，只有文与质配合恰当，表里协调，才是君子；成语“文质彬彬”原指人表里如一，文采与实质配合恰当，后形容人举止文雅而有礼貌。“文”还引申为柔和、雅致等意义，如“文火、文弱、文静、文雅、文气、文绉绉、温文尔雅”。“文”又用作动词，表示掩饰的意义，如“文过饰非”。

“文”既可以表示社会进化到较高阶段的复杂现象，如“文化、文明、文教、人文”；也可以表示事物交错的自然现象，如“天文、水文”；还可以表示非军事的现象，与“武”相对，如“文官、文职、文韬武略、文武双全”。

“文”又用作量词，用于古代的铜钱，如“一文钱、一文不名、分文不取”等。

旅夜书怀

（唐代）杜甫

细草微风岸，危樯独夜舟。
星垂平野阔，月涌大江流。
名岂文章著，官应老病休。
飘飘何所似，天地一沙鸥。

奚

xī

【笔顺】丶 ⺈ ⺈ 爫 ... 奚

【笔画数】10 画

【部首】爪（爫部）

【结构】上中下

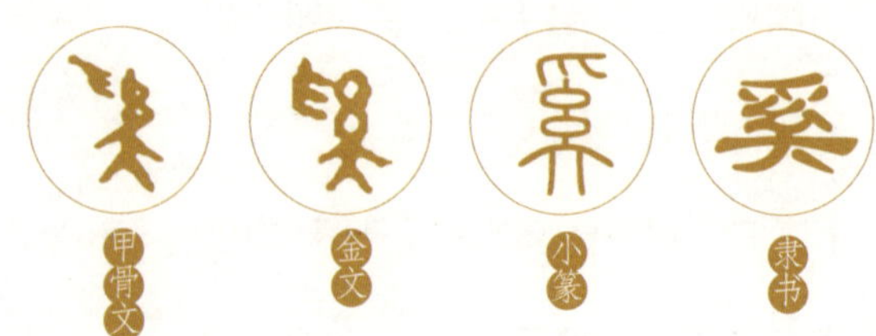

“奚”在甲骨文中最上面是爪，像一只朝下抓的手；中间是糸（mì），像一束丝的样子，表示绳索；下面是一个人。整个字像一只手牵着脖子上套着绳索的人，表示被绳索捆系着供人役使的奴隶或战俘，如《周礼》“奚三百人”，又如“奚童”指未成年的男仆。“奚”也专指女奴，如《周礼》“凡奚隶聚而出入者，则司牧之”，其中“奚”指女奴，“隶”指男奴；又如“奚奴、奚女”。“奚”的古字形反映了在古代奴隶社会，奴隶们颈系绳索，如同牲口一样任人役使的悲惨

◎ 商周时期石雕跪坐人像——此人像双手反绑，似为殉葬的奴隶或战俘的形象

命运。据记载，周代五个奴隶才值一匹马、一束丝的价格，奴隶比牲口还要卑贱，其生活状况便可想而知了。夏商周时期是我国奴隶制时期，那时的奴隶多来自战俘，他们没有人身自由，不仅从事繁重的苦役，甚至被作为祭祀的人牲和陪葬的殉葬品。

“奚”由此引申为嘲弄、讥讽的意义，如“奚落、奚笑”。“奚”后来借作疑问代词，表示怎么、什么、为什么的意义，相当于“何、胡”，如《列子》“奚方能已之乎”，《孟子》“奚暇治礼义哉”；又如“奚如、奚而、奚若”。

“奚”的本义早已消失了，在现代汉语中“奚”只用作姓氏。“奚”姓起源于夏代，由黄帝的后裔奚仲而来。

chéng

【笔顺】㇒ 二 千 千 千 千 千 乖 乖 乘

【笔画数】10画

【部首】丿（撇部）

【结构】独体

【书写提示】“乘”中间一竖不带钩；右边是“匕”，撇的下端不出头。

【读音提示】“乘”又读作shèng。

【词语】乘胜追击　无隙可乘

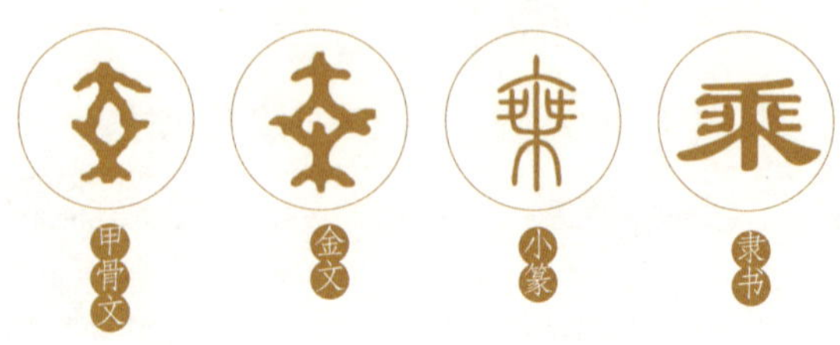

“乘”的甲骨文字形像一个人站在大树顶上，表示爬上高处，即升、登的意义，如《列子》“俱乘高台”，《诗经》“及其乘屋”，《国语》“郤叔虎将乘城”。“乘”从登木引申为骑坐在车、马或船上，表示乘坐、驾驭的意义，如《周易》“服牛乘马”，《论语》“乘肥马，衣轻裘”；又如“乘车、乘舟、乘龙、乘骑、乘御、乘云驾雾、乘风破浪”。“乘”

◎ 汉代乘舆画像砖

又用作介词，表示趁着、利用的意义，如《过秦论》“因利乘便，宰割天下，分裂山河”；又如“乘机、乘闲、乘势、乘兴、乘胜、乘隙、乘人之危、乘虚而入”。“乘”还表示佛教的教派或教法，如“大乘、小乘”等。

“乘”是多音字，又读作 shèng，古代称四为“乘”，如“乘矢、乘壶”。古代一辆兵车由四匹马拉，一车四马即为一乘，“乘”又用作计算马、车的量词，如《诗经》“乘马在厩”“驾我乘马”“公车千乘”。上古时期一辆兵车往往配备有一定数量的士卒，因此一个国家的军事实力可以用“千乘之国、万乘之国”来表示，说明这个国家拥有千辆或万辆兵车及其士卒。春秋时期晋国的史书称为“乘”，后来也用“乘”泛指史书，如“史乘”。

赠汪伦

（唐代）李白

李白乘舟将欲行，忽闻岸上踏歌声。

桃花潭水深千尺，不及汪伦送我情。

chì

【笔顺】一 十 土 キ 夫 赤 赤

【笔画数】7 画

【部首】赤（赤部）

【结构】上下

【书写提示】“赤”下边的中间是一撇一竖钩，不要错写成一撇一竖或两竖。

【词语】赤裸裸 赤膊上阵 赤脚大仙 赤条精光 赤地千里 赤县神州

甲骨文中的“赤”上面是大，大是一个伸着双臂、两腿，站立着的人；下面是火，像燃烧的火焰。整个字像一个人站在火上，全身被火烤得通红，表示人被大火烤得通红的颜色，也表示熊熊燃烧的火焰之色，如“赤日、面红耳赤”。古代人类对自然界的许多现象无法理解，也无可奈何，形成了“万物有灵”的观念，产生了对天地鬼神的迷信，流行占卜祭祀等巫术活动。史载“殷人尊神，率民以事神，先鬼而后礼”，夏商时期巫术盛行，万事占卜，当久旱无雨时要求助于神灵，由巫人主持隆重的求雨祭祀仪式，向上天求雨。如果求雨无果，就要将主持祭祀的巫人用火烧死，或将巫人放在烈日之下暴晒而死，即所谓用“人牲”祭天或“人祭”——将活人作为祭品，焚烧活人以祭天神。“赤”的古字形表现的就是以火焚巫祭祀仪式的场面。

关于殷商时期的人祭，有一个古老的传说。商朝建国不久，亳州连年大旱，古书曾记载“汤有七年之旱”。当时烈日暴虐，滴雨不落，颗粒无收，“民有无粮卖子者”。商王汤多次命史官郊祭，用牛羊猪作为祭品献给天帝，还面向上天引咎自责，列举自己可能犯的错误，恳求上天赐福降雨，苍天却毫无赐雨的迹象。大旱持续至第七年，汤再次祭天求雨，史官占卜后说要用“人牲”祭天，上天才肯降雨。汤以为，祈雨本是为民，岂能用他人祭天来残害于民？便决定以自己为祭品。他选定吉日，设坛于桑林，架起高高的柴堆，沐浴净身，向上天祷告：“朕躬有罪，无以万方；万方有罪，罪在朕躬。”命巫人点燃柴堆。正当烈焰腾空而起之时，久旱的天空突然变了脸，电闪雷鸣，大雨骤降。商代大型乐舞《汤乐》便是根据这个故事而创作的，商人以此恢弘的乐舞纪念并传颂商汤舍身救民的伟德。

“赤”由被火烤红的颜色泛指红色，“赤色”是比朱色稍暗的深红色，如“赤衣、赤血”；引申为殷红的鲜血，如“赤臭”指血污腐臭之气；还引申为纯真、忠诚，如“赤胆忠心”；又引申为裸露、一无所有等意义，如“赤身裸体、赤手空拳、赤地千里”。婴儿赤身裸体来到人世，“赤”由此指纯洁无瑕的婴儿，如《孟子》“不失其赤子之心”。古代以“赤”为南方之色，“赤”因此指南方，如“赤方、赤位”；又如“赤天”为南方的天，“赤帝”为南方的神。

杨柳枝

（唐代）温庭筠

宜春苑外最长条，闲袅春风伴舞腰。

正是玉人肠断处，一渠春水赤阑桥。

jí

【笔顺】丶 亠 广 疒 疒 疒 疒 疒 疾 疾

【笔画数】10 画

【部首】疒（病字旁部）

【结构】半包围

【书写提示】“疾”字里边是“矢”，不要错写成“失”。

【词语】疾风知劲草

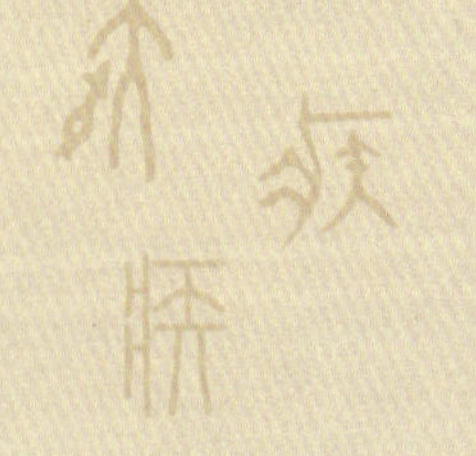

甲骨文中的“疾”中间是大，像一个展开两臂的人；左下边是矢，矢即箭，箭头直指人的腋下。整个字像一个人腋下被箭射中的样子，表示中箭受伤的意义；泛指疾病，如《论语》“伯牛有疾”，《荀子》“寒暑不能使之疾”。“疾”与“病”现在是同义词，但在古代“疾”比“病”轻，多指外伤或一般头疼脑热之类的小毛病，而“病”则多指体内所患的比较严重的病，如《韩非子》“君有疾在腠理，不治将恐深”。虽然“疾”与“病”意义有所差别，但两字也常常混用，如“疾患、目疾、残疾、腿有疾、积劳成疾、讳疾忌医”。

“疾”由病引申为痛苦、痛恨等意义，如《史记》“问之民所疾苦”，又如“疾痛、疾首蹙额、痛心疾首、疾恶如仇”；还引申为缺点、毛病的意义，如《孟子》“寡人有疾，寡人好色”。

箭矢的速度非常快，“疾”由此引申为快速、急速的意义，如《礼记》“奋疾而不拔”，《战国策》“不能疾走”；又如“迅疾、疾速、疾呼、疾驰、疾行、疾书、疾言厉色、疾走如飞”。“疾”又引申为急剧、猛烈的意义，如“疾雨、疾风劲草、疾雷不及掩耳”等。

登科后

（唐代）孟郊

昔日龌龊不足夸，今朝放荡思无涯。

春风得意马蹄疾，一日看尽长安花。

jiā

【笔顺】一 丆 ㄇ 丌 夹 夹

【笔画数】6画

【部首】大（大部）

【结构】独体

【读音提示】“夹”又读作jiá。

“夹”在甲骨文中像一个人向两侧平伸着双臂，两侧腋下各夹着一个人。“夹”的本义是从两边架着、夹着，如《礼记》“使吾二婢子夹我”，《穆天子传》“左右夹佩”；由此引申为处在两者中间的意义，如“夹缝、夹心、夹带、夹道欢迎”；也引申为处在两边的意义，如“夹岸、夹堤、夹拥、夹取、夹击、夹攻”；还引申为沿着、靠着的意义，如“夹江傍山”；又引申为辅助的意义，如“夹助、夹辅、夹持”。

“夹”还引申为掺杂、混杂的意义，如“夹板、夹层、夹注、夹杂、夹生饭、夹七夹八、夹叙夹议”；又引申为双层的意义，如《乐府诗集·孔雀东南飞》“著我绣夹裙”，又如“夹衣、夹袄、夹被”。

“夹”也用作名词，表示夹东西的用具，如《周礼》“则

以笄夹取之”，又如“发夹、皮夹、文件夹”等。

在简化字中，“夹”两边的两个人简化成了两个点。“夹”是多音字，在表示双层的意义时读作 jiá。

春游湖

（宋代）徐俯

双飞燕子几时回，夹岸桃花蘸水开。

春雨断桥人不度，小舟撑出柳荫来。

wǔ

【笔顺】丿 𠂉 𠂉 ⺧ ⺧ 無 無 無 無 舞 舞 舞 舞 舞

【笔画数】14 画

【部首】丿（撇部）

【结构】上下

【书写提示】“舞”左下边是“夕”，不要错写成“夂”；右下边不要错写成两横一竖。“舞”字没有简化，不要错误地简写成“午”。

【词语】张牙舞爪 长袖善舞 龙飞凤舞 眉飞色舞 轻歌曼舞 莺歌燕舞

“舞”的甲骨文字形是一个人双手持鸟羽或兽尾翩翩起舞的样子。舞蹈是人类最早产生的艺术形式之一，几乎与人类的形成同时出现。《礼记》说：“舞，动其容也。”《诗经·毛诗序》说：“情动于中而形于言。言之不足故嗟叹之，嗟叹之不足故永歌之，永歌之不足，不知手之舞之，足之

◎ 新石器时代舞蹈纹彩陶盆

◎ 汉代绕襟衣陶舞俑

蹈之也。”这段话很好地说明了舞蹈艺术的产生：当人们心中产生了强烈的情感时就要用语言来表达，语言不足以表达便长吁短叹，长吁短叹不足以表达就要放声歌唱，放声歌唱不足以表达就会情不自禁地“手舞足蹈”“载歌载舞”起来。可见舞蹈起源于远古人类的日常生活和劳动，是人们传情达意的一种重要手段。

古人用舞蹈反映生活、抒发情意、颂扬祖先、祈神祭鬼、欢庆丰收与胜利，如《尚书》“击石拊石，百兽率舞”；又如击鼓的“鼓舞”、持剑的“剑舞”、执干戚的“干舞”、执兵器的“武舞”、持乐器的“文舞”、持鸟羽的“羽舞”、头戴面具的“傩舞”、出征的“伐舞”、求雨的“雩舞”、驱邪的“魌舞”、祭天的“舞天”、旋转的“舞旋”等，

◎ 汉代漆尊舞蹈纹饰图

还有人数众多、场面宏大、犹如天女散花的“云舞”，“舞之行列必成字”的“字舞”，先武舞后文舞的“万舞”等。诗、乐、舞三位一体的“乐舞”曾是我国夏、商、周时期最重要的艺术表演形式，是先民们歌颂英雄、表达情感的主要方式，由于乐舞具有鲜明的仪式性，从周代开始乐舞表演成为礼乐制度的重要组成部分。古人还训练动物随着音乐节奏跳舞，如让马、象按节奏舞蹈的“舞马、舞象”。

“舞”由舞蹈引申为摇动、挥动的意义，如“挥舞、舞动、舞剑、舞棍、舞龙灯、手舞双刀”；还引申为振奋、鼓动的意义，如“鼓舞”；又引申为耍弄、玩弄的意义，如《史记》“舞智以御人”，又如“舞弄、舞刀弄枪、舞文弄墨、徇私舞弊”等。

重别李评事

（唐代）王昌龄

莫道秋江离别难，舟船明日是长安。

吴姬缓舞留君醉，随意青枫白露寒。

yīn

【笔顺】丨 冂 冃 冃 冈 因

【笔画数】6画

【部首】囗（方框部）

【结构】全包围

【书写提示】“因”字里面是“大”，最后一笔捺要写作点；注意不要与“困”相混。

【词语】因材施教 因地制宜 因公济私 因果报应 因祸得福 因陋就简 因人而异 因势利导 因循守旧 因噎废食 前因后果 陈陈相因 事出有因

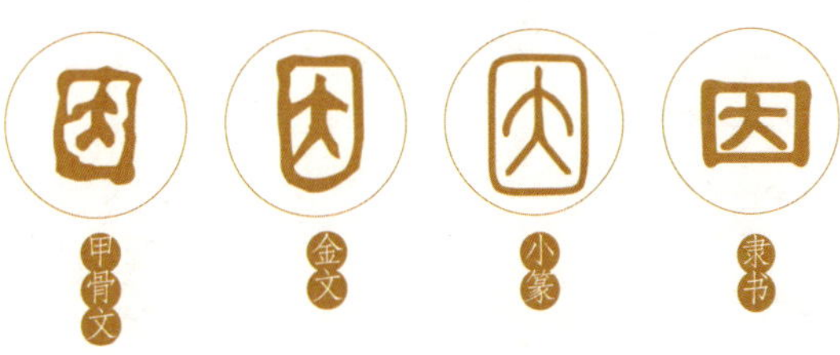

甲骨文中的“因”外面是大方框，表示一张席子；里面是大，像一个人。整个字像一个人四仰八叉地躺在席子上，本义是席子、垫子的意义；引申为依据、凭借，如《韩非子》“论世之事，因为之备”。“因”还引申为沿袭，如《庄子》“因其固然”，又如“因袭、因循守旧”。“因”也用作名词，表示缘由、缘故，与“果”相对，如“因果，原因”；又用作连词，表示因果关系，如“因而”；还用作介词，表示原因，如“因故取消”。

树中草

（唐代）李白

鸟衔野田草，误入枯桑里。客土植危根，逢春犹不死。
草木虽无情，因依尚可生。如何同枝叶，各自有枯荣。

bìng

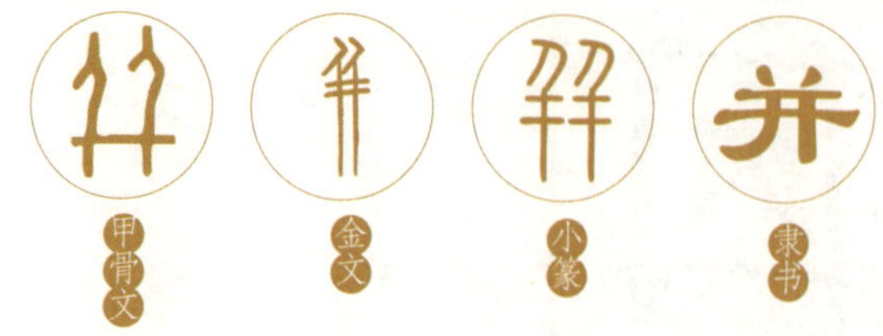

【笔顺】丶 丷 䒑 兰 关 并

【笔画数】6画

【部首】八（八部）

【结构】上下

【书写提示】“并”中间是一撇一竖，不要错写成两竖。

【词语】肩并肩　并无二致　并行不悖　比肩并踵　齐头并进　手脚并用

甲骨文中的“并”像两人并排侧立的样子，下面的一横表示两人腿部动作一致。整个字像两人并列平行、紧挨在一起，表示比肩而立、同步而行的意义，如《礼记》“并立则乐”，又如“并肩作战”。“并”由此引申为联合、合并的意义，如《史记》“秦初并天下”，又如“并联”。“并”还用作副词，表示同时、全部、一起的意义，如“并驾齐驱”。“并”又用作连词，表示并列、递进等关系，多用于连接动词性成分和句子，如“并且、累并快乐着”。

采莲词

（唐代）张潮

朝出沙头日正红，晚来云起半江中。

赖逢邻女曾相识，并著莲舟不畏风。

cóng

【笔顺】丿 人 从 从

【笔画数】4画

【部首】人（人部）

【结构】左右

【书写提示】“从”字左边的“人”最后一笔捺要写作点。

【词语】从今往后 从头再来 病从口入 无从说起 择善而从 何去何从 无所适从 言听计从 唯命是从

甲骨文中的“从”是一前一后两个侧立的人。整个字一人在前，一人跟在后面，表示跟随的意义，如《诗经》“从以孙子”，又如“从师”。

“从”由跟随引申为依顺、附和、遵循等意义，如《礼记》“妇人从人者”，又如“从命、顺从”。成语“从善如流”形容像流水那样迅速而自然地听取好的意见。“从”还引申为采取，如“从优、从宽”；又引申为参加、参与，如《周易》“或从王事”；又如“从军、从事”。“从”也用作名词，指跟随的人，如“随从、侍从”；又用作介词，相当于“自、由”，如“从此、从而、从长计议”等。

běi

【笔顺】丨 ㇀ 丬 丬 北

【笔画数】5画

【部首】匕（匕部）

【结构】左右

【书写提示】“北”字右边是“匕”，撇的下端不出头。

【词语】南腔北调　天南地北

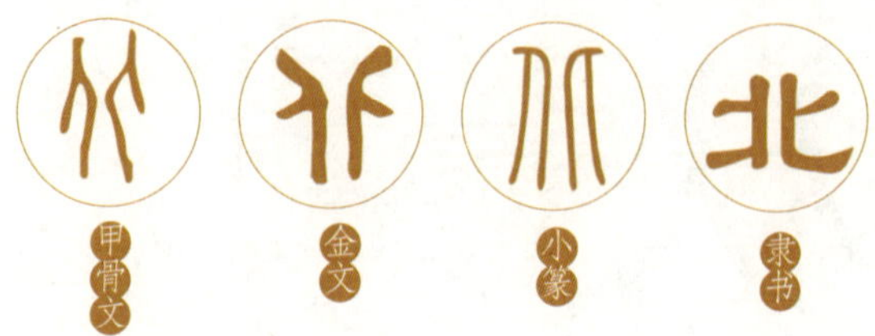

“北”的甲骨文字形像两个背对背侧立的人，表示背对背、违背的意义，是“背”的本字，如《战国策》“士无反北之心”，这里的“北”即相背的意义。冬天的寒风和春天的沙尘都来自北方，因此中国古代的建筑大都坐北朝南，面朝着太阳，背对着北方，这样的朝向可以使房屋内冬暖夏凉，既可以避风，也便于采光。“北”由此被借来表示方向，指背后、背对着的方向，而背对着的方向就是北方，与“南”相对，如《史记》“沛公北向坐”，又如“北面、北风、北国、北极、南辕北辙、东南西北”。

两军交战，正面相向，当一方败退，必定转身而逃，背对着胜方，于是“北”又由背面引申为向后败逃、打败仗的意义，如“败北”即背敌而逃；又如《韩非子》“鲁人从君战，三战三北”，《史记》“连战皆北”，《过秦论》“追

亡逐北”。“北”还用作名词，表示败逃的军队，如《战国策》“燕兵独追北，入至临淄”。

“北”表示方向的意义后，古人又造“背”字表示“北”相背、违背的意义，如“背道而驰、背信弃义”等。

除夜雪

（宋代）陆游

北风吹雪四更初，嘉瑞天教及岁除。
半盏屠苏犹未举，灯前小草写桃符。

huà

【笔顺】丿 亻 亻丿 化

【笔画数】4 画

【部首】亻（单立人部）

【结构】左右

【书写提示】“化”右边撇的下端要出头，不要错写成“匕”。

【词语】化为乌有 春风化雨 出神入化 潜移默化

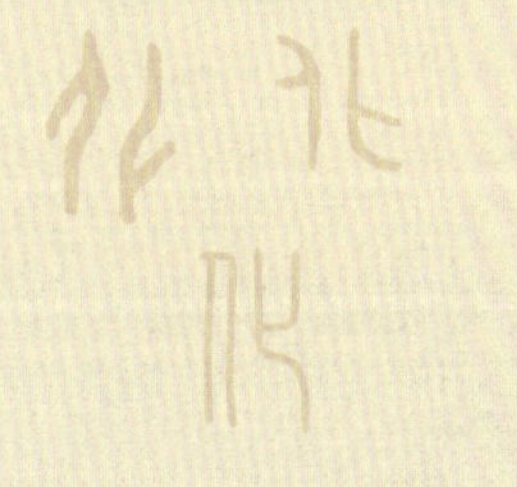

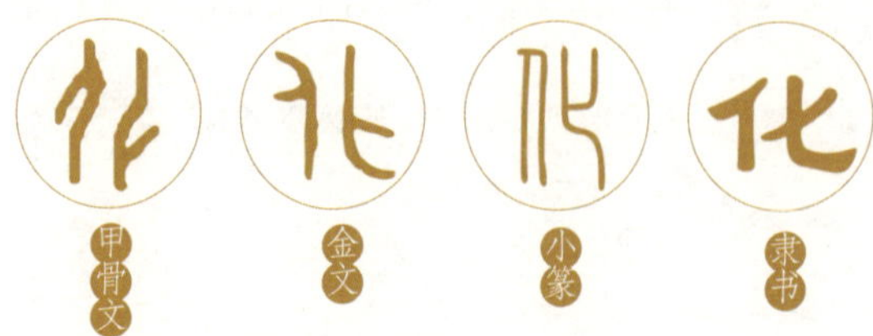

甲骨文中的“化”是会意字，像一正一倒的两个人，一个头朝上，一个头朝下。头朝上的人是正立的人，头朝下的人是倒立、倒下的人，古人用一正一倒的两个人表示人由生到死的自然变化，如“坐化、羽化、仙化”。“化”由此泛指变化、改变的意义，如《周礼》“以礼乐合天地之化”，《列子》“千变万化，惟意所适”，《吕氏春秋》“因时而化”；又如“化整为零、化险为夷、变化之道”。“化”又引申为因言行影响而改变，如《诗经》“美教化，移风俗”；又如“感化、化俗、化物”。“化”还引申为领会、消融的意义，成语“学而不化”指学了却不理解，“食古不化”指对所学的古代知识不能理解，又如“消化、融化、化食、化解、化为泡影”。

“化”还用作名词，表示自然的能力，如“造化、化

力”；也表示风俗，如“有伤风化、伤化败俗”。在现代汉语中，“化”又用作名词或形容词词缀，以构成动词，如“绿化、美化、现代化”等。

己亥杂诗（其五）

（清代）龚自珍

浩荡离愁白日斜，吟鞭东指即天涯。

落红不是无情物，化作春泥更护花。

zhòng

【笔顺】丿 人 亽 仌 众 众

【笔画数】6 画

【部首】人（人部）

【结构】上下

【书写提示】"众"字是三个"人"，左下边的"人"最后一笔捺要写作点。

【词语】众口铄金　众口一词　众叛亲离　众所周知　众望所归　众星捧月　众志成城　哗众取宠　力排众议　大庭广众　人多势众

"众"在甲骨文中上面是日，表示太阳；下面是三个侧立的人，古人以三为多，三人表示多人。整个字像很多人在烈日下劳动，表示很多人、广大的人群的意义，如《尚书》"尔众庶，悉听朕言"，《论语》"众恶之，必察焉，众好之，必察焉"，《左传》"众怒难犯"；又如"众人、大众、民众、群众、公众、观众、示众、出众、众口难调、众目睽睽、众说纷纭、众所周知、万众一心"。

"众"由此泛指很多的、许多的意义，与"寡"相对，如《左传》"师克在和，不在众"，《荀子》"树成荫而众鸟息焉"；又如"众多、众峰、众物、众名、众贼、众宾客、敌众我寡、寡不敌众、芸芸众生"。成语"众矢之的"比喻成为大家攻击的目标，"众矢"即很多箭，"的"即靶子。"众"还引申指士兵、军队的意义，如《史记》"率数万之众”，又如“率众突围”。

“众”的字形在演变过程中变化很大，在金文中，上面变成了目，像人的眼睛；在隶书中，上面又变成了血，繁体字的字形即由此而来。

青玉案·元夕

（宋代）辛弃疾

东风夜放花千树，更吹落、星如雨。

宝马雕车香满路，凤箫声动，玉壶光转，一夜鱼龙舞。

蛾儿雪柳黄金缕，笑语盈盈暗香去。

众里寻他千百度，蓦然回首，那人却在，灯火阑珊处。

lǚ

【笔顺】丶 亠 方 方 方 方 方 方 旅 旅

旅

【笔画数】10画

【部首】方（方部）

【结构】左右

【书写提示】“旅”的右下边不要错写成“氏”。

【词语】强兵劲旅

“旅”的甲骨文字形上面是古代的旗帜；下面是两个人，面向旗帜并排站立。旗帜在古代是指挥军队作战的重要工具，军队的进退要听从旗帜的指挥，因而旗帜也是军队的标志。“旅”的古字形就像许多人集合在旗帜之下，表示随战旗而行动的士兵们，即军队，如《孙子》“全旅为上，破旅次之”，《论语》“加之以师旅”；又如“军旅、劲旅、强旅”。“旅”也指军队的编制单位，古代军队五百人为一旅，现代的旅在团之上、师之下，如“空降旅”。

军队行军作战，要长途跋涉，“旅”由此引申为出行在外、寄居在外的意义，如《左传》“羁旅之臣”，《孟子》“行旅者皆欲出于王之涂”；又如“旅人、旅者、旅客”指出行的人，“旅衣、旅装”指行装，“旅宿、旅寄、旅居”指旅途寄宿，“旅舍、旅馆、旅店、旅邸”指旅途寄宿之处；还有“商旅、差旅、旅途、旅程、破冰之旅”。“旅”又引申为在外游览的意义，如“旅行、旅游”。

“旅”也用作副词，表示一同、共同的意义，成语“旅进旅退”出自《国语》，表示与众人一起进退，形容跟着大家走的意思。

旅宿

（唐代）杜牧

旅馆无良伴，凝情自悄然。

寒灯思旧事，断雁警愁眠。

远梦归侵晓，家书到隔年。

沧江好烟月，门系钓鱼船。

bǐ

【笔顺】

【笔画数】4画

【部首】比（比部）

【结构】左右

【书写提示】“比”左边第二笔是竖提，不要错写成竖弯钩；右边是“匕”，撇的下端不出头。

【词语】比比皆是　朋比为奸

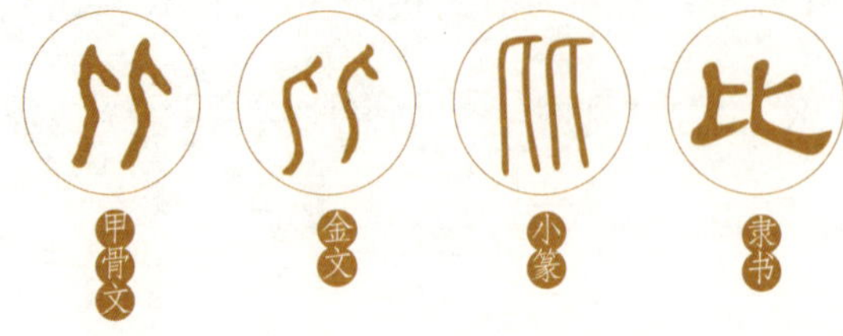

“比”的甲骨文字形像两个人并肩站在一起的样子，表示两人并肩挨着；泛指靠近、紧挨着的意义，如《诗经》“其比如栉”，《汉书》“比肩而立”；又如“比肩继踵、比邻而居、鳞次栉比”。唐代诗人王勃在送别友人时写下“海内存知己，天涯若比邻”的著名诗句，流传至今，成为传世经典。古代有一个“比翼鸟”的传说，《尔雅》说：“南方有比翼鸟焉，不比不飞。”这种鸟雄鸟和雌鸟各有一只眼睛

◎ 汉代比武画像砖纹饰图

和一只翅膀，只能两只鸟紧靠在一起，利用双方的两只翅膀才能飞翔，所以叫作“比翼鸟”，后来人们用“比翼鸟、比翼齐飞”来比喻恩爱的夫妻。

“比”由两个人靠得很近引申出两相对照、仿照的意义，如《诗经》“比物四骊”，《战国策》“比诸侯之列”；又如“比照、比如、比拟、好比、不比当初”。“比”又引申出比高低、较量的意义，如“比较、比试、比赛、比武、比美、比着来”。

“比”在口语中还有用动作表达的意义，如“比画、比比画画、用手比了一下”。“比”也用作介词，用于相对照或相比较的两个人或两个事物之间，如“心比天高、命比纸薄、他比我强”等。

杜少府之任蜀州

（唐代）王勃

城阙辅三秦，风烟望五津。
与君离别意，同是宦游人。
海内存知己，天涯若比邻。
无为在歧路，儿女共沾巾。

kūn

【笔顺】丨 ㄇ 日 日 旦 昆 昆 昆

【笔画数】8 画

【部首】日（日部）

【结构】上下

【书写提示】“昆”字左下边第二笔是竖提，不要错写成竖弯钩；右下边是“匕”，撇的下端不出头。

金文中的“昆”上面是日，表示太阳；下面是比，像两个人肩并肩地站在一起。整个字表示两人一起肩并肩地站在太阳之下，是共同、一起的意义，如“昆群”即同群，“昆鸣”即同鸣。“昆”由此引申出众多的意义，如“昆虫”指很多虫子。“昆”还引申为大的、年长的意义，如《列子》“昔有昆弟三人”，“昆弟”即兄弟；又如“昆仲、昆玉”敬称他人兄弟，“昆友”指兄弟和朋友。“昆”又引申为子孙后代的意义，如“昆孙、后昆”等。

元代末年，江苏昆山地区出现了一个戏剧剧种，叫作“昆曲”，曲调缠绵婉转，唱腔清丽悠远，是我国传统戏曲中最为古老、也是影响最大的一个剧种，很多地方戏都是在昆剧基础上发展而来的，故有“百戏之祖、百戏之师、中国戏曲之母”等美誉，成为我国戏曲艺术中的瑰宝。

jìng

【笔顺】丶 亠 立 立 产 产 音 音 竞 竞

【笔画数】10 画

【部首】立（立部）

【结构】上下

【书写提示】“竞”字中间是“口”，不要错写成“日”，与“竟”相混。

甲骨文中的“竞”像一前一后的两个人，头上顶着辛，辛像一种锐利的刑具。上古时期奴隶主常强迫奴隶或战俘竞技比武，这些奴隶们身上戴着枷锁，脸上有刑具刺刻的标志。“竞”的古字形就像两个披枷带锁或脸上带有刺刻标志的奴隶在角逐比武，表示比赛、竞技的意义，如《诗经》“职竞用力”，又如“竞斗、竞逐”。“竞”由竞技比武扩展到社会领域，表示互相争逐、争胜，如“物竞天择”；又表示强劲，如“东风不竞”。

丽春

（唐代）杜甫

百草竞春华，丽春应最胜。少须好颜色，多漫枝条剩。
纷纷桃李枝，处处总能移。如何此贵重，却怕有人知。

dòu

【笔顺】丶 丶 二 斗

【笔画数】4画

【部首】斗（斗部）

【结构】独体

【读音提示】“斗”又读作dǒu。

【词语】斗志昂扬 困兽犹斗 坐山观虎斗

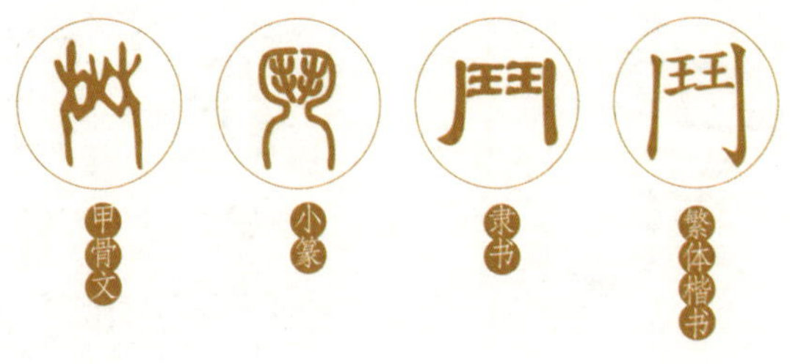

“斗”的甲骨文字形像两个人面对面地徒手对打，表示对打、搏斗的意义，繁体字是“鬥”，读作dòu，如《论语》“血气方刚，戒之在斗”；又如“斗殴、战斗、打斗、格斗、角斗、械斗”。早在上古时期，两人徒手相搏的摔跤就是一项娱乐和体育活动，考古出土的古代摔跤俑就像“斗”的古字形所描绘的样子。成语“钩心斗角”原指宫室各个屋角相对，像要互相搏斗的样子，形容建筑结构相互交错，无比精巧；后来比喻用尽心机，明争暗斗。

“斗”由此引申为较量、比赛、争胜的意义，如“斗口、斗嘴、斗气、斗法、斗争、斗士、斗心眼儿、斗智斗勇、争奇斗艳、明争暗斗”；又泛指使动物相斗互争高下，如“斗鸡、斗牛、斗狗、斗蟋蟀、斗蛐蛐儿”；还引申为玩、游戏的意义，如“斗草、斗茶、斗牌、斗棋”。“斗”由肢体相

搏斗又引申为言语相争、辩驳的意义，如《过秦论》“外连衡而斗诸侯”，又如“斗辩、批斗”等。

从甲骨文到小篆再到繁体字，“斗”的笔画越来越多，后来用同音替代的方法，借用表示量具和星宿的“斗”来表示“鬥”。表示量具和星宿的“斗”在甲骨文中像一种舀取酒或水的有柄器具，读作 dǒu，如《诗经》“酌以大斗”；泛指形状像斗的器具，如“斗笠、斗篷、斗拱、漏斗、烟斗、熨斗”；后来用作量具，表示容量单位，古代十升为一斗，如“两斗米、斗酒只鸡”。“斗”还用作星座名，指二十八星宿之一，如“北斗、南斗、气冲斗牛”；特指北斗七星，如“斗折蛇行”。

现在的简化字“斗”是一个多音多义字，实际上包含了读音不同、意义相异的两个字：表示搏斗、比赛意义的“斗”读作 dòu，繁体字写作“鬥”；表示量具、星宿意义的“斗”读作 dǒu，繁体字仍作“斗”。

晚春（其一）

（唐代）韩愈

草树知春不久归，百般红紫斗芳菲。
杨花榆荚无才思，惟解漫天作雪飞。

© 周代青铜摔跤俑

jí

【笔顺】㇆ ⺕ ⺕ 𠀎 艮 艮㇆ 即

【笔画数】7画

【部首】卩（单耳部）

【结构】左右

【书写提示】“即”字右边是“卩”，不要错写成“阝”。

【读音提示】“即”读作jí，不要错读成jì。

【词语】闻过即改

招之即来，挥之即去

“即”的甲骨文字形左边是一个盛食物的器皿，里面盛满了美味的食物；右边是一个跪坐着的人，正面对着食器。整个字像人靠近食器准备吃东西的样子，表示就食、就餐的意义，如《礼记》“席末取粮即稻”。

就食含有走近并靠近食器的含义，“即”由此引申为走近、靠近、接近的意义，与“离”相对，如《礼记》“将即席”；《诗经》“匪来贸丝，来即我谋”，意思是他并非来买丝，而是来与我谋划婚事，其中的“即”就是靠近的意思；又如“若即若离、不即不离、可望而不可即”。“即”还引申为到、到达的意义，如《春秋》“公即位”；又引申为当前的意义，如“即日、即景生情”。

“即”也表示肯定判断的意义，相当于“就是”，如《左传》“民死亡者，非其父兄，即其子弟”，《史记》“梁父即楚将项燕”；又如“即时、即日、非此即彼、俯拾即是”。“即”又用作副词，相当于“就”，如“即将、立即、当即、随即、一触即发”；还用作连词，表示假设、让步等语意关系，如“即使、即便、即或”等。

注意“即”的意义和用法，不要与“既”混用。

梅花绝句

（宋代）陆游

折得梅花古渡头，诗凡却恐作花羞。

清樽赖有平生约，烂醉千场死即休。

jì

【笔顺】 ㇕ ㇕ ㇕ 𠃌 艮 ... 既

【笔画数】9画

【部首】旡（旡部）

【结构】左右

【书写提示】“既”字右边是“旡”，不要错写成“无”。

【词语】既往不咎　一如既往

“既”的甲骨文字形与“即”很相像，左边完全一样，也是一个盛食物的器皿，里面盛满了食物；右边也是一个跪坐着的人，区别就在于人的面部背向食器，仰着头大张着嘴巴。整个字像人吃饱之后转过头去，准备离开的样子，表示已经吃了的意义，也就是已食、食毕之义，如《礼记》“君既食”。“既”由此引申为完毕、结束的意义，如“言未既”指话未说完；“既冠之后”意为男子冠礼之后，即成年之后。

古人对日食、月食等自然现象不理解，以为日、月被天狗吃掉了，“既”又借指日全食或月全食，如《春秋》“日有食之，既”，《虞书》“既月”，《论衡》“日既是也”。

“既”还用作副词，表示已经、不久的意义，如《论语》“既来之，则安之”；又如“既而、既然、既定方针、既成事实、既得利益”。“既”也用作连词，表示列关系，如“既快又好、既坚固又美观”等。

注意“既”的意义和用法，不要与“即”混用。

题农庐舍

（唐代）丘为

东风何时至，已绿湖上山。

湖上春既早，田家日不闲。

沟塍流水处，耒耜平芜间。

薄暮饭牛罢，归来还闭关。

qīng

【笔顺】丿 ㄑ 乡 乡ㄗ 乡卩 乡卩 卵 卵 卿 卿

【笔画数】10 画

【部首】卩（单耳部）

【结构】左右

【书写提示】“卿”左边三画，不要把第一笔和第二笔连成一笔，错写成两画；右边是“卩”，不要错写成“阝”。

【读音提示】“卿”读作 qīng，不要错读成 qīn。

“卿”的甲骨文字形左右两边像面对面跪坐着的两个人，两个人都张着嘴；中间像是一个装有食物的器皿。整个字像两个人面对着餐桌上装有食物的器皿，相向而坐，一同进餐，就像现在的二人对饮一般，表示两人亲密共餐的意义。

◎ 汉代对饮画像砖

在古代，只有贵族或高官才能够有肉有酒地共餐对饮，那些为官者因此被称为“肉食者”，“卿”由相对共餐引申为相对共餐的人，指那些身居高位享有俸禄的贵族、官吏，即“肉食者”，如《礼记》“大国三卿，皆命于天子”“诸侯之上大夫卿”，《史记》“以相如功大，拜为上卿”；又如“公卿、少卿、卿相、卿士、卿大夫、三公六卿”。

“卿”由此用作对人的敬称，含有亲密而尊敬之意，如“荀卿”指荀子，“客卿”指贵宾。“卿”还用作第二人称的爱称，如君王对宠臣称“爱卿、众卿”；官员、朋友之间称“卿子、列卿、卿卿”；夫妻之间如《乐府诗集·孔雀东南飞》“我自不驱卿，逼迫有阿母”；成语“卿卿我我”即形容夫妻间相亲相爱的样子。

“卿”的这些意义现在大多已不再使用，只见于古代诗文和成语中。

山中与幽人对酌

（唐代）李白

两人对酌山花开，一杯一杯复一杯。

我醉欲眠卿且去，明朝有意抱琴来。

xiāng

【笔顺】𠃋 乡 乡

【笔画数】3画

【部首】幺（幺部）

【结构】独体

【书写提示】“乡”字第三笔是撇，不要错写成提，与绞丝旁“纟”相混。

【词语】乡规民约　乡里乡亲　穷乡僻壤

在甲骨文中，“乡”的字形与“卿”相像，左右两边像面对面跪坐着的两个人，中间像是一个装有食物的器皿。整个字像两个人面对着装有食物的器皿相向而坐、一同进食的样子。“乡”指乡民一起聚餐的意义，是“飨”的本字。周代有一种“乡饮酒礼”的习俗，地方官府每年都会邀请年长的乡民聚会宴饮，以丰盛的酒食款待，以示尊长养老之意。

“乡”引申指乡人的生活区域，即自己家园之所在，如“乡里、乡井、乡音、乡曲、乡愁、乡情、乡亲、家乡、故乡、去国还乡、衣锦还乡”；泛指城区以外的农村，如“乡村、乡间、乡下、乡民、乡人、乡巴佬”；也泛指某一个地方，如“外乡、异乡、同乡、侨乡、水乡、花乡、入乡随俗、远走他乡、鱼米之乡”。

◎ 汉代宴饮画像砖纹饰图

“乡”后来借作县之下的行政区划单位，如《周礼》“五州为乡”，《广雅》“十邑为乡，是三千六百家为一乡”；又如“乡试、乡贡、乡宦、乡绅、乡镇、乡政府”等。

“乡”的引申意义和假借意义流行开来以后，人们又另造“飨”字表示“乡”的本义。

杂诗（其二）

（唐代）王维

君自故乡来，应知故乡事。

来日绮窗前，寒梅著花未。

zuò

【笔顺】丿 人 人丿 从 丛 坐 坐

【笔画数】7 画

【部首】土（土部）

【结构】对称

【书写提示】“坐”上边的两个“人”最后一笔捺都要写作点。

【词语】坐吃山空　坐冷板凳　坐失良机　坐享其成　坐以待毙　如坐针毡　面壁而坐

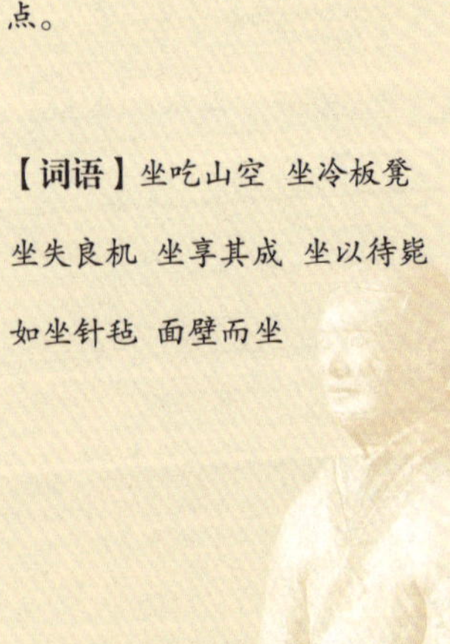

小篆中的“坐”中间是土，两边是席地对坐的两个人，表示两人相对坐在地上的意义，如《尚书》“坐以待旦”，《礼记》“退而坐”，《论语》“席不正不坐”；又如《左传》“坐

◎ 战国跪式玉人像

◎ 战国跪式玉人像（背面）

行而入”，“坐行”就是膝行。上古时期没有高桌大椅，在漫长的岁月里古人都是跪坐在席、榻上，“坐”的古字形形象地向我们展示出古人席地而坐的方式和姿势：上身挺直，双膝着地，臀压在踝上，手放膝上，这就是“跽（jì）坐”，即“跪坐”。跪坐在古代是合乎礼节的标准坐姿，由此形成了一整套以跪坐的坐姿为基础的礼仪制度。中国古代跪坐的坐姿还影响到邻近的东亚国家，日本人至今都保持着这种坐姿习惯。古时如果臀部着地、两腿叉开伸直，或双膝在身前屈起、足底着地，如我们现在席地而坐的样子，叫作“箕踞”，是一种极不礼貌的坐姿。

汉代从西域传入了胡床等北方游牧民族的坐具，人们的起居方式开始由席地而坐逐渐转变为以床榻为中心，家具也由低矮型向高型过渡，到了魏晋时期席地而坐已不再是唯一的坐姿了。隋唐时期在外来文化的影响下，桌、椅、凳等高型坐具相继传入，床榻也增高加大，此时高低型家具并用，席地而坐与垂足而坐

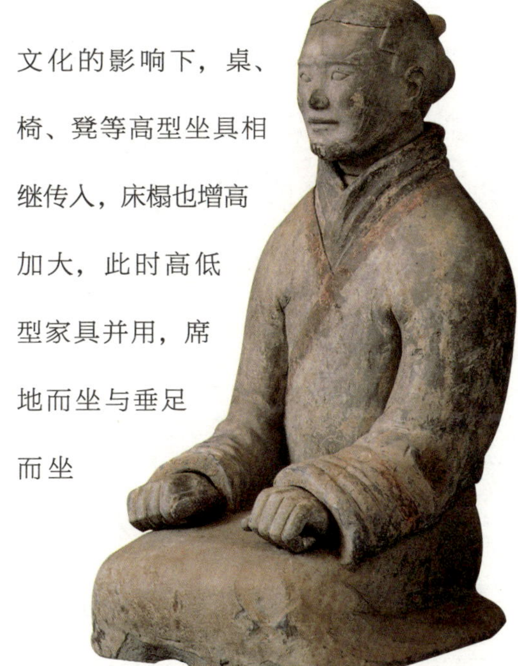

◎ 秦代跪坐陶俑

并存。宋元时期，高型家具品种增多，桌、椅、凳逐渐取代了床榻的中心地位，垂足而坐的方式得到普及，至此，席地而坐的起居习惯才完全让位于垂足而坐。宋代出现了一种带靠背和扶手的交椅，即太师椅，成语“正襟危坐”即源于在交椅上的坐姿。在等级森严的封建社会，交椅不是任何人都可以坐的，因此那些占山为王的绿林好

汉们常以“坐第几把交椅”来表示自己的权力、身份和地位，而“坐第一把交椅”也就成了威风霸气的首领的代名词。

“坐”由跪坐泛指臀部压在物体上，如“端坐、就坐、坐等、坐饮、坐堂、坐骑、坐禅、坐立不安、坐而论道、坐井观天、坐山观虎斗”；也泛指位居或背对着，如“坐落、坐北朝南”；引申为坚守的意义，如“坐守、坐阵、坐镇、坐夜、坐困”；喻指获罪、受刑等意义，如“连坐、反坐、坐罪、坐法、坐赃、坐要（腰）斩”；还引申为人搭乘交通工具，如“乘坐、搭坐、坐车、坐船、坐飞机”。

“坐”也表示瓜果等植物结果、人或动物怀胎，如“坐果、坐瓜、坐胎”；还表示放置壶、锅等物体，如“坐壶水、把锅坐火上”；又表示物体后移或下沉，如“炮的坐力、枪的坐劲儿、桥墩往下坐”。

“坐”还用作介词，相当于“因为、由于”，如《乐府诗集·陌上桑》“但坐观罗敷”，唐代诗人杜牧《山行》中的名句“停车坐爱枫林晚，霜叶红于二月花”，其中的“坐”即为此义。

“坐”又用作名词，表示坐位，这个意义后来写作“座”。在现代汉语中，“坐”是动词，表示坐的动作；“座”是名词，表示坐的地方、位子。使用时注意不要混用。

终南别业

（唐代）王维

中岁颇好道，晚家南山陲。
兴来每独往，胜事空自知。
行到水穷处，坐看云起时。
偶然值林叟，谈笑无还期。

上篇

人与人类

第二部分

与人的生命形态有关的

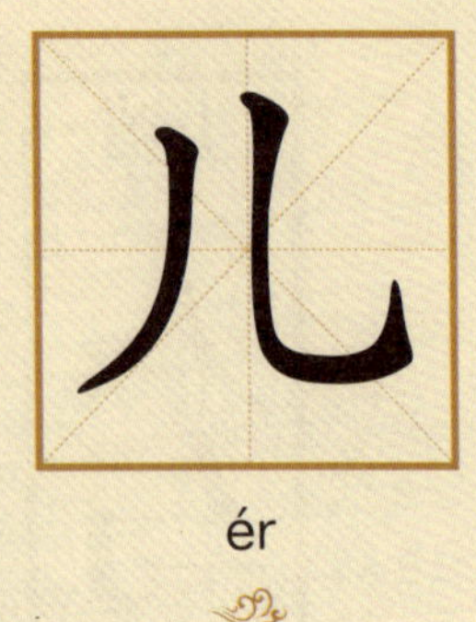

ér

【笔顺】丿 儿

【笔画数】2画

【部首】儿（儿部）

【结构】独体

【书写提示】“儿”是一撇一竖弯钩，两笔上端不相交；注意不要与“几”相混。

【读音提示】“儿”又读作轻声。

甲骨文的“儿”像一个张着大嘴嗷嗷待哺的婴儿，张着的嘴里还露着两颗门牙。“儿”的古字形强调了婴幼儿张嘴待食、牙未长全的年龄特征，表示年幼的孩子，是婴儿、幼儿的意义。对年幼的孩童，最初古人男称“儿”，女“称“婴”，《仓颉篇》说：“男曰儿，女曰婴。”后来“儿”泛指孩童，不分性别，如《列子》“见两小儿辩斗”，又如“儿童、儿孩、儿啼、儿歌、儿话、儿戏、儿科”。

“儿”由孩童引申指儿女、晚辈，如“儿辈、孙儿、侄儿、儿孙满堂、儿女之情”；又专指儿子，如“儿媳、儿辈、大儿、二儿、生儿育女”；还引申指青年男子，如“儿男、儿郎”；泛指青年、年轻人，如“健儿”。“儿”在古代也用于子女、晚辈对父母、长辈的自称，如《乐府诗集·木兰诗》“愿借明驼千里足，送儿还故乡”，“儿”就是花木兰

的自称。

“儿”后来由小儿意义虚化，用作词缀，表示小的意义，读作轻声 er，如“棍儿、猫儿、小狗儿、小碗儿”；也表示词性变化，如“花儿、玩儿、零碎儿、没门儿”等。

清平乐·村居

（宋代）辛弃疾

茅檐低小，溪上青青草。

醉里吴音相媚好，白发谁家翁媪。

大儿锄豆溪东，中儿正织鸡笼。

最喜小儿无赖，溪头卧剥莲蓬。

zǐ

【笔顺】㇇了子

【笔画数】3画

【部首】子（子部）

【结构】独体

【书写提示】“子”共三画，不要把第一笔和第二笔连成一笔，错写成两画。“子”在字的左边时，最后一笔横要写作提。

【读音提示】“子”字又读作轻声。

【词语】子虚乌有

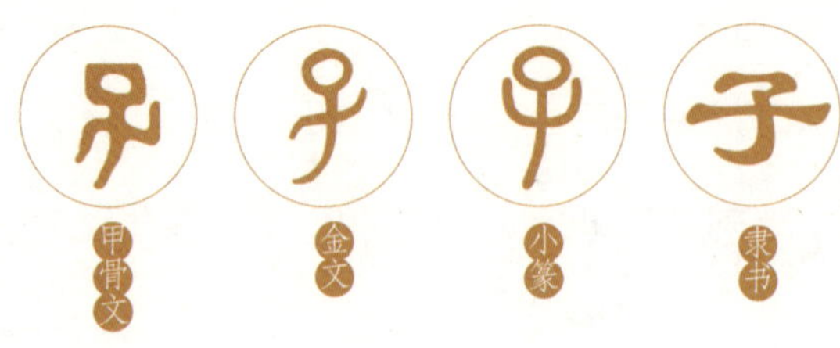

甲骨文中的“子”像一个挥动着两臂的婴儿的样子。婴儿头部所占比例较大，腿较短；上面像婴儿的大脑袋，下面像婴儿尚不能迈步行走的腿。“子”的本义指婴儿、幼儿，如《诗经》“居然生子”，又如“子衣”即胎衣。“子”由婴儿引申指儿女，不分性别，如《列子》“孀妻弱子”；又如《论语》“孔子以其兄之子妻之”，孔子把自己的侄女

◎ 宋代定窑孩儿枕

嫁给了学生南容，“其兄之子”即孔子兄弟的女儿。“子”也指女儿，如《诗经》“长子维行”，“长子”即长女；又如“子婿”即女婿。“子”后来又专指儿子，如“子女、爱子、次子、独子、王子”。“子”由儿女泛指后代、晚辈，如《战国策》“子孙相继为王”，又如“子辈、子侄、子弟、子嗣”。

◎ 宋代苏汉臣《秋庭婴戏图》（局部）

“子”也用作人的通称，如“男子、女子、小子、内子、夫子、学子、弟子、才子、孝子、游子”；还用作男子的美称，如《诗经》“执子之手，与子偕老”，原本表现战争中战友之间互相鼓励、同生共死的深情厚谊，后来被用来形容夫妻情深；又用作有修养、品德者的尊称，如“孔子、庄子、老子、孙子、诸子百家”；特指老师，如《论语》“子曰：学而时习之”，《墨子》“子墨子闻之”。“子”还是古代公、侯、伯、子、男五等封爵制的第四等爵位，如“子爵”。

“子”由幼儿又引申为植物的种子和果实、动物的卵和幼崽、小的块状物或粒

◎ 清代冷枚《百子图》(局部)

状物，如“瓜子、鸡子儿、石子儿、棋子儿”；成语“不入虎穴，焉得虎子”中的“虎子”即幼虎。“子”也引申为小的、嫩的意义，如“子弹、子城、子畜、子鸡、子姜”。“子”又喻指派生的、附属的意义，如“子公司”。“子”也用作词缀，读作轻声 zi，如“瘦子、骗子、鬼子、房子、旗子、麦子、乱子、一下子、一阵子”等。“子”还借作地支的第一位，用来纪年月日时，如“甲子、子时、子午、子夜、子丑寅卯”等。

汉字中以“子”为形旁的字多与孩子有关，如“孩、孙、孺”等。

怅诗

（唐代）杜牧

自是寻春去校迟，不须惆怅怨芳时。

狂风落尽深红色，绿叶成荫子满枝。

kǒng

【笔顺】㇇ 了 子 孔

【笔画数】4 画

【部首】子（子部）

【结构】左右

【书写提示】“孔”字左边的“子”三画，不要把第一笔和第二笔连成一笔，错写成两画；最后一笔横要写作提。

“孔”在金文中像一个幼儿的样子，头部右侧有一曲笔，表示幼儿囟门有骨缝尚未闭合。“孔”的本义即婴儿头上的囟门；引申为小洞、窟窿的意义，如“孔窍、孔穴、孔眼、孔道、孔隙、气孔、瞳孔、毛孔、钱孔、一孔之见”。美丽的孔雀在古代被视为一种吉祥的鸟，孔雀长长的尾巴上有如眼状的圆形斑点，因此被称作“孔雀”。古代的铜钱中间有方形的孔，人们用“孔方兄”谐称钱，含有鄙视的意味。“孔”还表示硕大的意义，如《老子》“孔德之容”，又如“孔硕、孔威、孔武有力”。“孔”又用作副词，表示非常的意义，如《诗经》“其新孔嘉”，又如“孔急、孔多、孔正”。“孔”也用作量词，用于带有孔洞的建筑，如“一孔土窑、一孔石桥”。“孔”作为姓氏，来自殷商时期的子姓，是商代开国之君汤的后人 。

sūn

【笔顺】㇇ 了 子 孑 孙 孙

【笔画数】6画

【部首】子（子部）

【结构】左右

【书写提示】“孙”字左边的“子”三画，不要把第一笔和第二笔连成一笔，错写成两画，最后一笔横要写作提；右边是“小”，中间一竖要带钩。

【词语】含饴弄孙

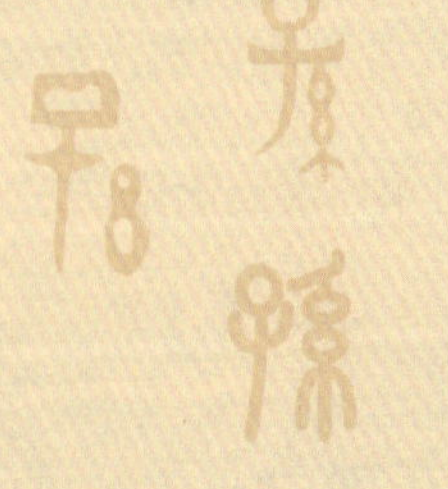

甲骨文中的“孙”左边是子，像幼儿的样子；右边是系，像一串交缠相续的丝绳。古人希望子子孙孙绵延不绝，如同丝绳延续不断，于是用子、系表示儿子的儿子、子女的子女，如《列子》“遂率子孙荷担者三夫”，《尔雅》“子子孙孙引无极也”；又如“儿孙、孙儿、孙子、孙女”。“孙”由此引申指与孙子同辈的后代，如“外孙、侄孙”；泛指后代，如“重孙、曾孙、玄孙、王孙、子孙、祖祖孙孙”；又引申为再生或孳生的植物，如《周礼》“孙竹之管”，“孙竹、孙枝”是竹根末端、树木旁枝生出的新枝。

“孙”作为姓氏有三千多年的历史，源于姬姓、姚姓等，是黄帝、舜帝的后裔。有个成语叫“名落孙山”，“孙山”是古代人名，他与同乡之子同去赴考，金榜题名时，孙山是最后一名。同乡问他录取情况，孙山回答说："解名尽处是孙山，贤郎更在孙山外。"意思是我孙山是录取的最后一名，你的儿子还排在我孙山之后。后来人们用这个成语形容考试落榜。

池上早夏

（唐代）白居易

水积春塘晚，阴交夏木繁。

舟船如野渡，篱落似江村。

静拂琴床席，香开酒库门。

慵闲无一事，时弄小娇孙。

rǔ

【笔顺】 ㇒ ㇒ ㇒ ㇒ 乛 孚 孚 乳

【笔画数】8画

【部首】乙（乙部）

【结构】左右

【书写提示】“乳”左下边的“子”三画，不要把第一笔和第二笔连成一笔，错写成两画；最后一笔横要写作提。

【词语】乳臭未干

“乳”的甲骨文字形就像一幅母亲怀抱婴儿哺乳的图画：母亲用双臂将婴儿环抱在胸前，正准备哺乳；而婴儿张着大口，正准备去吸吮母亲的奶水。“乳”本义是哺乳、喂奶，如“乳育、乳养、乳哺、乳母”；引申为生子、生育，如《吕氏春秋》“主人方乳”，《史记》“怀子而不乳”；“乳子”即产子，“乳妇”即产妇。“乳”还引申

◎ 汉代彩陶乳妇俑

为乳房、乳汁，前者如“袒胸露乳、丰乳肥臀”，后者如“母乳、牛乳、羊乳、水乳交融”；泛指像乳房或乳汁的东西，前者如“钟乳石”，后者如“豆乳、腐乳、乳胶”。“乳”又引申为初生的、幼小的意义，如“乳儿、乳女、乳兽、乳猪、乳燕、乳牙、乳齿、乳名”等。

春晓曲

（唐代）温庭筠

家临长信往来道，乳燕双双拂烟草。
油壁车轻金犊肥，流苏帐晓春鸡早。
笼中娇鸟暖犹睡，帘外落花闲不扫。
衰桃一树近前池，似惜红颜镜中老。

jiào

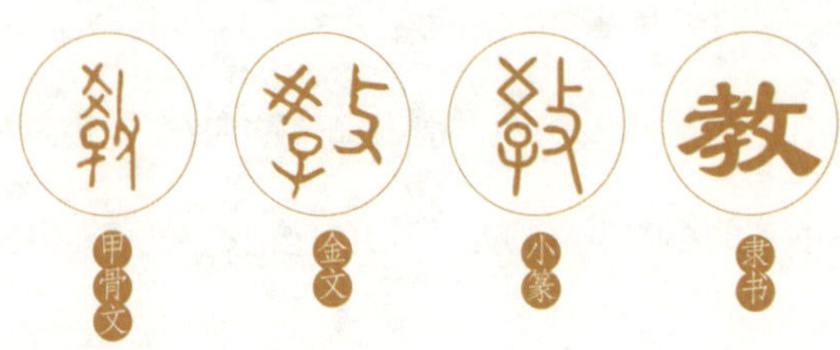

【笔顺】一 十 土 耂 耂 孝 孝 孝 孝 教 教

【笔画数】11 画

【部首】攵（反文部）

【结构】左右

【书写提示】“教”字左下边的“子”三画，不要把第一笔和第二笔连成一笔，错写成两画，最后一笔横要写作提；右边是四画的“攵”，不要错写成三画的“夂”。

【读音提示】“教”又读作 jiāo。

【词语】言传身教

甲骨文中的“教”左上边是爻，表示读音，也有说法认为兼作表意，像筹码之形；左下边是子，代表孩子；右边像一只手执鞭或持杖的样子。整个字像教师手里拿着教鞭训导孩子学习算术等文化知识，表示传授知识和技能的意义，正如《国语》所说：“教，文之施也。”又如《周礼》“以教国子弟”，《左传》“教其不知，而恤其不能”；还有“教育、教导、教化、教戒、教诲、教养、教益”。“教”的古字形不仅形象地说明早在三千多年前我们的祖先就已经开始了对于儿童的教育，还生动地体现出我国古代教育严格与强制性的特征，反映了棍棒底下出人才的传统教育思想。

儒家学派的创始人孔子是中国古代著名的大教育家，他开创了私人讲学之风，相传他有弟子三千，其中有七十二贤人，被后世统治者尊为“圣人、至圣、万世人师表”。以孔子为代表的古代教育家提出的一些教育思想，即便在今天看来仍属于独特而先进的教育理念，如“因材施教、因人施教”，表示要根据受教育者的不同条件和情况采取不同的教育方法；又如“学然后知不足，教然后知困”“教学相长”，阐明教学是教与学的互动活动，二者可以互相影响、互相促进、共同提高与发展。

“教”还表示礼仪、规矩的意义，如《韩非子》“修教三年”，又如“礼教”；也表示信仰，如“宗教、佛教、道教、信教、传教、教士、教民、教义”。“教”在口语中还表示使、让、导致的意义，如“教人惭愧、教沙漠变成良田”等，这个意义今天写作“叫”。

“教”是多音字，又读作 jiāo，多用于口语词，如“教书、教课、教唱歌、教识字”等。

出塞（其一）

（唐代）王昌龄

秦时明月汉时关，万里长征人未还。
但使龙城飞将在，不教胡马度阴山。

◎ 孔子讲学邮票

xué

【笔顺】丶 丷 ⺍ 𭕄 ⺍ 学 学 学

【笔画数】8 画

【部首】子（子部）

【结构】上下

【书写提示】“学”字下边的“子”三画，不要把第一笔和第二笔连成一笔，错写成两画。

【词语】学海无涯 勤工俭学

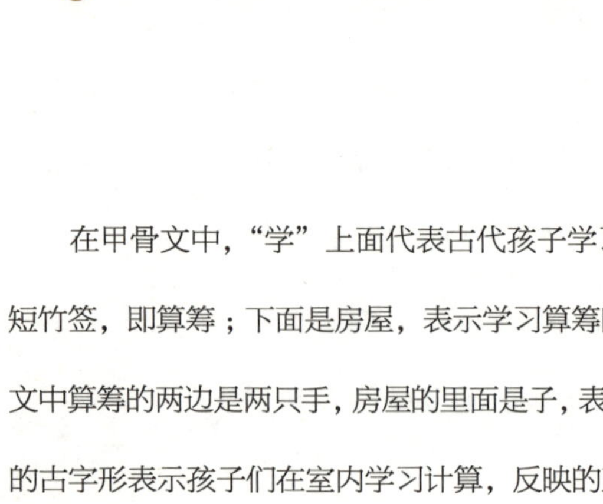

在甲骨文中，“学”上面代表古代孩子学习计数时用的短竹签，即算筹；下面是房屋，表示学习算筹的房间。在金文中算筹的两边是两只手，房屋的里面是子，表示孩子。“学”的古字形表示孩子们在室内学习计算，反映的正是三千多年前古人对孩子进行教学的场景。“学”的主体是孩子，古人非常注重对儿童进行教育与培养，他们早就认识到教育应从娃娃抓起这个道理了。“学”的本义是教孩子算数习字，使其获得知识技能、接受教育训练，如《礼记》“好学近乎知”，《庄子》“学者，学其所不能学也”，《论语》“默而识之，学而不厌，诲人不倦”；又如“学子、好学、学以致用、教学相长、勤学苦练、牙牙学语”。“学”由此引申为模仿的意义，如“学嘴、学狗叫、鹦鹉学舌、邯郸学步”。

“学”还用作名词，引申指传授知识的场所，即教孩子学习的机构，如《礼记》“小学在公宫南之左，大学在郊”，《史记》“国有学”。上古时期我国就出现了培养贵族子弟的官立学校，相当于今天的大学。古时学校曾称为“庠（xiáng）、序、学、校、塾”，如《孟子》“夏曰校，殷曰庠，周曰序”，即夏代称学校为“校”，商代称学校为“庠”，周代称学校为“序”。汉代学校分地方和中央两种，地方上五百家设“庠”，一万两千五百家设“序”，中央则设“太学”于长安，为国家最高学府，如《汉书》“立太学以教于国，设庠序以化于邑”。“庠序”因此成为地方办学机构的代称，如《孟子》“谨庠序之教，申之以孝悌之义”。西汉时期的太学最初设五经博士，讲授《诗》《书》《礼》《易》《春秋》等儒家五部经典，后来科目逐渐增多，鼎盛时学习人数上万。隋代以后改为国子监。唐代办学之风日盛，学校分类更细。明清时期的学校基本承袭唐制，清末开始兴办近代教育，称学校为“学堂”。辛亥革命以后采用新学制，“学堂”一律改称“学校”，并沿用至今。

“学”又引申指掌握的知识、技能，如“才学、学问、学识、学术、学有专长、治学之道、饱学之士、博学多才”。成语“学富五车”出自《庄子》，说的是战国时期著名的哲学家惠施读书很多，学问很大，写了很多著作，“其书五车”，后人用以形容人的学识渊博，著述丰硕。“学”后来也指某一门类的知识或系统性研究，如“学科、学界、学术、国学、文学、科学、生物学”等。

劝学诗

（唐代）颜真卿

三更灯火五更鸡，正是男儿读书时。

黑发不知勤学早，白首方悔读书迟。

zì

【笔顺】丶 丶 宀 宀 字 字

【笔画数】6画

【部首】宀（宝盖部）

【结构】上下

【书写提示】“字”字下边的“子”三画，不要把第一笔和第二笔连成一笔，错写成两画。

【词语】字里行间　字斟句酌　文从字顺　片纸只字　咬文嚼字

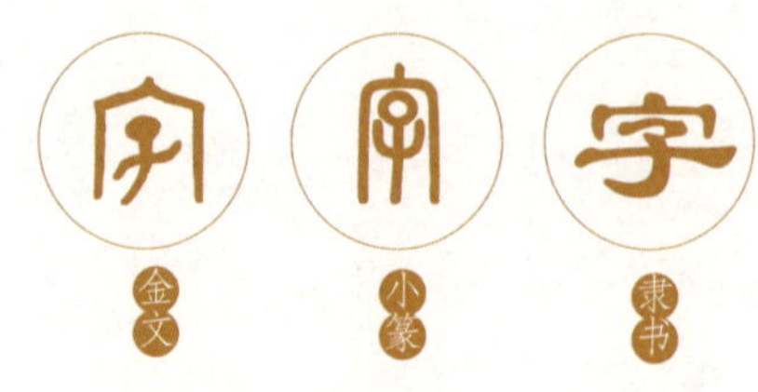

金文中的“字”外面是宝盖，像房屋之形；里面是子，像婴儿之形，同时兼作声旁。整个字像在屋内生孩子，表示生子的意义，如《论衡》“妇人疏字者子活，数乳者子死”，其中的“字”即生子的意思。“字”由生子泛指生育、繁殖的意义，如《汉书》“六畜遂字”；引申为抚育、养育的意义，如《左传》“不能字人之孤而杀之”，又如“字育、字养、字民、养老字幼”。“字”还引申为怀孕的意义，如《周易》“女子贞不字，十年乃字”，“不字”即不孕，“字孕”即怀孕；又引申为女子许配人家的意义，如“字人”即嫁人，“待字闺中”即待嫁。

相传汉字是黄帝的史官仓颉（jié）造出来的。在文字没有产生之前，古人先是在绳子上打结记事，后来结绳记事无法满足需要了，仓颉仰观天象，俯察万物，日思夜想，

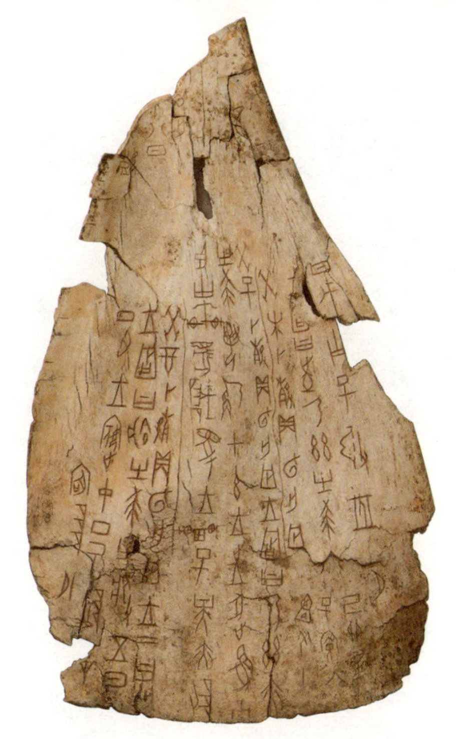

◎ 商代大型涂朱牛骨刻辞

描摹绘写，受地上野兽的不同脚印的启发终于造出了各种不同的符号来代表世间不同的事物及其意义。黄帝知道后大加赞赏，命仓颉到各个部落中去传授和推广。据《淮南子》记载，仓颉造字的时候竟发生了“天雨粟，鬼夜哭”的奇异景象——天上降下了粮食，夜里鬼魂号啕。可见文字的发明在人类历史上是一件惊天地、泣鬼神的重大事件。当然，文字的发明创制绝不可能是一个人所能完成的，仓颉很可能对当时流传于民间的文字符号加以搜集、整理并推广运用，他是汉字的整理者。相传仓颉享年一百一十岁，去世后人们在其墓葬处建造了仓颉庙（陕西白水县东北），并把这里的村庄取名为史官村。

汉字产生于黄帝时期，但我们今天所能见到的最早的汉字是发掘于河南安阳殷墟、距今三千六百多年的商代甲骨文。甲骨文又称“契文、龟甲文、甲骨卜辞、殷墟文字、龟甲兽骨文”，是用比较尖利的刀具刻写在坚硬的龟甲兽骨上的文字，笔画瘦劲，以横、竖、斜线为主，刀锋毕露，是自成体系、相当成熟的文字。到了西周后期，在甲骨文的基础上发展演变成了金文。金文是指铸刻在青铜器上的铭文，又称“钟鼎文”。它承甲骨文而有新的发展，字数较甲骨文略多，字有凹凸之分，笔画大小匀称，线条浑朴自然，形体结构渐趋

◎ 西周铜簋铭文拓片

整齐和稳定，逐渐脱离了图画的原形，奠定了方块字的基础。目前所能见到的青铜器中，最有代表性的铭文是《散氏盘》《毛公鼎》《大盂鼎》《虢季子白盘》等。

春秋战国时期，诸侯割据，各国使用的文字一字多形、简繁不一。秦始皇灭六国、统一中国后，推行“书同文、车同轨”、统一度量衡等政策，下令由擅长书法的宰相李斯负责，以秦国小篆为标准，对各国文字删繁就简，规范统一了全国的文字，故小篆又称“秦篆”。小篆的制定、推行和使用是中国历史上第一次运用行政手段大规模规范文字的过程，在汉字发展史上有着重要的作用。至此汉字逐渐定型，象形意味减弱，文字趋于符号化，几乎完全脱离了图画文字，成为整齐、和谐、优美的长方形字体。小篆字体上紧下松，整齐匀称，笔画横平竖直，圆劲均匀，粗细基本一致，富有奇趣，为后世书家所青睐，古代印章刻制，尤其是需要防伪的官方印章，一直采用篆书。

小篆的笔画线条用笔书写起来还是很不方便，书写速度较慢，于是在同时期产生了形体向两边撑开成为扁方形的隶书。

◎ 秦代小篆体字砖

隶书因“奏事繁多，篆字难成，即令隶人佐书，曰隶字”，“隶人”指“胥吏”，即掌管文书的小官吏，隶书就是这些小官吏们为“佐助篆所不逮”、提高书写效率而使用的一种方便快捷的书体。“隶”又有附着、附属之意，如“隶属”，这一意义到今天还在使用，因此“隶书”又有篆字之衍生、隶属的意思，是当时官方文字小篆的辅助字体。相传秦代的程邈得罪了秦始皇，被关进监狱，隶书是他在狱中用十年时间，在篆书基础上去繁就简，整理出的一套应用简便的新字体。隶书化小篆圆转的线条为方折的笔画，改连笔为断笔，结体扁平，工整精巧，大大提高了书写效率，在东汉时期达到顶峰，形成众多风格，留下大量石刻，《张迁碑》《曹全碑》便是这一时期的代表作。隶书的出现是汉字演变史上的一个重要转折，是古今汉字演变的分水岭，汉字从此走向符号化。隶书的笔画讲究“蚕头雁尾”“一波三折”，汉字的书写方式和审美趋向因此而改变，为草书、楷书、行书的产生奠定了基础，为我国书法艺术的发展和繁荣开辟了广阔的天地。

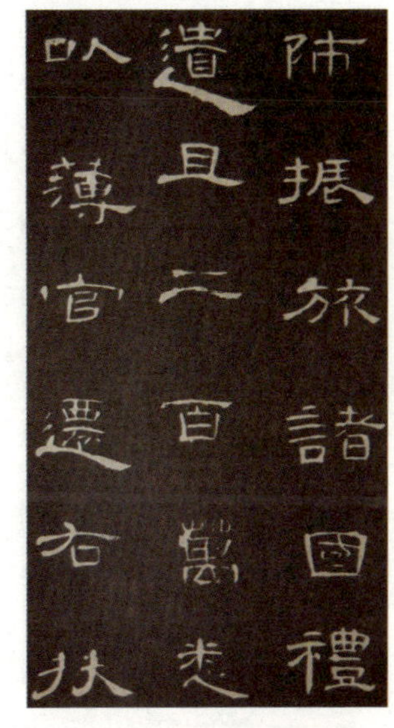

◎ 汉代隶书《曹全碑》

之后，隶书又演变为章草、今草，至唐代又出现了狂草。萌芽于秦汉、发展于魏晋、繁荣于隋唐的楷书，糅和了隶书和草书而自成一体。楷书因形体方正、横平竖直、规矩整齐、更趋简化而可作楷模而得名，又称“真书、正书”，自唐代达到鼎盛后一直沿用至今，是现在通行的汉字手写正体字，我们今天所用的印刷体即由楷书变化而来。唐初的虞世南、欧阳询、褚

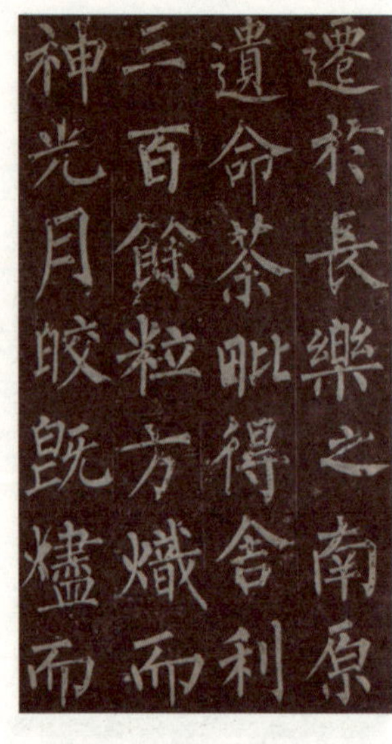

◎ 唐代柳公权楷书《玄秘塔》

遂良，中唐的颜真卿，晚唐的柳公权等，都是楷书大家，其楷书作品一直为后世所重，奉为历代习字的范本。而介于楷书与草书之间的行书，书写流畅，用笔灵活，方便快捷，至今仍是我们日常书写所习惯使用的字体。纵观汉字演变发展史，我们可以看出，汉字从甲骨文、金文发展到小篆是一个简化过程，隶书是篆书的简化，而楷书、行书、草书又是隶书的简化，汉字从古到今演变发展的总趋势是由繁趋简。

最初文字的意义并不用“字”表示，而是用“文”或“书”来表示，如“甲骨文、金文、隶书、楷书”。随着社会的发展，文字的繁衍如同人口的滋生增长一样，由“文”衍生出来的文字越来越多，由于“字”有生子、子孙繁衍的含义，大约在春秋战国时期，人们开始用“字”来表示由“文”滋生演化出来的文字。因此“文”指象形、指事等独体字，“字”指由“文”滋生而成的会意、形声等合体字，“文”是文字的祖先，“字”是文字的子孙。东汉著名文字学家许慎历时二十一年编纂了一部研究“文”和“字”的《说文解字》，说解文字的形体结构并考究字源，是我国第一部文字学专著，也是中国乃至世界最早的字典，被誉为“文宗字祖”。到东汉末年，“文”与“字”合称为“文字”，“文”“字”之间就不再有严格的区别了。

“字”表示书写符号后，也就有了一系列与文字相关的意义：既可以表示字体，如“篆字、柳字、宋体字、繁体字、异体字、简化字”；也可以表示字音，如“字正腔圆、吐字清晰、咬字不清”；还可以表示用文字写的合同、凭证，如“字据、字条、立字为证”。中国的文字用毛笔书写，由此形成了汉字的书写艺术——书法艺术。作为中华文化的瑰宝，中国的书法在世界文化艺术宝库中独放异彩，“字”因此又指书法，如“字画、字帖、字幅、颜真卿的字、写了一幅字”。

“字”又可以表示人的别名，名与字是中国古代姓氏文化与礼仪文化的产物。古时取字只限于有身份、有地位、有文化的贵族、士大夫阶层，平民百姓则有名无字，如《礼记》“男子二十，冠而字”，古时行过冠礼的成年男子方可取字，字是成年人在名之外取的别名；又如《仪礼》“冠而字之，敬其名也”，加冠后取字，乃“成人之道”，以后称字而不再称名，是为了表示对父母为其所取之名的尊重，用来在社会上与人交往时使用。古人的名用于自称，称呼他人一般称字，直呼其名是极不礼貌的。字往往根据名的意义而取，多对名起解释或补充的作用，须与名相呼应，互为表里，所谓“名以正体，字以表德”，故又称“表字”，如“张衡字平子、诸葛亮字孔明、岳飞字鹏举”；也有与名互为反义的，如“朱熹字元晦、管同字异之”。古人还有“小字”，即乳名，如“曹操小字阿瞒、刘禅小字阿斗”。“字”也可以表示商店的名称，如“老字号”。

清平乐

（宋代）晏殊

红笺小字，说尽平生意。

鸿雁在云鱼在水，惆怅此情难寄。

斜阳独倚西楼，遥山恰对帘钩。

人面不知何处，绿波依旧东流。

hòu

【笔顺】㇒厂𠂆𠂉后后

【笔画数】6画

【部首】丿（撇部）

【结构】半包围

【书写提示】“后”字第一笔是撇，不要错写成横。

“后”的甲骨文字形左边是女，代表母亲；右下边是头朝下的倒着的子，代表刚产下的胎儿。胎儿出生时头先出来，整个字像母亲生育产子的样子。“后”的本义就是妇女生育。

对于人类而言，妇女生育是一件重大的事情，尤其是在母系时代，人口的繁衍是部落或家庭生存发展的重要条件，那时妇女的地位很高，能生育的女性更是受到重视和尊敬，部落或氏族的首领往往由生殖力强、能生育繁衍后代的女性功臣担当，“后”由此成为母系时代发号施令的女性首领的称呼。“皇天后土”是主宰万物的天地神灵，其中“皇天”指天，即天神，“后土”指地，即土神、土地神。后土是一位女性神，她主宰大地山川，“掌阴阳，滋万物”，既是大地丰收的保护神，也是人类生育之神，因此又被称为“地母、大地之母”，民间称其为“后土娘娘”，是原始母系社会土地崇拜与女性崇拜的产物。山西介休有后土庙，供奉的就是后土娘娘。

随着母权制被父权制代替，部落或氏族首领从能生育繁衍后代的女性变为能征善战的男性，“后”也由女性首领的称呼变为男性首领的称呼，如大禹的儿子启建立了夏王朝，被称为“夏后氏”；射掉九个太阳的神射手被称为“后羿”；教民稼穑（sè）、被尊为农神的周朝始祖叫作“后稷（jì）”；夏后氏、后羿与后稷都是男性首领，他们都以“后”为号。国家出现以后，“后”从氏族首领变为拥有最高权力的君主、帝王的称呼，如“后王、后辟”即君王，“后帝”即天帝，“商之先后”即商代先王。君王称帝称王以后，“后”又成为帝王之妻的称号，如《礼记》“天子之妃曰后”，又如“帝后、皇后、太后”。

需要注意的是，“后”现在是个多义字，除表示皇后，还表示前后、先后、后代等意义，如“前仰后合、承前启后、空前绝后、争先恐后、后顾之忧、后患无穷、后起之秀”等，这些意义原来写作“後”，与“后土、皇后”的“后”本是互不相关的两个字，由于读音相同，简化字用“后”替代了“後”。因此，表示后土、皇后的意义时，繁体字仍作“后”；而表示前后、先后、后代的意义时，繁体字写作“後”。

登幽州台歌

（唐代）陈子昂

前不见古人，后不见来者。

念天地之悠悠，独怆然而涕下。

qì

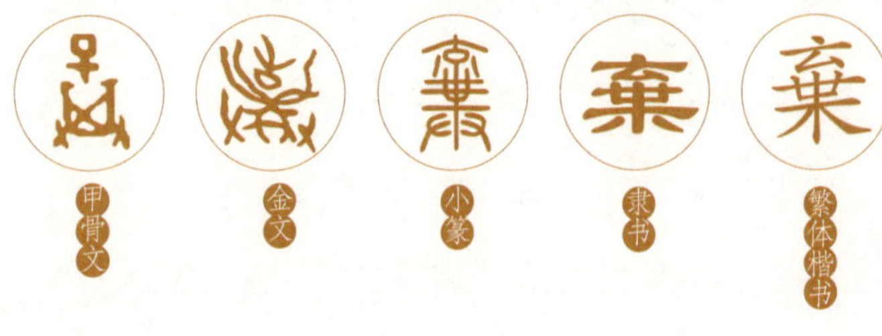

【笔顺】丶 亠 亡 𠫓 去 弃 弃

【笔画数】7画

【部首】廾（弄字底部）

【结构】上下

【书写提示】“弃”字下边是“廾”，不要错写成一横两竖。

【词语】弃旧图新

食之无味，弃之可惜

“弃”在甲骨文中上面是子，表示婴儿；中间是其，是簸粮食或盛放丢弃物的箕筐；下面是两个又，又是手。整个字像双手持箕，欲将放在箕筐中的婴儿丢弃，表示丢弃婴儿的意义。金文中的“子”变成了头朝下倒着的子，更加强调倒弃的含义。远古时期生产力低下，生存条件恶劣，人们会将病婴或天生有残疾的婴儿装在箕筐里丢弃，“弃”的古字形及其本义表现的就是遗弃婴儿的习俗。

相传上古帝王帝喾（kù）的元妃姜嫄到野外游玩，看见地上有一只很大的脚印，觉得好奇，就将双脚踩在巨人的足迹上，回去不久就感到腹中微动。十个月后，姜嫄生下一个男婴。由于来源不明，这个男婴被视为不祥之人。人们把婴儿装在筐里，丢弃在狭窄的街巷里，想让过往的牛羊将他踩死，奇怪的是，牛羊不仅不踩踏他，还用奶水

哺育他；把他抛弃在河水结冰的冰面上，想将他冻死，不料天上飞来许多鸟用翅膀温暖他。人们觉得这个孩子有神灵庇护，便将婴儿抱回来交给他的母亲抚养。由于遭到多次抛弃，这个男孩名叫“弃”。弃就是周人的始祖。弃从小善种麻、禾、豆等农作物，长大后擅长农耕，能辨识不同土壤，懂得挑选良种，他教民稼穑（sè），传授种植五谷的技术。尧知道后任命他为农师，舜又任命他为掌管农事的稷官。“稷”是谷子，在古代为百谷之长，被视作农业的象征。相传弃是最早种植稷和麦的人，因此被后人奉为农神，尊为“后稷”，“后”是远古时期男性首领的称呼。

“弃”由丢弃婴儿泛指丢掉、扔掉，如《左传》“天下弃商也久矣”，《孟子》“弃甲曳兵而走”；又如“遗弃、放弃、舍弃、弃养、弃权、弃学、弃妇、弃暗投明”。古代在闹市区将被处以极刑的囚犯执行死刑，并抛尸街头示众，称作“弃市”。“弃”由丢掉又引申为违背的意义，如“弃命、弃言、背弃、背信弃义”等。

赠孟浩然

（唐代）李白

吾爱孟夫子，风流天下闻。

红颜弃轩冕，白首卧松云。

醉月频中圣，迷花不事君。

高山安可仰，徒此揖清芬。

bāo

【笔顺】丿 勹 勺 匀 包

【笔画数】5 画

【部首】己（己部）

【结构】半包围

【书写提示】“包”字里边是“巳”，不要错写成“己”或“已”。

【词语】包藏祸心 包打天下 包罗万象

“包”的甲骨文字形像一个人包裹在胎膜中的样子，金文字形中的人变成了尚未成熟的胎儿。“包”就是包裹胎儿的胎衣、胞衣，是“胞”的本字。“包”由包裹胎儿引申为包、裹的意义，如《尚书》“草木渐包”，《礼记》“包之以虎皮”，《诗经》“野有死麕，白茅包之”，这个意义直到今天还在使用。“包”由包、裹引申为四面围住、容纳的意义，如《过秦论》“有席卷天下，包举宇内，囊括四海之意”；又如“包围、包络、包抄、包举、包罗、包蕴、无所不包”。“包”还表示保证、承担的意义，如“包办、包揽、包赔、承包、打包票、包工头、包产包销”；又表示事先约定专用的意义，如“包厢、包间、包桌、包车、包机”。

“包”还用作名词，由胎衣引申为包起来的东西，如“包裹、包袱、邮包、背包、脓包、草包、炸药包”；也引申为包东西的物品或容器，如“钱包、书包、背包、挎包、提包、箱包”。“包”又用作量词，用于成包的东西，如“一包糖、几包花生米”。

在汉语中，“包”还是一种带馅的发面蒸食，可甜可咸，种类很多，如“包子、豆包、糖包、肉包、汤包、素菜包、生煎包”等。

“包”后来多用于引申意义，人们另造“胞”字来表示“包”的本义。

题乌江亭

（唐代）杜牧

胜败兵家事不期，包羞忍耻是男儿。

江东子弟多才俊，卷土重来未可知。

保

bǎo

【笔顺】丿亻亻' 亻口 亻口 亻口一 亻呆 亻呆 保

【笔画数】9画

【部首】亻（单立人部）

【结构】左右

【书写提示】“保”右下边是“木”，中间一竖不带钩。

【词语】丢车保帅　明哲保身

“保”的甲骨文字形右边是人，左边是子；整个字像一个人背着一个婴儿的样子。金文字形与甲骨文一样，只是人、子位置相反，这是古文字字形尚未固定而造成的现象。“保”的本义是背负婴儿，背子求安是中国古代

◎ 宋代磁州窑加彩母子俑

的传统，父母外出，将幼儿背在背上最安全也最省力。今天，父母们仍然常常把孩子背在自己背上，就像“保”的古字形所描绘的那样。

“保”由背负婴儿引申为抚养、养育的意义，如《尚书》“若保赤子”，“保”即养育；又如“保养、保育、保健、保姆”。“保”还引申为守护、维持的意义，如《淮南子》“父子相保全”，又如“保卫、保护、保佑、保持、保守、保驾、保命、保密、保温、保家卫国”；又引申为负责的意义，如“保证、保修、保举、保荐、旱涝保收”。

“保”也用作名词，表示做担保或保证的人，如“作保、保人、取保候审”等。

和李秀才边庭四时怨（其四）

（唐代）卢汝弼

朔风吹雪透刀瘢，饮马长城窟更寒。

半夜火来知有敌，一时齐保贺兰山。

chánɡ

【笔顺】ノ 𠂉 七 长

【笔画数】4 画

【部首】丿（撇部）

【结构】独体

【书写提示】“长”四画，不要把第三笔竖提分成两笔，错写成五画。

【读音提示】“长”又读作 zhǎnɡ。

【词语】长年累月 长驱直入 长盛不衰 长治久安 来日方长 语重心长

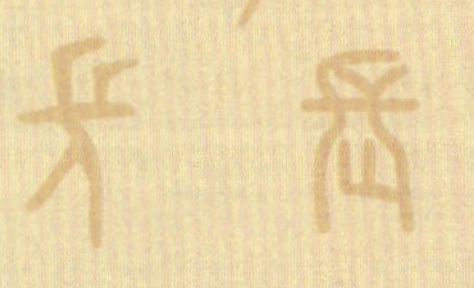

“长”在甲骨文中像一个长着长长头发的人。“长”的本义指头发长；泛指长短的长，表示两端之间的距离大、长度大的意义，与“短”相对，读作 chánɡ，如《诗经》“顺彼长道”“道阻且长”，《列子》“布帛长短同”；又如“长矛、长江、长歌代哭、长风破浪、长发及腰、鞭长莫及、万里长空”。“长”还引申为时间久的意义，如“漫长、长远、长寿、长命百岁、长生不老、长年累月、长夜难眠、长吁短叹、昼长夜短”。“长”由长度大引申作名词，表示长度，如《周礼》“长丈二尺”，《论语》“长一身有半”；又引申为优点、技能，如“长处、长项、特长、专长、扬长避短、一技之长、学有所长”。“长”还用作动词，表示擅长，如“长于书画”。

中国是个讲究孝道的国家，古人认为须发是父母所赐，不能随意剃剪，如《孝经》“身体发肤，受之父母，不敢毁伤，孝之始也”，因此古人一生从不剪发。随着年龄的增长，须发也就越来越长，头发长的人自然就是年龄大的人，“长”由此引申出年龄大、辈分高的意义，读作 zhǎng，如《庄子》“长先而少从”，《孟子》“为长者折枝”；又如“长辈、年长、兄长、尊重师长”。“长”还引申为排行第一、一把手等意义，如《吕氏春秋》“是为长侯，守殷常祀”，《史记》“皆刑其长吏”；又如“长兄、长子、长女、长孙、长公主、长官、首长”。“长”也表示养育、发展等意义，如《诗经》“长我育我”，又如“生长、成长、长大成人、增长见识”；又表示滋生、萌发等意义，如《庄子》“草木遂长”，还有“长草、长霉、长虫、长锈、长斑、长势喜人”等。

晴江秋望

（唐代）崔季卿

八月长江万里晴，千帆一道带风轻。

尽日不分天水色，洞庭南是岳阳城。

lǎo

【笔顺】一 十 土 耂 老 老

【笔画数】6画

【部首】老（老部）

【结构】半包围

【书写提示】“老”字里面是“匕”，撇的下端不出头。

【词语】老而弥坚　老奸巨猾　老马识途　老谋深算　老弱病残　老生常谈　返老还童　未老先衰

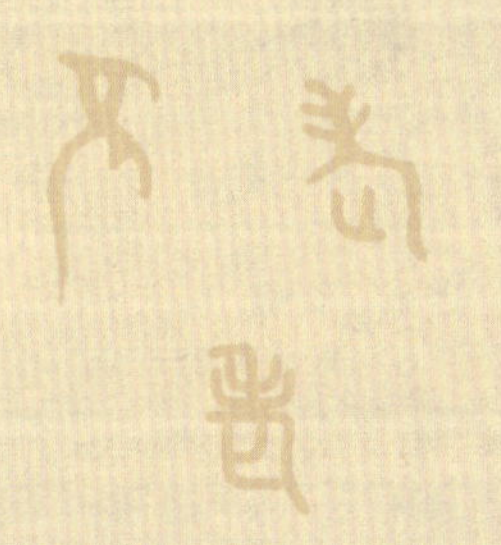

甲骨文中的“老”是个象形字，像一个有着长长的头发、弯腰拄杖、老态龙钟的老者的侧面形象，表示年纪大的人、年长者，如《礼记》“七十以上曰老”，《管子》“养长老，慈幼孤”，《后汉书》“穷当益坚，老当益壮”；又如“老人、扶老携幼、尊老爱幼”。“老”由此用作对老人与先辈的尊称，如“老太、老大爷、老人家、老先生”。

中国自古“以孝治天下”，孝是中华民族的传统美德，养老、尊老、敬老在古代礼制中具有相当重要的地位。据古代文献记载，商周时期非常重视老人，五十岁以上的老人可以依靠国家提供的俸禄生活。自周代以来，历朝历代都曾以国家名义颁布过养老敬老的礼制、法规以及老年人所享有的特殊权利，还有对殴打或虐待老人行为的处罚措施。每年农历九月初九是中国传统的祭祖节日——重阳节，这一天人们要祭天祭祖，感谢上天和祖先的恩德与庇护；还要举家登高、赏菊、佩茱萸、吃重阳糕、饮菊花酒，以求健身祛病、延年益寿。重阳节的习俗与敬老尊老的传统延续了两千多年，1989年，国家将重阳节定为“老人节、敬老节”。2012年，《老年人权益保障法》以法律的形式明确规定：每年农历九月初九为“老年节”。从此中国的老年人有了属于自己的正式节日。

“老”由年老引申出长久、以前、原来、陈旧等意义，如“老屋、老本、老古董、老地方、老毛病、深山老林”。年纪大的人经验丰富，办事稳妥，“老”由此引申出经验多、阅历深的意义，如“老练、老到、老手”；还引申出油滑、厚等意义，如“老于世故、老奸巨猾、老油条、老皮”；又引申出蔬菜长过了、烹调火候大等意义，如“老黄瓜、老豆腐、肉炒老了”。

“老”还用作动词，表示敬老养老，如《礼记》“上老老而民兴孝”，《荀子》“老老而壮者归焉”，《孟子》“老吾老，以及人之老”，第一个“老”都是敬重、赡养的意思；还表示变老衰朽，如“衰老、老朽、老气横秋”。“老”又表示退休养老，如《左传》“桓公立，乃老”，《史记》“因谢病，归老于频阳”；又如“告老还乡”。

“老”也用作副词，表示非常、经常等意义，如“老远、老早、老是、老大无成、天老下雨”；又用作词语前缀，用于称人、排行次序或某些动植物，如“老百姓、老兄、老师、老外、老大、老虎、老鹰、老玉米、老倭瓜”等。

孤桐

（宋代）王安石

天质自森森，孤高几百寻。
凌霄不屈己，得地本虚心。
岁老根弥壮，阳骄叶更荫。
明时思解愠，愿斫五弦琴。

xiào

【笔顺】一 十 土 耂 考 考 孝

【笔画数】7画

【部首】子（子部）

【结构】半包围

【书写提示】“孝”字下边的“子”三画，不要把第一笔和第二笔连成一笔，错写成两画。

金文中的“孝”上边是老，像一个佝偻着身子、手持拐杖的长发老人；下边是子，表示子女后代。整个字老人在上，子女在下，像子女搀扶着老人的样子；表示子女、晚辈奉养并顺从老人、长辈的意义。古人认为子女对生养自己的父母长辈要感到有所亏欠，要顺从并侍奉、赡养他们，如《尔雅》“善事父母为孝”，又如“孝敬、孝顺、孝廉、孝道、孝心、尽孝、孝子贤孙”。

中国人认为“百善孝为先”，一切善行都是从孝开始做起的。《孝经》说：“夫孝，德之本也。又，天之经也，民之行也。”《左传》说：“孝，礼之始也。”《国语》说：“孝，文之本也。”中华民族历来讲究孝道，有着尊敬老人的传统美德和社会风尚。甲骨文中已经出现了“孝”字，说明孝的观念至少在“孝”字产生的殷商时期就已经出现了，西

周时期周王朝将“孝”作为伦理观念正式提了出来。孝道是中国传统文化价值观的基础之一，这也是中华文化与西方文化的不同之处。

“孝”既包括对在世父母的孝，也包括对已故父母及祖先的孝，父母去世后子女要在一定时期内身穿丧服，并遵守居丧的礼俗，以示对父母“生养之，死祭之，永怀之”，“孝”因此又表示居丧之事，如“守孝、吊孝、孝服”；又特指丧服，如“戴孝、穿孝、挂孝、重孝”等。

送汴州监军俱文珍

（唐代）韩愈

奉使羌池静，临戎汴水安。

冲天鹏翅阔，报国剑铓寒。

晓日驱征骑，春风咏采兰。

谁言臣子道，忠孝两全难。

guǐ

【笔顺】丿 亻 白 白 白 身 鬼 鬼 鬼

【笔画数】9画

【部首】鬼（鬼部）

【结构】半包围

【书写提示】“鬼”九画，不要把第六笔撇分成两笔，错写成十画。“鬼”在字的左边时，最后一笔竖弯钩要包住字的右半边。

【词语】鬼迷心窍 神出鬼没 疑神疑鬼

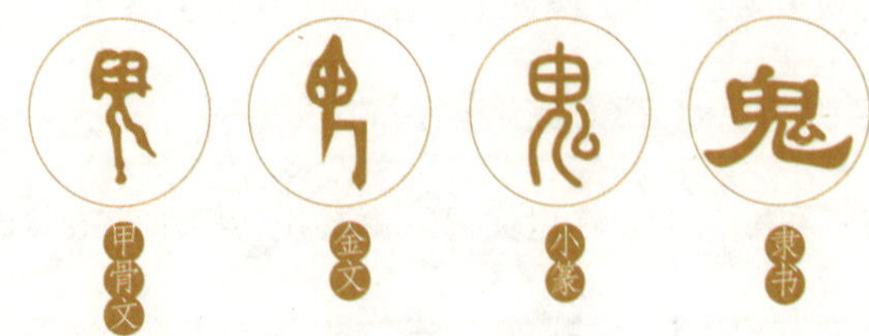

甲骨文中的“鬼”像人长着一个奇怪而可怕的大脑袋的样子，整个字像一个似人非人的怪物。鬼在实际生活中并不存在，谁也没见过，难以描述它的长相，于是古人便用一个田字形的大头来表示鬼的头部，就像跳驱魔的傩舞时戴的鬼脸面具，以祭祀仪式上带着鬼脸面具的巫师所扮演的鬼怪恶魔形象来表示鬼，如“鬼神、鬼蜮、鬼哭狼嚎、妖魔鬼怪”。

古人认为人死后入土便化作了鬼，如《礼记》所说：“众生必死，死必归土，此谓之鬼。”“鬼”由此指人死后的灵魂，如《周易》“载鬼一车”，《诗经》“为鬼为蜮，则不可得”，《楚辞·九歌·国殇》“身既死兮神以灵，子魂魄兮为鬼雄”；又如“鬼魂、鬼魅”。鬼魂与神灵一样，都是万物之精怪，因此“鬼”与“神”常常并用，如“神出鬼没、鬼使神差、鬼斧神工”；喻指出众、不同一般、非人力所及等意义，如“鬼才、鬼工、鬼幻”；又表示机敏、精明、狡猾等意义，如“小鬼、机灵鬼、鬼精灵、鬼把戏、鬼点子、鬼丫头、人小鬼大”。

“鬼”往往含有贬义，表示阴险、邪恶、狡诈等意义，如“捣鬼、鬼话连篇、心怀鬼胎、鬼蜮伎俩、鬼鬼祟祟、鬼头鬼脑”；也表示恶劣、很糟糕、不正当等意义，如“鬼天气、鬼地方、鬼混”；又用作蔑称，有轻视之意，如“鬼子、酒鬼、烟鬼、懒鬼、色鬼、死鬼、胆小鬼、小气鬼、吝啬鬼”。

汉字中以“鬼”为形旁的字多与灵魂或妖魔鬼怪有关，如“魂、魔、魑、魅、魍、魉”等。

夏日绝句

（宋代）李清照

生当做人杰，死亦为鬼雄。

至今思项羽，不肯过江东。

nǚ

【笔顺】㇛ 夊 女

【笔画数】3画

【部首】女（女部）

【结构】独体

【书写提示】“女”三画，不要把第一笔分成两笔，错写成四画。“女”在字的左边时，最后一笔横的右端不出头。

【词语】红男绿女

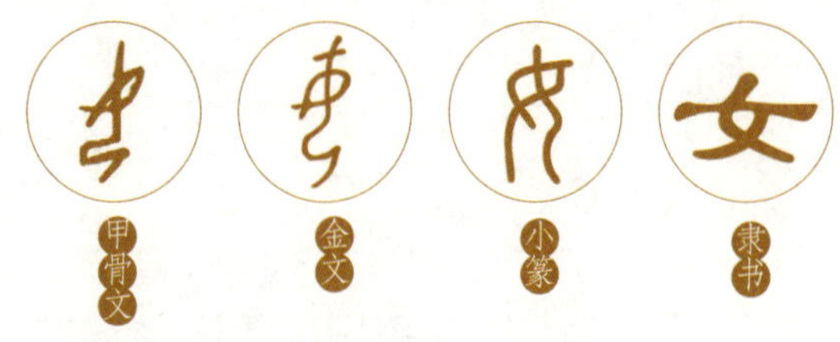

甲骨文中的“女”像一个双手交叉放在胸前、侧身屈膝跪坐的女子。金文与甲骨文形体相同，只是在头上加了一横，像女子头上的簪子。上古时期并无桌椅板凳，古人都是席地而坐，坐时双膝着地，臀部压在脚后跟上，正是“女”的古字形所描绘的样子。古代女子主要从事采摘、纺织、整理家务等活动，在家中要听命于家长，古人用日常居家的坐姿形象来表现女子的姿态，体现出古代女子的职业特点和端庄温顺的形象特征。从“女”的古字形可以看出，当男性成为农业劳动的主要承担者，女子便退出了生产领域而主要从事家务劳动，这也就决定了女子在社会和家庭中处于依赖、附属于男性的地位。

古代“女”与“妇”意义有别，“女”一般指未婚女性，如《诗经》“窈窕淑女，君子好逑”；又如“倩女、美女、女官、女红、少女、处女、闺女、采莲女”。“女”引申为女儿，如“子女、长女、儿女双全、生儿育女、膝下一女”；又引申为柔嫩的意义，如《诗经》“猗彼女桑”。

“女”还借作“汝”，相当于“你”，读作 rǔ，如《诗经》“三岁贯女”；又用作动词，表示嫁女儿，读作 nǜ，如《左传》“宋雍氏女于郑庄公”。

汉字中以“女”为形旁的字大多与女性有关，如“妈、奶、婆、姨、姐、妹、妇、嫂、媳、婿、妪、媒、奴、婚、嫁、娶”。

秋浦歌（其十三）

（唐代）李白

渌水净素月，月明白鹭飞。

郎听采菱女，一道夜歌归。

◎ 汉代彩陶跽坐女俑

fù

【笔顺】㇛ 女 女 如 妇 妇

【笔画数】6画

【部首】女（女部）

【结构】左右

【书写提示】"妇"字左边的"女"三画，不要把第一笔分成两笔，错写成四画；最后一笔横的右端不出头。

【词语】妇孺皆知

◎唐代周舫《簪花仕女图》（局部）

"妇"在甲骨文中左边是帚，即扫帚；右边是一个屈膝跪坐的女子。整个字表示手持扫帚在家扫地做家务的妇女。金文中帚和女的位置与甲骨文相反。在古代，妇女的主要任务是操持家务、打扫卫生，"妇"的古字形表现出古代女性在家庭中的分工与身份，也显示出古代家庭夫尊妇卑的地位差异。

在古代，"妇"与"女"意义有别，"妇"指已婚的女子，与"妻"同义，与"夫"相对，如"少妇、媳妇、新妇、寡妇、孕妇、商人妇”。“妇”由已婚女性特指男子的配偶，即妻子，如“夫妇、夫唱妇随”；泛指成年女性，如《礼记》“天子之妃曰后，诸侯曰夫人，大夫曰孺人，士曰妇人，庶人曰妻”；又如“妇人、妇孺、妇幼、老妇、健妇”等。

鹊桥仙·己酉山行书所见

（宋代）辛弃疾

松冈避暑，茅檐避雨，闲去闲来几度。
醉扶孤石看飞泉，又却是、前回醒处。
东家娶妇，西家归女，灯火门前笑语。
酿成千顷稻花香，夜夜费、一天风露。

◎ 唐代周舫《簪花仕女图》（局部）

hǎo

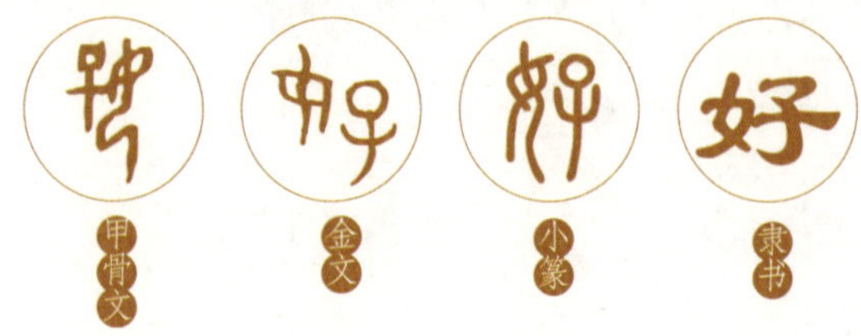

【笔顺】㇛ 女 女 女 好 好

【笔画数】6画

【部首】女（女部）

【结构】左右

【书写提示】“好”字左边的“女”三画，不要把第一笔分成两笔，错写成四画，最后一笔横的右端不出头；右边的“子”三画，不要把第一笔和第二笔连成一笔，错写成两画。

【读音提示】“好”又读作hào。

【词语】好事多磨 花好月圆 言归于好

“好”的甲骨文和金文字形都是由女、子两个象形字构成的，虽然女、子的位置、方向不同，但都是女偏大或偏上，子偏小或偏下，表明是母子俩。“好”的本义是女子生养孩子，在古人心目中，“好”女的标准就是能生养、抚养孩子。中国古代重男轻女，甲骨文中有卜问王的妻子生男还是生女的卜辞，生儿子则在甲骨上记录下“好”，生女儿则记录下“不好”。

“好”引申为表示女子容貌美丽、身姿婀娜的意义，“好”即美，如《战国策》“鬼侯有子而好”，《史记》“是女子不好”，《乐府诗集·陌上桑》“秦氏有好女，自名为罗敷”，这些“好”都是貌美的意思。“好”又引申为男女之间相悦相求的意义，如《诗经》“永以为好也”，《史记》“欲与王为好”，又如“百年好合”；由此引申为友爱的意义，

如“友好、和好、交好、结好、相好”。

“好”还引申为善、美满、优良等意义，与“坏、歹”相对，如“良好、美好、好人、好心、好景、好运、好言好语”；又引申为身体健康的意义，如“身体好、病好了、他看上去很好”。“好”也用作副词，表示容易、非常的意义，如“好懂、好办、好笑、好吃、好看、好多、好半天、好说歹说、好不容易”。在现代汉语口语中，“好”还可以表示赞同、肯定、结束等多种语气，如“好，就这样”等。

“好”是多音字，又读作 hào，用作动词，表示喜欢、喜爱，如“爱好、嗜好、好学、好客、好强、好大喜功、好逸恶劳、好高骛远”等。

春夜喜雨

（唐代）杜甫

好雨知时节，当春乃发生。
随风潜入夜，润物细无声。
野径云俱黑，江船火独明。
晓看红湿处，花重锦官城。

如

rú

【笔顺】㇛ 女 女 女 如 如

【笔画数】6画

【部首】女（女部）

【结构】左右

【书写提示】“如”字左边的“女”三画，不要把第一笔分成两笔，错写成四画；最后一笔横的右端不出头。

【词语】如出一辙 如花似锦 如梦初醒 如释重负 如数家珍 如影随形 风雨如晦 江山如画 料事如神 自叹不如

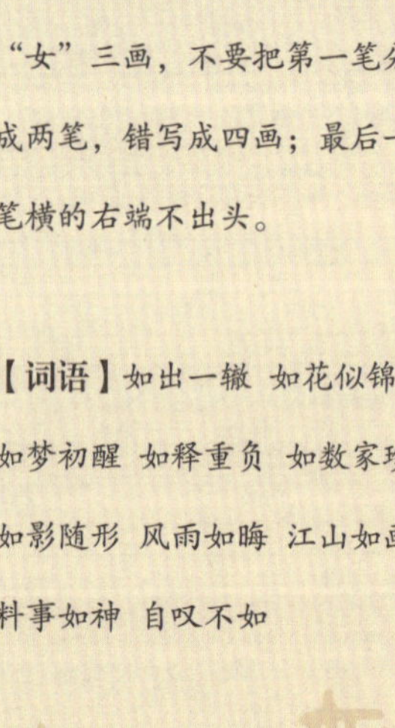

“如”的甲骨文字形左边是女，右边是口。古代女性地位低下，《仪礼》说：“妇人有三从之义，无专用之道。故未嫁从父，既嫁从夫，夫死从子。”意思是女子结婚之前要听从父亲与兄弟，结婚之后要顺从丈夫，丈夫去世了则要跟从自己的儿子，这就是“三从四德”中的“三从”。“三从四德”是儒家礼教从维护男权社会的家庭利益和稳定出发，为女性制定的道德行为规范。“如”用女、口会意，表示女子应答之义，强调女子要听从使唤，既表现了女性对男性唯唯诺诺、处处顺从的性

◎ 东晋女陶俑

格特征，也体现了妇女在长达数千年的男权社会中之地位。

“如”由听从夫君、顺从公婆泛指听从、顺从、相一致的意义，“如命、如令”即从命、遵令，还有“如实、如数、如期、如法炮制、称心如意”。“如”又用于比喻，表示好像、相似的意义，如《论语》“如用之，则吾从先进”；还有“如此、如花似玉、如饥似渴、如胶似漆、如泣如诉、如虎添翼、如鱼得水、如坐针毡”。《诗经》中有一首赞美卫庄公夫人庄姜的诗，在描写庄姜美貌时用了“手如柔荑，肤如凝脂，领如蝤蛴，齿如瓠犀”四个比喻句，形象地刻画出美人纤嫩的手指、细腻的皮肤、颀长的颈项和整齐的牙齿。成语“如丧考妣”出自《尚书》，“考”指父亲，“妣”指母亲，成语原指尧在位二十八年后去世，老百姓就像死了父母那样悲伤，后来在使用中含有了贬义色彩。

“如”又表示比得上的意义，如《诗经》“不如无生”，还有“我不如人”；也表示去、往的意义，《史记》“沛公起如厕”“臣请往如楚”中的“如”都是去的意思；还表示举例的意义，如“比如、例如、譬如”。“如”也用作连词，表示假设关系，如“假如、如果、如若、如有不妥”等。

江楼感旧

（唐代）赵嘏

独上江楼思渺然，月光如水水如天。

同来望月人何处，风景依稀似去年。

ān

【笔顺】 丶 ㇇ 宀 它 安 安

【笔画数】 6画

【部首】 宀（宝盖部）

【结构】 上下

【书写提示】“安”字下边的“女”三画，不要把第一笔分成两笔，错写成四画。

【词语】 安邦定国 安分守己 安然无恙 安之若素 心安理得 惴惴不安 坐立不安

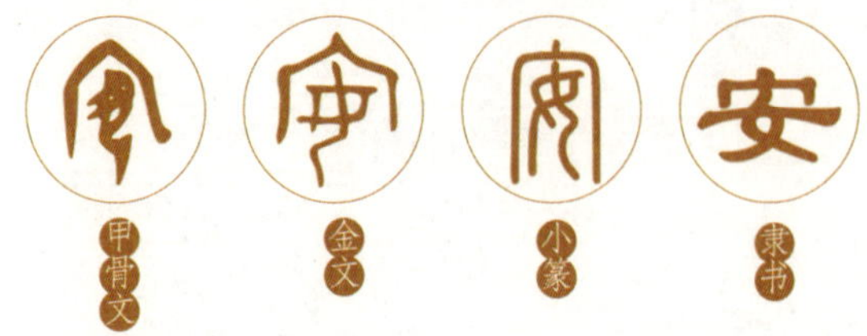

“安”在甲骨文中外面是宝盖，表示房子；里面是一个跪坐着的女子，双手交叉于胸前，十分温柔的样子。整个字就像一个女子安然地坐在家里，表示建房娶亲、踏踏实实过日子的意义，如“安家立业、安身立命、安居乐业”。有了房子，有了家眷，这才像个家，有了这样的家，生活才踏实，心里才安定，“安”由此引申为稳定、安全的意义，与“危”相对，如《周易》“是故君子安而不忘危”，《左传》“居安思危”；又如“心安、平安、安顿、安稳、安康、安如泰山”。

“安”还引申为平静、安静的意义，如《周书》“好和不争曰安”，又如“安定、安宁、安心、安神、安睡、安寝、安席、稍安勿躁、随遇而安”；又引申为舒适、满意等意义，如“安适、安乐、安逸、安贫乐道、安于现状、怡然自安”。

孔子在《论语》中说："君子食无求饱，居无求安。"说的是君子饮食不追求饱足，居住不要求安适，说明君子对生活要求不高。"安"还表示缓慢的意义，如"安步、安行"指缓步徐行；又表示处理、放置、组装、怀有等意义，如"安排、安放、安置、安插、安装、安营扎寨、不安好心"等。

"安"在古代还用作副词，表示疑问，相当于"怎样、如何"，如杜甫《茅屋为秋风所破歌》中的"安得广厦千万间"，李白《梦游天姥吟留别》中的"安能摧眉折腰事权贵"。

逢入京使

（唐代）岑参

故国东望路漫漫，双袖龙钟泪不干。

马上相逢无纸笔，凭君传语报平安。

qī

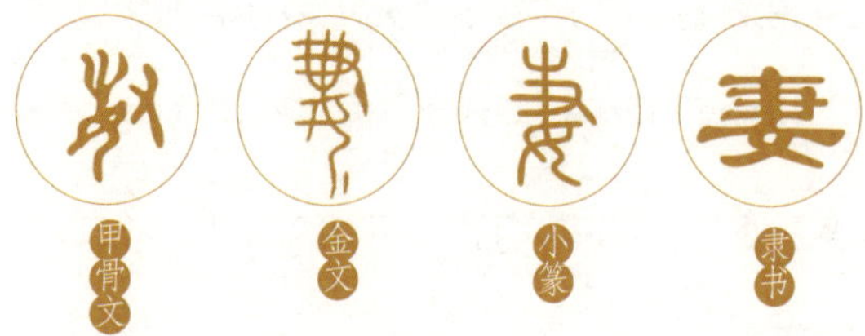

【笔顺】

【笔画数】8画

【部首】女（女部）

【结构】上下

【书写提示】“妻”八画，不要把第五笔竖和第六笔撇折连成一笔，错写成九画；第三笔横的右端要出头，第五笔竖的下端不出头；下边的“女”三画，不要把第一笔分成两笔，错写成四画。

【词语】封妻荫子

“妻”的甲骨文左边像一个跪坐的长发女子的形象，上面像女子飘散的长发；右边是一只手，这只手伸向女子的头部，像要抓向女子头发的样子。在人类早期的原始社会，妻子是抢来的，成年男子往往抢夺掳掠其他部族的女子为配偶，“妻”的古字形就是远古时代抢婚习俗的遗迹。抢婚方式也有很多种，有明抢，如通过战争将战败部落的女子抢来为妻；也有暗抢，如趁着月黑风高夜去抢其他部落的女子为妻。“妻”的本义指男子的配偶，如《诗经》“令妻寿母”，指德行美善的妻子和长寿的母亲；又如“夫妻、妻室、妻小、贤妻良母、妻儿老小、妻离子散”。

古代年轻人到了婚嫁之年要束发，于是称结婚为“结发”，称原配妻子为“发妻”。有一个成语叫“梅妻鹤子”，说的是宋代诗人林逋清高自适，终身不仕不婚，他隐居杭州孤山，植梅养鹤，以梅为妻，以鹤为子。他写了很多咏梅佳句，其中以“疏影横斜水清浅，暗香浮动月黄昏”最为脍炙人口，被誉为千古绝唱。杭州至今仍有放鹤亭及林和靖墓，而“梅妻鹤子”也成了一段千古佳话，后人用此比喻隐逸生活和恬然清高之态。

在汉语中，“妻”有不少别称，如古代称妻为“内子、内人”，对人则谦称妻子为“贱内、拙内”，“贤内助”是好妻子的美称；现代则俗称“老婆”，雅称“太太、夫人”。

“妻”又用作动词，读作 qì，表示女子嫁人或男子取妻的意义，前者如《史记》“以女妻之”；后者如《孟子》“妻帝之二女”，《左传》“齐侯又请妻之”。

樵

（宋代）翁森

妻出叮咛夫转听，采薪须束担头轻。

夜来雨过苍苔滑，莫向巉岩险处行。

nú

【笔顺】㇛ 女 女 女7 奴

【笔画数】5画

【部首】女（女部）

【结构】左右

【书写提示】“奴”字左边的“女”三画，不要把第一笔分成两笔，错写成四画；最后一笔横的右端不出头。

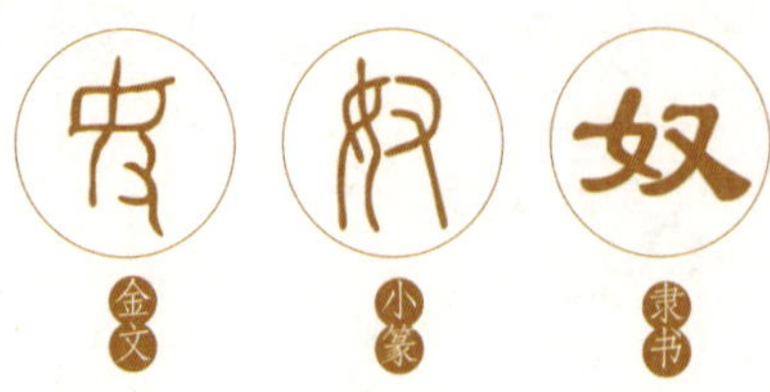

金文中的“奴”左边是女，表示女奴；右边是又，又是手。整个字像用手抓住一个女子的样子，表示在战争中被俘获而成为奴隶的女子。原始社会部族之间经常发生战争，胜利的一方往往把战败一方的男子杀死，抓获的女子则被分给部族中的男子为妻或为奴，“奴”的本义指女奴，如“奴婢”。“奴”由此泛指奴隶，如《周礼》“其奴，男子入于罪隶，女子入于舂槁”；又如“奴仆、奴才、奴辈、奴虏、家奴、农奴”。

在中国古代夏、商、周时期，有数量庞大的奴隶。这些奴隶地位卑贱，终日从事繁重的苦役，没有人身自由，甚至没有生命安全。“奴”由此引申为下贱、卑鄙的意义，如“奴性、奴颜婢膝、奴颜媚骨”。“奴”还用作动词，表示做奴隶、视为奴隶的意义，如韩愈《原道》“人者主之，出者奴之”，又如“奴役、奴化、奴使”。

古代女性地位低下，“奴”也用作女性对自己的谦称，如“奴家”；又用作对人的贱称，如“狂奴、守财奴、亡国奴”。“奴”现在也指那些因经济压力而不得不拼命挣钱谋生的人，如“房奴、车奴”等。

前出塞（其五）

（唐代）杜甫

迢迢万里余，领我赴三军。

军中异苦乐，主将宁尽闻。

隔河见胡骑，倏忽数百群。

我始为奴仆，几时树功勋。

wēi

【笔顺】一厂厂厂反反威威威

【笔画数】9画

【部首】戈（戈部）

【结构】半包围

【书写提示】“威”字里面的“女”三画，不要把第一笔分成两笔，错写成四画，最后一笔横的右端不出头；“女”的上边有一短横，不要漏写。

【词语】下马威 威风凛凛 威慑四方 威信扫地 威震四海 威武不屈 恩威并施 作威作福

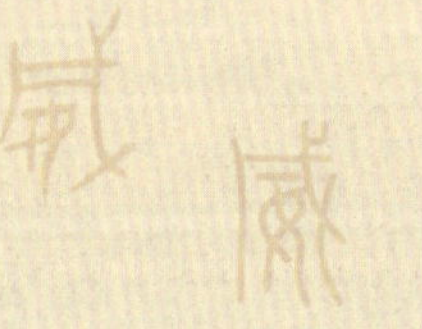

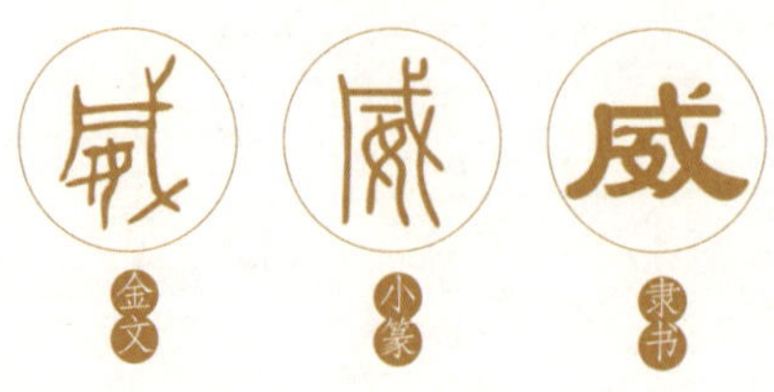

“威”在金文中右上边是戌，戌是一种形似大斧的斩杀兵器，在上古时期还是权力的象征；左下边是女。整个字用女和戌表示手持战斧、具有权威、使人敬畏和惧怕的妇女。

1976年，在河南安阳小屯西北发现了一座完整的商代王室大型墓葬，墓的主人是商王武丁的王后妇好。妇好是中国历史上有据可查的第一位女将军，她骁勇善战，多次受命率师远征，先后击败了周边二十多个小国，曾率领一万三千多人的军队大胜前来侵略的鬼方，为商王朝拓展疆土立下汗马功劳和不朽战功；她曾多次征募军队，创下过商代一次性征兵数量的最高纪录，深得武丁、群臣和国民的爱戴。她还经常受命主持王朝的各类祭祀大典，握有祭祀与占卜的权力。在现存的商代甲骨文献中，她的名字频频出现，仅在安阳殷墟出土的一万余片甲骨中，有关妇好的记载就有二百多条，涉及她征战、生育、疾病等各个生活侧面，甚至还包括她去世后的状况。妇好去世后，武丁十分悲痛，不仅为她修建了巨大的墓穴予以厚葬，还修筑享堂隆重拜祭以时时纪念。

妇好墓出土了大量的青铜器，里面有许多是兵器，多铸有“妇好”的铭文。其中有两件大铜钺格外引人注目，一件是长39.5厘米、刃宽 37.3厘米、重达9千克的双虎噬人纹大铜钺，另一件是重达8.5千克的龙纹大铜钺。铜钺是从新石器时代的石斧演化而来的大斧一类的兵器，用于斩首或腰斩，演变为军权和王权的象征。铜钺的大小不同，其持有者的权力和地位也有高下之别。经考证，这两件大铜钺既是礼器，是妇好作为最高军事统帅的权力标志；也

◎ 商代妇好墓双虎噬人纹大铜钺

不排除是她生前使用的主要兵器，印证了妇好执掌帅权、戎马一生的传奇经历。妇好能使用如此重的兵器，足见其身体强壮、力大过人与武艺超群。可以看出，“威”的古字形就与妇好这一上古时期华夏巾帼女将披坚执锐、威风凛凛的形象有关。

“威”由具有强大力量与权力、令人敬畏惧怕的女统帅引申指丈夫的母亲，即婆婆，许慎在《说文解字》中说：“威，姑也。”“姑”在古代指婆婆，“威”与“姑”曾经同义。在中国古代社会，女性地位极其低下，只有丈夫的母亲——婆婆，在家庭范围内对儿媳具有崇高的地位和绝对的权威，儿媳必须顺从婆婆，不得忤逆。“威”的这个意义反映出中国传统家庭不平等的婆媳关系。

“威”由令人敬畏、惧怕的人引申为令人敬畏、惧怕的气势，如《史记》“严大国之威”，又如“权威、神威、国威、军威、示威、助威、威服天下、耀武扬威、狐假虎威”；还引申为令人敬畏、惧怕的或以权势或武力压服的意义，如《孟子》“威天下不以兵革”，又如“威力、威风、威武、威严、威望、威名远扬、威胁、威逼、威吓、威迫”等。

了解了“威”的古字形以及意义的演化，书写时就不会漏写“女”上的一横了。

送客

（唐代）皇甫冉

旗鼓军威重，关山客路赊。
待封甘度陇，回首不思家。
城下春山路，营中瀚海沙。
河源虽万里，音信寄来査。

shēn

【笔顺】丿 亻 亻 ⺆ 自 身 身

【笔画数】7 画

【部首】身（身部）

【结构】独体

【书写提示】“身”第六笔横的右端不出头，第七笔撇的上端要出头。“身”在字的左边时，第六笔横的右端和第七笔撇的上端都不出头。

【词语】身不由己 身临其境 身手不凡 身无长物 身无分文 身心俱疲 安身立命 杀身成仁 言传身教 黄袍加身 明哲保身

甲骨文中的“身”是一个挺着大肚子的人，像妇女怀有身孕的样子，表示怀胎的意义，如《诗经》“大任有身，生此文王”，“大任”是周文王的母亲，“身”即怀孕。这个意义直到今天还在使用着，如“身孕”，在口语中我们常用“有身子、身子重”表示怀孕的意思。

“身”引申为人的躯体，如《论语》“长一身有半”，《孟子》“饿其体肤，空乏其身”；又如“身体、身躯、身材、健身、身高马大、身强力壮、身首异处、粉身碎骨”。“身”由此泛指动植物的躯体或事物的主体，如“牛身、树身、船身、车身、机身”。“身”由人的身体又代指自己，如《论语》“吾日三省吾身”，“吾身”即我自己；又如“老身”指自己，用于老年人自称；还有“自身、本身、身为师长、身外之物、以身作则”。“身”由人的身体还引申为人的生命、一辈子，如“献身、舍身报国、奋不顾身、终身、身世、身后之事”；也引申为人的品格、行为，如“修身养性、言传身教、独善其身”；又引申为人的地位、名分，如“出身、身份、身价、身败名裂”。

“身”也用作副词，表示亲自的意义，如“身历、身经百战、身先士卒、身体力行”；又用作量词，用于身体、衣服，如“出了好几身汗、背了一身债、两身西服”。

汉字中以“身”为形旁的字多与人的身体或躯体动作有关，如“躯、躺、躲、躬”等。

◎ 新石器时代陶塑孕妇像

蜀相

（唐代）杜甫

丞相祠堂何处寻，锦官城外柏森森。
映阶碧草自春色，隔叶黄鹂空好音。
三顾频烦天下计，两朝开济老臣心。
出师未捷身先死，长使英雄泪满襟。

mǔ

【笔顺】ㄥ 𠃊 𠃋 母 母

【笔画数】5 画

【部首】母（母部）

【结构】独体

【书写提示】“母”字里面是两点，不要错写成一竖；注意不要与“毋”相混。

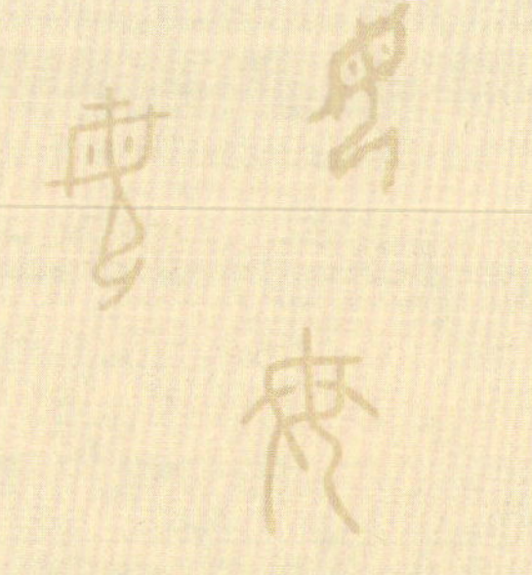

“母”的甲骨文字形与“女”字非常相近，也像一位双手交叉放在胸前、侧身屈膝跪坐的女子；唯一的区别是在胸前多了两点，象征女性因生育哺乳而发达的乳房，是成熟女性的形象。《仓颉篇》说：“母其中有两点，像人乳形。”母亲要哺乳婴儿，古人在“女”的字形上多加了两点，就是为了突出母亲哺乳的重要特征。

“母”指母亲，即婴儿的生育者和哺乳者，如《礼记》“生曰父曰母，死曰考曰妣”；又如“父母、慈母、乳母、母女、母乳、母爱、母子平安、母以子贵、贤妻良母、孤儿寡母”；泛指家族中的女性长辈，如“祖母、岳母、继母、养母、伯母、叔母、姑母、舅母”；引申指年老的女性，用作尊称，如“师母”。

“母”还引申为雌性的，与“公”相对，如“母鸡、母牛、母畜、母老虎”。“母”也喻指事物的本源，如“国母、字母、声母、韵母、螺母、母语、母校、母株、母金、失败是成功之母”等。

懂得“母”的古字形及其意义，书写时就不要把“母”字中的两点连成一竖，也不要与“毋”相混。

游子吟

（唐代）孟郊

慈母手中线，游子身上衣。

临行密密缝，意恐迟迟归。

谁言寸草心，报得三春晖。

wú

【笔顺】𠃊 𠃑 毋 毋

【笔画数】4 画

【部首】毋（毋部）

【结构】独体

【书写提示】“毋”字第三笔是撇，注意不要与“母”相混。

【读音提示】“毋”读作 wú，不要错读成 wǔ。

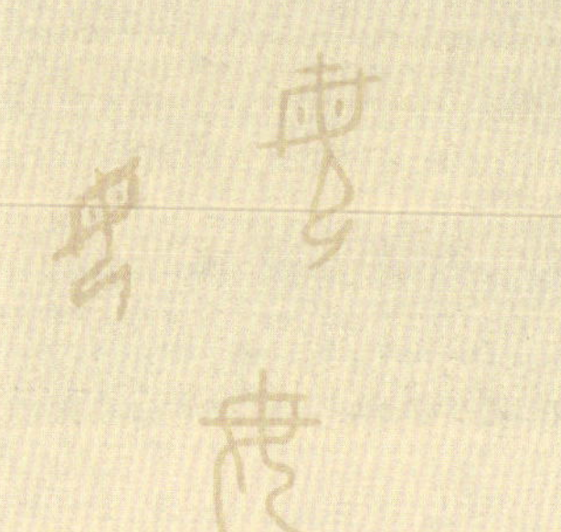

“毋”的甲骨文和金文字形与“母”完全相同，这两个字最初就是一个字。在小篆中，这两个字在字形上才有了细微的区别：“毋”上面连写成一横，而“母”上面是中间断开的两横。有说法认为，“毋”本义是禁止在女性特殊的生理时期对已婚女性施加某种行为；由此泛指禁止的意义，如《论衡》“毋者，禁之也”。

后来“毋”被借作副词，表示禁止、不、不要的意义，如《礼记》“毋不敬”，《史记》“毋从俱死”“毋敢夜行”；又如“毋违、毋自欺、宁缺毋滥、毋须、毋宁、毋庸置疑”。

“毋”借作副词后，为了与表示母亲的“母”字相区别，古人就把“母”字的两点变成了一横，于是有了“毋”的小篆字形。

“毋”现在只用于书面语。

mĕi

【笔顺】丿 𠂉 𠂉 𠂉 𠂉 每 每

【笔画数】7画

【部首】母（母部）

【结构】上下

【书写提示】“每”字下边是“母”，不要错写成“毋”。

【词语】每况愈下

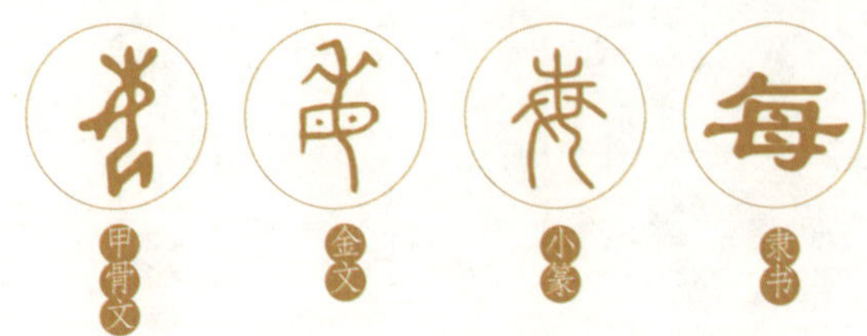

“每”在甲骨文中是一个头上戴有头饰的女子；在金文中女换成了母，强调是成年女性。“每”的本义是头上戴有笄（jī）饰的成年女子，笄就是束发用的簪子。古代女孩子不戴头饰，或将头发在头顶上扎两个形如羊角的“总角”，或头发下垂成“垂髫”。女子年满十五岁为“及笄之年”，这时父母要为其举行“笄礼”，将头发挽成发髻，用笄束起来，换下孩童时的衣服，表示已经成年，可

◎ 西魏彩绘泥塑女侍童

以为人妻母了，这就是中国古代的“笄礼”。笄礼是女孩子的成人礼，笄礼之后就要学做家务和侍奉公婆夫君之事，为出嫁做准备了。因此女子头上有没有笄，是古代女子成年与否的标志。在古代，地位越是显赫的妇女，拥有的发簪数量就越多，做工也愈加精美，河南安阳商王武丁之妻妇好的墓中就曾出土各式发簪近五百根。

◎ 商代妇好墓夔首骨笄

女子及笄之后要婚嫁，婚嫁后会生下一个又一个孩子，“每”由此喻指草木茂盛，如《左传》“原田每每”，指原田之草很茂盛的样子；又引申为各个，如“每人、每字、每日、每时每刻”。“每”还用作副词，表示经常、凡是等意义，如“每每、每常、每作郊游、每到夏天”等。

懂得“每”的古字形及其本义，书写时就不要把下边的“母”错写成“毋”了。

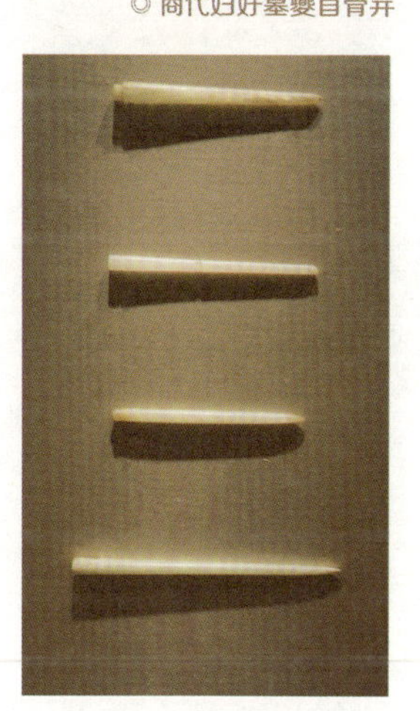

◎ 商代妇好墓玉笄

九月九日忆山东兄弟

（唐代）王维

独在异乡为异客，每逢佳节倍思亲。
遥知兄弟登高处，遍插茱萸少一人。

上篇

人与人类

第三部分

与人的身体部位有关的

tiān

【笔顺】㇐ 二 チ 天

【笔画数】4 画

【部首】一（横部）

【结构】独体

【书写提示】“天”字第一笔是横，第四笔是捺；注意不要与“夭”或“无”相混。

【词语】半边天　天长日久　天翻地覆　天花乱坠　天昏地暗　天罗地网　天马行空　天南海北　天旋地转　冰天雪地　遮天蔽日　安土乐天　叫苦连天　瞒天过海　杞人忧天　热火朝天

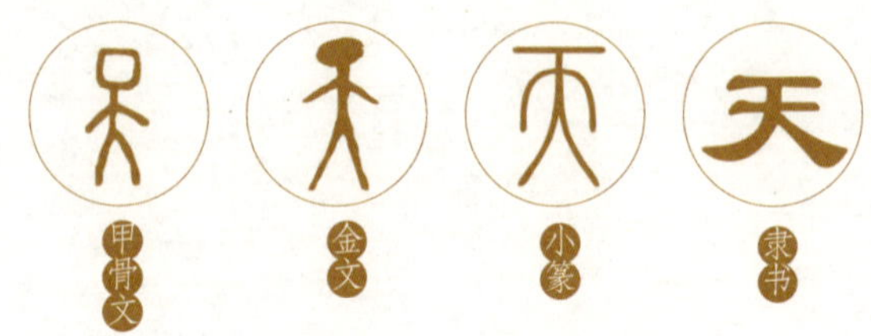

甲骨文中的“天”上面是人的头部；下面是大，大像一个正面站立的人。整个字突出人的头部，表示额头、脑袋的意义。“天”的本义很早就消失了，但今天仍可以在一些词语中找到它的痕迹，如“天灵盖”即指头顶骨。有一种治疗头部疾病的中成药叫“正天丸”，其中“天”指的就是头。据《山海经》记载：“刑天与天地争神，帝断其首，葬之常羊之山。”刑天是古代神话人物，本无名字，被天帝斩首之后叫作“刑天”，“刑”即砍、割，“天”是首，即头，“刑天”的意思就是被砍掉了脑袋。古代有一种残忍的刑罚叫作墨刑、黥（qíng）刑，即在犯人的额头上刺字并涂墨，这种刑罚也叫“天”，如《周易》“其人天且劓”，“天”即黥额之刑，“劓（yì）”即割鼻之刑。

人的脑袋长在人体的最上端，“天”由具体的额头、头部进而表示头顶之上的那一大片天空，指与“地”相对的茫茫苍天，表现出古代中国人“天人合一”的观念，如“天顶、天空、天穹、天际、天边、天宇、天色、天高地厚、天涯海角”。不少古代典籍中都记载了“女娲补天”的故事：远古时代，自然界发生了一场特大灾害，天塌地陷，大火蔓延，洪水泛滥，猛禽恶兽出来残害百姓。华夏始祖女娲不忍人类受灾，她炼五色石修补苍天，砍断巨鳌的脚重立四极天柱，平洪水，杀猛兽，平整天地，使中原大地恢复了平静，人类又得以安居。女娲还背靠大地，怀抱青天，让春天温暖，夏天炽热，秋天肃杀，冬天寒冷，使一年有了四季的变化。这个故事反映了远古时期人类炼石盖屋、治理水患的历史，表达了原始母系社会的女性崇拜。

对古人而言，人之上的茫茫天穹是最高的地方，上天是世上万物的主宰，《史记》说：“夫天者，人之始也；父母者，人之本也。”意思是天是人的起源，父母是人的根本。出于对天的崇拜与恐惧，我们的祖先又赋予“天”抽象的含义，表示至高无上的万物主宰。周代青铜器铭文中就有以“天”指称上天、上帝的用法，如《尚书》“有夏多罪，天命殛之”，“殛（jí）”即杀；又如《史记》“此天之亡我，非战之罪”；“皇天、上天、天皇、天帝、天王、天神、天公、老天爷”是古人心中最高的神，“天庭、天宫、天国”是天上的神仙居住的地方，“天道、天理、天意、天命、天赐、天佑、天助我也、天兵天将、天灾人祸、奉天承运、老天保佑”中的“天”指的是宇宙之主宰、大自然之规律。天至高无上，具有主宰王朝兴亡、降福祸于人间等权力，古人通过祭祀天帝的盛大礼仪来祈求天神的降福与护佑。对上天的崇拜在中国历史上延续了很长的时间，“祭天”礼仪一直持续到清代，北京的“天坛”就是明清两代皇帝祭天的场所。古代帝王自称“天子”，以示自己是天帝之子，替天行道、与众不同与不可冒犯。

“天”还指气候、季节，如“天气、天热、晴天、春天、秋天、黄梅天、数九寒天”；也指一昼夜、白天、时间，如“整天、半天、明天、天长夜短、天还早呢”；又指自然界存在的、与生俱来的，如“天时、天籁、天灾、天然、天成、天生、天性、天真、天赋、巧夺天工”等。

敕勒歌

（南北朝）佚名

敕勒川，阴山下。

天似穹庐，笼盖四野。

天苍苍，野茫茫。

风吹草低见牛羊。

yuán

【笔顺】一 二 テ 元

【笔画数】4画

【部首】儿（儿部）

【结构】上下

【书写提示】“元”下边的撇和竖弯钩的上端都不出头，注意不要与“无”相混。

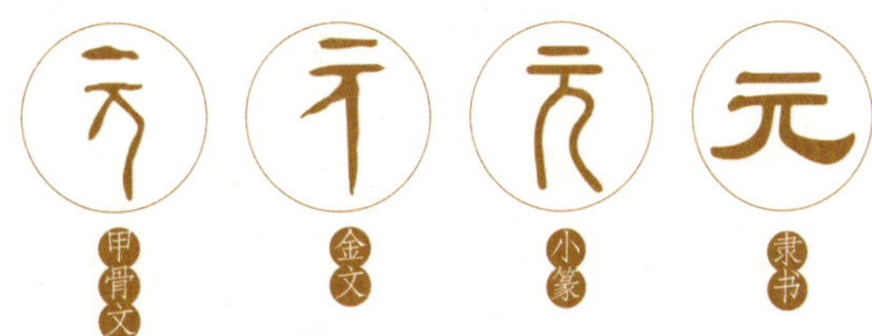

“元”在甲骨文中上面是上，下面是人。人体的最上部是人的头部，“元”就表示人体最上面的头部，如《左传》“归国子之元”“狄人归其元”。“元”由此引申指人头顶上面的天，如“元天”即天，“元神”即天神，“元父”即天父、天帝，“元命”即天命，“元机”即天机。古代君主以“天子”自居，“元”因此还引申指君主，如“元龙”指皇帝，“元后”指帝王正妻。

“元”还引申为第一、居首位的意义，如“元首、元帅、元老、元凶”。古代科举考试分乡试、会试、殿试，其第一名分别称为“解元、会元、状元”，因此有“连中三元”之说。“元”也引申为开始的意义，如“元旦、元宵、元年、元月、纪元、公元”；还引申为根本的意义，如“元气、元音、元素、元件”；又引申为大的意义，如“元功巨勋”指巨大的

功勋，“开国元勋”指为创建国家立下巨大功勋的人。清朝皇帝康熙名玄烨，为避皇帝名讳，清代曾改“玄”为“元”，因此“元”又指玄，表示黑色，如“元色”即玄色，“元黄”即玄黄，又如“元玉、元狐”。

“元”在古代还用作货币单位，指圆形的金属货币，如“银元、金元、元宝”。今天，“元”仍然是我国基本的货币单位，相当于“圆”，如“十元五角”。

生查子·元夕

（宋代）欧阳修

去年元夜时，花市灯如昼。

月上柳梢头，人约黄昏后。

今年元夜时，月与灯依旧。

不见去年人，泪湿春衫袖。

mù

【笔顺】丨 冂 冃 月 目

【笔画数】5 画

【部首】目（目部）

【结构】独体

【书写提示】“目”五画，注意不要与“日”相混。

【词语】目不暇接　目不转睛　目空一切　目中无人　瞠目结舌　触目惊心　反目成仇　有目共睹　一叶蔽目

甲骨文和金文中的“目”看上去就像人的眼睛一样，外面是眼眶，里面是瞳孔；尤其是金文的“目”，那细长的眼睛与上扬的眼角与大多数中国人的眼睛非常相像。到了小篆，为了字形整齐匀称，眼睛由横变竖，成了现在的“目”。“目”的本义指人的眼睛，如《诗经》“巧笑倩兮，美目盼兮”，“盼”指黑白分明，是眼睛明澈的意思；又如“目睹、目击、目不斜视、目不识丁、目不忍睹、目瞪口呆、历历在目”。“目”也指动物的眼睛，如“鱼目混珠、鼠目寸光、虎目圆睁”。

“目”由眼睛引申为眼光、视力的意义，如“注目、过目、目光、目测、耳聪目明、目力所及”；喻指首领，如“头目”。“目”还引申为孔眼、网眼的意义，如成语“纲举目张”中的“目”指的就是渔网上的孔；又引申为名称、标题、细节、类别等意义，如“名目繁多、目录、书目、题目、项目、科目、纲目”。“目”也用作动词，表示用眼睛看、视，如《史记》“指目陈胜”“数目项王”，又如“目送、一目十行”等。

在现代汉语中一般用“眼、眼睛”，“目”不单用，只用于成语或书面词语中。汉字中以“目”为形旁的字多与眼睛或眼部动作有关，如“眼、睛、瞳、睹、瞪、眯、看、瞥”等。

登鹳雀楼

（唐代）王之涣

白日依山尽，黄河入海流。

欲穷千里目，更上一层楼。

看

kàn

【笔顺】㇀ 二 三 手 手 看 看 看 看

【笔画数】9画

【部首】目（目部）

【结构】半包围

【书写提示】“看”字第一笔是撇，不要错写成横。

【读音提示】“看”又读作kān。

【词语】看风使舵　看破红尘　看人下菜　另眼相看

“看”的小篆字形上面是手，下面是目。整个字像把手放在眼睛上方，表示举手遮光远望的意义。“看”引申为注视、观赏等意义，如《乐府诗集·木兰诗》“出门看火伴”，“火伴”即“伙伴”；又如“看戏”。“看”也引申为探望，如“看望、看视”；还引申为观察、判断，如“看病、察看、看来会下雨”；又引申为关照、对待，如“看顾、小看”。

“看”是多音字，又读作kān，表示监视、守护的意义，如“看管、看押、看家”等。

江上渔者

（宋代）范仲淹

江上往来人，但爱鲈鱼美。
君看一叶舟，出没风波里。

zhí

【笔顺】一 十 𠂇 𠂇 冇 有 百 直

【笔画数】8画

【部首】十（十部）

【结构】上下

【书写提示】“直”下边的里面是三横，不要错写成“且”。

【词语】直面人生　直抒胸臆　直言不讳　心直口快　平铺直叙

“直”的甲骨文是目上有一竖，目是眼睛，一竖表示直视。整个字表示目光向正前方看，是眼睛直视前方、正视、面对的意义，如《仪礼》“直东序西面”，《汉书》“魏之武卒，不可以直秦之锐士”；又如“直视、直面人生”。“直”由此引申为笔直不弯的意义，与“曲”相对，如《礼记》“先定准直”，《荀子》“木直中绳，輮以为轮，其曲中规”；又如“直线、直路、拉直、伸直、直溜溜”。“直”还引申为竖、立的意义，与“横”相对，如《荀子》“蓬生麻中，不扶而直”；又如“垂直、挺直、直身、直立、直排、直行、直起腰、直上直下”。

“直”由直而不弯又引申为公正合理的意义，如《韩非子》“夫君之直臣”，又如“正直、耿直、刚直不阿、理直气壮、是非曲直”。《论语》记载了孔子“益者三友”的

名言："友直、友谅、友多闻，益也。"意思是一个人跟正直、诚实、见多识广的人交朋友很有好处，这里的"直"即为正直的意思。"直"也引申为坦率爽快的意义，如"直率、直爽、直性子、直肠子、直来直去、直言不讳、心直口快"；还引申为不绕弯子、连续不断等意义，如"直接、直达、直播、直观、直觉、直截了当、直呼其名、径直、一直、直至、直哆嗦、直抵京城、勇往直前"等。

使至塞上

（唐代）王维

单车欲问边，属国过居延。
征蓬出汉塞，归雁入胡天。
大漠孤烟直，长河落日圆。
萧关逢候骑，都护在燕然。

jiàn

【笔顺】丨 冂 贝 见

【笔画数】4画

【部首】见（见部）

【结构】独体

【书写提示】“见”最后一笔是竖弯钩，注意不要与“贝”相混。

【词语】见风使舵 见怪不怪 见好就收 见机行事 见利忘义 立竿见影

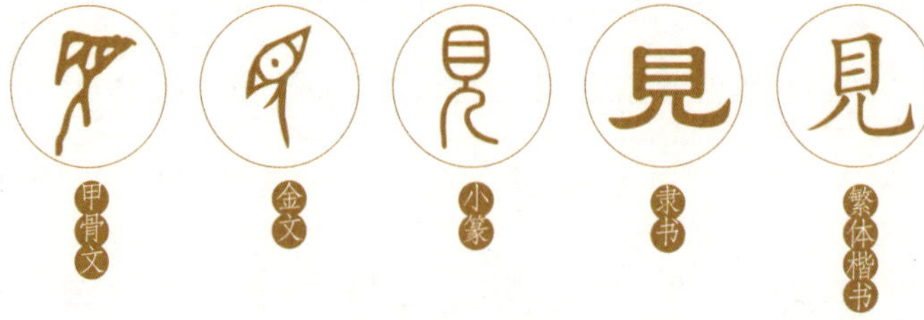

在甲骨文和金文中，“见”上面是一只大眼睛，下面是人。整个字在人的上面突出一只大眼睛，表示张目注视的意义。在小篆中横目变成了竖目，在隶书中人变形为儿，于是成了我们今天看到的“见”的繁体字形。“见”的本义是注目、看到，如《诗经》“未见君子”，《列子》“见两小儿辩斗”，《论语》“见贤思齐焉，见不贤而内自省也”；又如“见光、见闻、见钱眼开、见异思迁、见义勇为”。“见”是看的结果，即看见，而“视”是看的行为，因此《礼记》有“视而不见”的说法。俗话说“百闻不如一见”，说明从别人那里听多少遍，也不如自己亲眼看一次。

“见”由看到引申为会面，如“见面、会见、参见、进见、拜见、谒见、朝见、接见、召见”；还引申为遇到，如“遇见、碰见、怕见光”；又引申为看出来、显示出来的意义，如“见效、见喜、个子见长、身体见好”。

“见”还用作名词，表示看法、观点，如《晋书》“敢陈愚见”，又如“见解、见识、意见、主见、高见、成见、偏见、固执己见、依你之见、门户之见”。“见”也用作介词，用于动词前表示被动的意义，如“见笑、见谅、见教”；又用作助词，用于动词后表示结果，如“看见、听见、闻见、相见”等。

饮酒（其五）

（晋代）陶渊明

结庐在人境，而无车马喧。
问君何能尔？心远地自偏。
采菊东篱下，悠然见南山。
山气日夕佳，飞鸟相与还。
此中有真意，欲辨已忘言。

wàng

【笔顺】丶 亠 亡 亡 切 切 胡 胡 胡 望 望

【笔画数】11 画

【部首】月（月部）

【结构】上下

【书写提示】“望”左上边的“亡”最后一笔竖折要写作竖提。

【词语】望尘莫及　望穿秋水　望而却步　望风捕影　望风而逃　望其项背　望文生义　望眼欲穿　望洋兴叹　大失所望　大喜过望

“望”的甲骨文像一个人侧身站在地上，睁大眼睛，表示登高远看的意义。金文左上边是亡，表示出门在外；右上边是月，指月亮；下边像一个侧立的人。整个字像有人出门在外，家人站立远望，盼其归还。“望”表示向远处看的意义，如《庄子》“昔者齐国邻邑相望，鸡狗之音相闻”“望之而不能见也，逐之而不能及也”；又如“望乡、眺望、遥望、张望、瞭望、望梅止渴、一望无际”。

“望”引申为向高处看，如“仰望、望视、望月”。“望”由远看也引申为期盼的意义，如《史记》“日夜望将军至，岂敢反乎”；又如“祈望、期望、盼望、希望、渴望、绝望、望子成龙、喜出望外、众望所归”。“望”还引申为察看的意义，如中医讲究“望闻问切”，“望”就是“望色”，指察看人的气色；又引申为拜访、问候的意义，如《韩非子》

"扁鹊望桓侯"，又如"看望、探望、拜望"。

"望"也用作名词，表示视力所及的意义，如"望中"即视力所及的范围之中；还表示名声、口碑的意义，如"名望、声望、威望、德高望重、名门望族"。"望"又特指农历每月十五日前后月圆的天象，如"望日、望夜、朔望、既望"。

望洞庭

（唐代）刘禹锡

湖光秋月两相和，潭面无风镜未磨。
遥望洞庭山水色，白银盘里一青螺。

xiàng

【笔顺】一 十 才 木 木 相 相 相 相

【笔画数】9 画

【部首】木（木部）

【结构】左右

【书写提示】“相”字左边是“木”，中间一竖不带钩。

【读音提示】“相”又读作 xiāng。

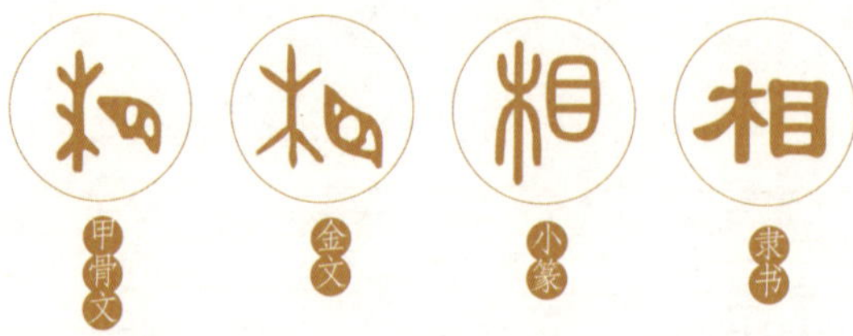

“相”的甲骨文字形左边是木，表示树木、木材；右边是目，表示用眼睛看。整个字表示仔细观察木材的长短曲直，是观察、察看的意义，读作 xiàng，如《礼记》“善相丘陵”，《诗经》“相鼠有皮，人而无仪”，《论衡》“伯乐学相马”。“相”由此引申为看相，即通过观察人的面貌、形体来预卜其命运，《史记》“臣少好相人”，又如“相面、相术、面相、手相”。俗话说“人不可貌相”，意思是看相不能只看外貌，还要考察人的内在品行，不能以貌取人。“相”还引申为男女之间彼此看中、感觉满意的意义，如“相中、相媳妇”。“相”又引申为辅佐、扶助的意义，如《尚书》“伊尹相汤伐桀”，《论语》“固相师之道”；还有“相国、相吏、相夫教子”。

“相”也用作名词，由看相引申为人的形貌，如《史记》"岂吾相不当侯"，意思是难道我的形貌不该封侯吗？又如"相貌、长相、凶相、吃相、站相、洋相、傻相、照相、富贵相、吉人天相"。"相"由此泛指事物的外观、外貌，如"月相、水相、真相、本相、变相"。"相"由辅助引申指辅佐帝王的大臣，如《史记》"王侯将相宁有种乎"，又如"辅相、良相、贤相、奸相"；特指最高官员，如"宰相、首相"；古时也指替主人迎接、引导宾客的人，现在指婚礼上陪伴新郎、新娘的人，如"傧相"。

"相"是多音字，又读作 xiāng，表示互相、共同、先后等意义，如"相处、相当、相见、相同、相传、相亲相爱、相敬如宾、相依为命、自相矛盾"等。

同乐天送令狐相公赴东都留守

（唐代）刘禹锡

尚书剑履出明光，居守旌旗赴洛阳。

世上功名兼将相，人间声价是文章。

衙门晓辟分天仗，宾幕初开辟省郎。

从发坡头向东望，春风处处有甘棠。

méi

【笔顺】乛 ㇇ 尸 尸 尸 屛 屛 眉 眉

【笔画数】9 画

【部首】目（目部）

【结构】半包围

【词语】眉高眼低 挤眉弄眼 浓眉大眼 燃眉之急 火烧眉毛 迫在眉睫

甲骨文中的“眉”表现的是人的眼睛和眉毛的样子，金文中的“眉”更加清晰地描绘出眼睛和眉毛的形象。“眉”本义指眼睛上方的眉毛，人们常说“眼睛是心灵的窗户”，其实眼睛之上的眉毛也是人表情达意的重要器官，如果没有眉毛，眼睛的表意作用会大打折扣。

眉毛的不同变化可以表现出人的喜怒哀乐，如喜悦时“眉开眼笑、喜眉笑眼、喜上眉梢”，兴奋时“眉飞色舞、扬眉吐气”，忧愁中“愁上眉端、愁眉不展”，思索中“双眉紧蹙、眉头一皱计上心来”，男女之间可以“眉来眼去”，以“眉目传情”，夫妻之间则应“举案齐眉”，相敬如宾。眉毛长得好坏不仅关系到人容貌的美与丑，还寓意着人心灵的善与恶，有着“娥眉、柳眉”的是美女，长着“剑眉、浓眉”的是俊男，“眉清目秀、眉目如画”的自然是长相俊秀的人，“慈眉善目”的往往是慈祥的老人或善良的好人，而“贼眉鼠眼”的人不仅相貌丑陋，人品多半也好不到哪里。眉毛的长短浓淡还与人身体好坏、寿命长短有一定的关系，眉长而茂盛，其中有几根特别长的，称为“寿眉”，是身体健康长寿的征象，俗话说“眉长者寿长”，画里的老寿星都长着一双“寿眉”；又如《诗经》“以介眉寿”，“眉寿”意为长寿。

因眉毛的部位在脸部上端边侧，“眉”因此泛指物体的上端边侧，如“眉批、眉题、书眉、页眉”等。

卜算子

（宋代）王观

水是眼波横，山是眉峰聚。

欲问行人去那边，眉眼盈盈处。

才始送春归，又送君归去。

若到江南赶上春，千万和春住。

shǒu

【笔顺】丶丷䒑䒑产𥃭首首首

【笔画数】9画

【部首】八（八部）

【结构】上下

【词语】首当其冲　首鼠两端　翘首以待　搔首弄姿　身首异处　枭首示众　痛心疾首

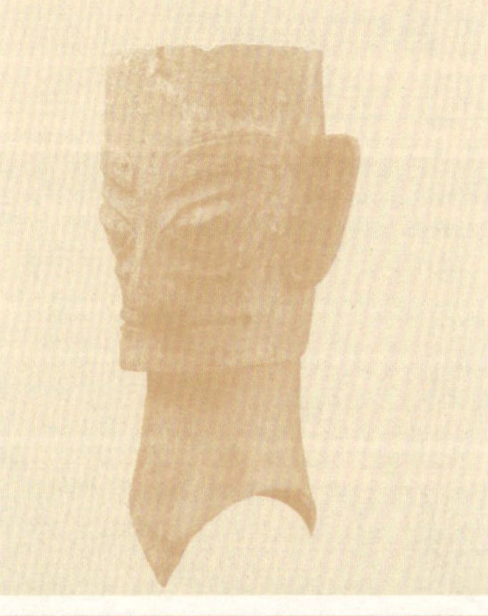

“首”的甲骨文字形像是某种动物的头部，有眼，有嘴，还有毛发。“首”的金文字形上面突出了眉毛，下面突出了大大的眼睛，省略了嘴巴，看上去像是人类的眉眼。无论取自动物，还是取自人类，“首”的古字形都表示人的头部、脑袋的意义，如《诗经》“甘心首疾”“搔首踟蹰”，又如“首级、首饰、首肯、叩首、昂首、俯首、回首”；也表示动物的脑袋，如“牛首、狼首”。

◎ 新石器时代玉神像

头部在人体的最上端，也是人身上最重要和关键的

部分，“首”因此引申为首领、领头人、最高领袖，如“首长、首相、首脑、元首、魁首、匪首、罪魁祸首、群龙无首”；也引申为第一、最高，如《尚书》“予誓告汝群言之首”，又如“首要、首都、首席、首富、首犯、首善之区、首恶必办”。“首”还引申为开始、最早，如《史记》“陈涉首难，豪杰蜂起”；又如“首先、首创、岁首、首战告捷、首屈一指”。

“首”又用作动词，指出头告发，如“自首、首状”；也用作量词，用于诗歌，如“两首歌、唐诗三百首”等。

◎ 商代青铜人首

出塞

（唐代）张籍

秋塞雪初下，将军远出师。

分营长记火，放马不收旗。

月冷边帐湿，沙昏夜探迟。

征人皆白首，谁见灭胡时。

miàn

【笔顺】一 ㄒ ㄒ 丙 丙 而 而 面 面

【笔画数】9画

【部首】一（横部）

【结构】独体

【书写提示】“面”的下边不要错写成“回”。

【词语】面面相觑　面目全非　面如土色　洗心革面　面和心不合

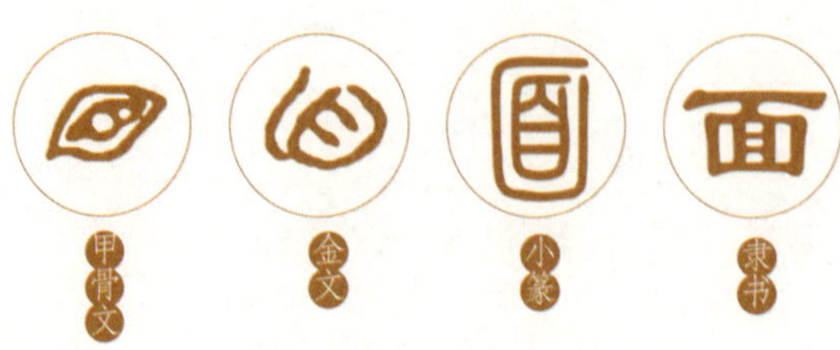

在甲骨文中，“面”中间是一只大大的眼睛，外面的框是人脸的轮廓。眼睛是整个面部最为传神、最具有代表性的器官，古人用眼睛来表示人的整个面部。“面”就是脸，如《战国策》“必唾其面”，《汉书》“何面目以归汉”；又如“面庞、面孔、面颊、面貌、面容、面熟、颜面、脸面、仰面、会面、晤面、面红耳赤、面黄肌瘦、面不改色”。

“脸”字出现于魏晋时期，唐宋时才用于口语中，后来“脸”逐渐取代了“面”，现在一般用“脸”，“面”则多用于成语和书面语词中。中国人很看重“面子”，“面子”即脸面，是一种体面的感觉，在中国人的心里是人格尊严与社会地位的象征。中国人“爱面子”，喜欢别人“给面子、留面子”，觉得这样才“有面子”，很“体面”；不喜欢别人“驳面子、不给面子”，觉得这样很“没面子”，甚至“丢面

◎ 新石器时代陶塑人头像

◎ 唐代彩绘泥塑擀面女俑

子”。这种“面子”文化其实只是一种表面的虚荣，其中折射出中国人的民族心理和文化心理。

“面”还引申为表面、平面、方面等意义，如“水面、地面、外面、层面、全面、片面、多面手、面面俱到、独当一面”；又引申为方向的意义，如“东面、上面、前面、右面、反面、四面八方”。

“面”又用作动词，由面部引申为当面、面对、见面等意义，如《列子》“北山愚公者，年且九十，面山而居”；《庄子》“好面誉人者，亦好背而毁之”，意思是喜欢当面赞誉人的人，也喜欢背后诋毁人；又如“直面、面向、面临、面朝、面见、面谈、面议、面壁而坐、耳提面命”。“面”也用作量词，用于扁平的物体或见面的次数，如“一面旗、一面鼓、一面之交、见过两面”等。

由于“面”与表示面粉的“麪”同音，汉字简化时用“面”代替了“麪”，因此现在“面”又表示面粉、用面粉制作的食品以及粉末等意义，繁体字写作“麪”，如“和面、拉面、切面、煮面、面条、面包、面食、

面点、药面”等；其他意义繁体字仍写作“面”。

题都城南庄

（唐代）崔护

去年今日此门中，人面桃花相映红。

人面不知何处去，桃花依旧笑春风。

◎ 唐代饺子、点心及食具

xiàn

【笔顺】丨 冂 日 目 且 县 县

【笔画数】7 画

【部首】厶（厶部）

【结构】上下

【书写提示】“县”字上边是“且”，里面是两横，不要错写成三横。

金文中的“县”右边是木，表示树木、木桩；左上边是糸（mì），表示用绳子系吊；左下边是首，表示人头。整个字表示用绳子把人头悬挂在树上，指将砍下的人头悬挂在树上，是“悬”的本字，如《国语》“处曲沃以速县”。在古代，将被处决的死刑犯或敌人的首级砍下来挂在树或木桩上示众以示戒恶，叫作“枭首”，“县”的古字形描绘的就是枭首的情形。“县”由此引申为吊挂、悬挂，如《诗经》“不狩不猎，胡瞻尔庭有县鹑兮”，《礼记》“县棺而封”；“县磬”即悬挂的磬。这些意义后来写作“悬”。

后来“县”借用来表示有司法权的最基层的行政机构，并沿用至今，如“县城、县邑、县令、县官、县丞、县尉、县长、州县”等，悬挂之义就由后造的“悬”字来表示了。

ér

【笔顺】一 ㄱ ㄏ 丙 丙 而

【笔画数】6画

【部首】一（横部）

【结构】独体

【词语】不胫而走 乘虚而入 泛泛而谈 三思而行 一蹴而就

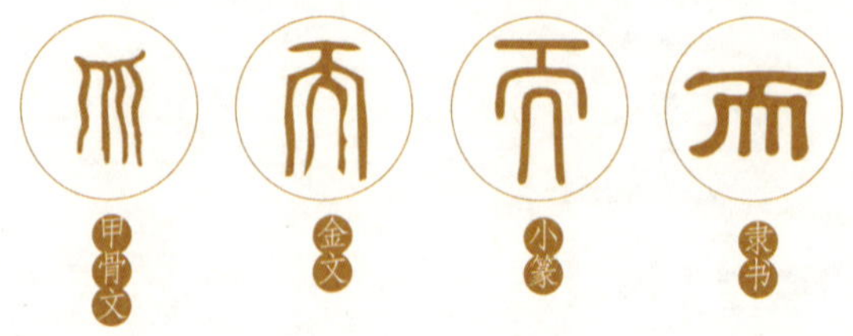

“而”在甲骨文中像人面颊上长着的下垂的胡须；上面的一横表示鼻子下端，下面下垂而弯曲的笔画像嘴周围和两腮的胡子。“而”的本义是颊毛，也就是胡须；泛指下垂的鳞毛，如《周礼》“深其爪，出其目，作其鳞之而”。

“而”很早就借作代词和连词。用作人称代词时表示第二人称，相当于“你、你们”，如“而翁”即你的父亲；又如《诗经》“予岂不知而作”，《左传》“余知而无罪也”，其中“予、余”指我，“而”指你。“而”也用作指示代词，相当于“这、这样”，如“而夫”即此人。用作连词时，可表示并列、递进、相承、转折、假设、因果等多种语意关系，如《孟子》“舍生而取义”，《荀子》“青，取之于蓝，而青于蓝”，《论语》“人而无信，不知其可也”；又如“取而代之、半途而废、不劳而获、似是而非、侃侃而谈、挺身而出、三十而立”等。

“而”后来专用于假借意义，它的本义早已消失不用了。

山中问答

（唐代）李白

问余何意栖碧山，
笑而不答心自闲。
桃花流水窅然去，
别有天地非人间。

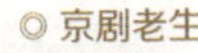
◎ 京剧老生

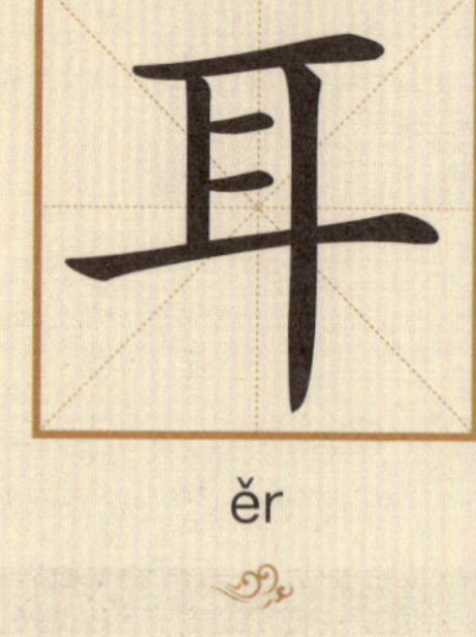

ěr

【笔顺】一 丅 丌 丌 丌 耳

【笔画数】6 画

【部首】耳（耳部）

【结构】独体

【书写提示】“耳”在字的左边时，最后一笔横要写作提，右端不出头。

【词语】耳鬓厮磨　耳目一新　耳濡目染　耳熟能详　耳听八方　洗耳恭听　震耳欲聋　抓耳挠腮　交头接耳

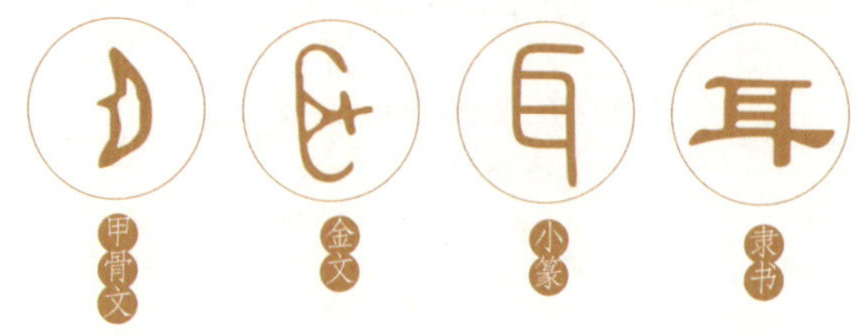

“耳”的甲骨文字形就像人耳朵的形状，本义是耳朵，如《魏书》“耳闻不如目见”，《苦斋记》“忠言逆耳利于行”；又如“耳垂、耳背、耳旁风、耳聪目明、耳闻目睹、

◎ 汉代玉耳杯

掩耳盗铃、充耳不闻”。“耳”由此泛指像耳朵的东西，如“木耳、银耳、虎耳草”；也泛指在两边的对称的东西，如“耳杯、耳门、耳房、鼎耳”。

“耳”还用作动词，表示听的意义，如“耳顺、耳生、耳熟、耳软、耳闻、久耳大名”；也表示在耳边说的意义，如《乐府诗集·孔雀东南飞》“低头共耳语”，又如“耳提面命”。“耳”又用作助词和语气词，相当于“罢了、而已、了”，如《论语》“前言戏之耳”，《史记》“不过三十里耳”，《资治通鉴》“田横，齐之壮士耳”。

汉字中以“耳”为形旁的字多与耳朵有关，如“闻、聆、聊、取、聋”等。

长相思（其一）

（宋代）陆游

云千重，水千重，身在千重云水中。

月明收钓筒。

头未童，耳未聋，得酒犹能双脸红。

一尊谁与同。

wén

【笔顺】丶丨门门门闩闻闻闻

【笔画数】9画

【部首】门（门部）

【结构】半包围

【词语】闻风丧胆 闻过则喜 骇人听闻 耸人听闻 置若罔闻

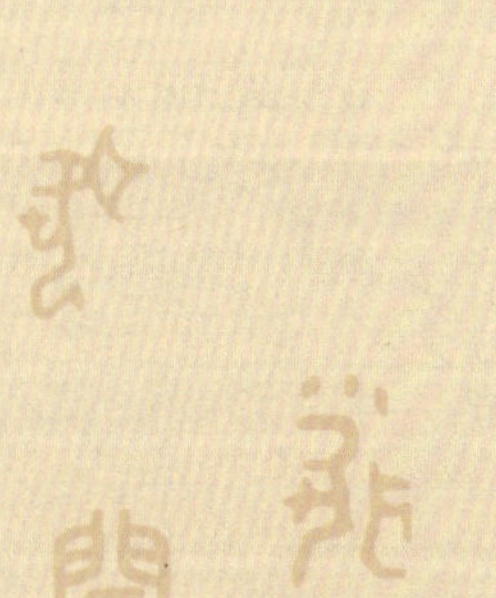

甲骨文中的“闻”像一个跪坐的人竖着耳朵，似乎在倾听的样子。古人在人的头部突出了耳朵的形状，把耳朵描绘得比头还大。小篆中的“闻”变成了形声字，耳作形旁，门作声旁。从象形字变成形声字，可见汉字的造字方法并非一成不变，而是随着字形结构的变化而变化。“闻”的本义是集中注意力去听，“听”指听的动作行为，“闻”指听的结果，如《诗经》“令闻令望”，《礼记》“听而不闻”；又如“闻讯、耳闻目睹、闻风而动、闻所未闻、闻鸡起舞、充耳不闻”。

“闻”由听见引申为听说、知道的意义，如《孟子》“闻君行仁政”，又如“闻知、闻说、闻道”；也引申为接受的意义，如“闻教、闻命、闻令”；还引申为传扬的意义，如“闻名、名闻天下、名闻遐迩”；又引申为知名、著称等意义，如“闻人、闻达、默默无闻”。

“闻”又用作名词，表示听到的事情、消息以及知识、见识等，如《吕氏春秋》“求闻之若此”，又如“新闻、旧闻、趣闻、传闻、见闻、博闻强识、孤陋寡闻”；还表示名声的意义，如“丑闻、秽闻”。

有意思的是，“闻”由用耳朵听借作表示用鼻子嗅的意义，从表示听觉变为表示嗅觉，如《孔子家语》“与善人居，如入芝兰之室，久而不闻其香，即与之化矣”；又如“闻味儿、闻一闻、闻香知味、臭不可闻”等。

鹿柴

（唐代）王维

空山不见人，但闻人语响。
返影入深林，复照青苔上。

tīng

【笔顺】丨 ㄇ 口 口' 口丆 口厂 听

【笔画数】7 画

【部首】口（口部）

【结构】左右

【词语】道听途说 兼听则明 耸人听闻 危言耸听 听风就是雨

“听”在甲骨文中左边像人的耳朵，表示听见声音；右边上下各一个口，表示发出声音。整个字表示用耳朵去感受声音，即收听、聆听的意义，如《尚书》“听德惟聪”“无稽之言勿听”，《礼记》“心不在焉，视而不见，听而不闻”。可见“听”表示听的行为，即聆听；“闻”表示听的结果，即听见。

“听”由此引申为接受、服从等意义，如“听从、听取、听信、听命、听话、言听计从、洗耳恭听”；也引申为治理、决断等意义，如“垂帘听政、

◎ 汉代灰陶听琴俑

听讼”；还引申为等候、等待的意义，如“听候、听用、听吩咐”；又引申为任凭、顺应的意义，如“听任、听凭、听便、听天由命、听之任之、听其自然”等。

到了小篆中，“听”的结构和笔画都繁复起来，“听”的繁体字共有二十二画，后来则简化为七画。

宿骆氏亭寄怀崔雍崔衮

（唐代）李商隐

竹坞无尘水槛清，相思迢递隔重城。

秋阴不散霜飞晚，留得枯荷听雨声。

shèng

【笔顺】フヌ又圣圣

【笔画数】5 画

【部首】土（土部）

【结构】上下

【书写提示】“圣”字下边是“土”，不要错写成“工”。

甲骨文中的“圣”上面是一个大耳朵，下面是人；金文在右边又加了一个口。整个字表示善听、善言、聪明睿智的人，是既善于用耳、又善于用口的人。从“圣”的古字形来看，我们的祖先认为，在自然环境中善听、善言是一种智慧，也是一种超凡的能力。可见先民心中的圣人并非高不可攀，神圣不可侵犯，不过是善于倾听、长于言表、头脑聪慧、通达事理、能够洞察真相并预知未来的人，如《尚书》“睿作圣”，《管子》“听信之谓圣”；又如“圣明、圣通、圣智、神圣、至圣”。

随着历史的发展，“圣”的意义也越来越神圣化，渐渐有了无所不通、无所不能、崇高完美、凡人不及的意义，可用于人格崇高的人，如“圣人、圣贤、圣哲、先圣、古圣先贤”；也可用于才智过人的人，如“圣手、诗圣、棋圣”；

还可用于超凡的神灵，如“圣诞、圣母、圣女、圣灵、显圣、朝圣”。后来“圣”专用于万人之上的皇帝，如“圣上、圣皇、圣旨、圣驾、圣鉴、圣朝”等。

与潭州智度寺慧觉诗

（唐代）吕岩

达者推心兼济物，圣贤传法不离真。

请师开说西来意，七祖如今未有人。

qǔ

【笔顺】一 丆 丅 王 耳 耳 耵 取

【笔画数】8画

【部首】又（又部）

【结构】左右

【书写提示】“取”字左边的“耳”最后一笔横要写作提。

【词语】巧取豪夺　投机取巧　无理取闹

“取”的甲骨文右边像一只耳朵；左边是又，又是手；整个字像一只手伸向一只耳朵，想要抓住它的样子。金文与甲骨文结构一样，只是耳和手互换了位置。古代狩猎时人们割下野兽的左耳用以计数，《周礼》说：“大兽公之，小禽私之，获者取左耳。”打仗的时候，抓住俘虏或杀死敌人后，也往往割下其左耳，以割取的耳朵的数量来计算功绩。据《左传》记载，郑国攻打宋国，宋军大败，郑军俘虏了宋军二百五十人，割下被打死的宋军士兵的一百只耳朵。可见先秦时期仍然存在着这种割耳记功的习俗，因此古人用手和耳来表示用手割取耳朵的意义，“取”的古字形正是上述古老习俗的反映。“取”由割取耳朵引申为斩获首级，如苏轼《阳关词》“恨君不取契丹首，金甲牙旗归故乡”。

远古时期有抢婚的习俗，男子往往以武力掳掠女子为妻，“取”由此引申为娶妻的意义，如《诗经》“取妻如之何”，《论语》“君取于吴”，其中的“取”即“娶”，这个意义后来写作“娶”。

“取”由割取又引申为得到、获得的意义，如《墨子》“必取宋”，《韩非子》“钻燧取火”，《荀子》“青，取之于蓝”；又如“获取、夺取、讨取、赢取、取胜、取乐、取暖、取之不尽、自取灭亡”。“取”还引申为挑选、选择的意义，如“取决、取景、选取、录取、采取、慎取、舍生取义”；又引申为消灭、消除的意义，如“取消、取缔、取代、取而代之”。“取”也表示拿的意义，如“取书、拿取、提取、领取、取长补短”等。

醉题王汉阳厅

（唐代）李白

我似鹧鸪鸟，南迁懒北飞。

时寻汉阳令，取醉月中归。

zì

【笔顺】′ 亻 白 白 自 自

【笔画数】6画

【部首】自（自部）

【结构】独体

【词语】自不量力 自惭形秽 自告奋勇 自顾不暇 自力更生 自言自语 不由自主 监守自盗

“自”在甲骨文中像人的鼻子，上面是鼻梁，下面是两个鼻翼和鼻孔。“自”本义指人的鼻子，是“鼻”的古字。鼻子是人重要的呼吸器官，也是人的面部唯一突出的器官，于是鼻子就成了最能代表人的器官。中国人在表达或谈论自己时，习惯于用手指着自己的鼻子。与这个习惯相关，表示鼻子的“自”引申作第一人称代词，表示本人、本身，如《诗经》“不自为政，卒劳百姓”，《战国策》“遂自刎”，《史记》“平原君不敢自比于人”；又如“自己、自我、自身、自尊、自谦、自满、自馁、自白、自学、自刎、自言自语、自强不息、自圆其说、咎由自取”。

“自”还用作介词，相当于“从、由”，如《诗经》“出自东方”“不自我先，不自我后”；还有“来自、出自、自从、自此、自上而下、自古以来、自始至终、自年初以来”。“自”

又用作副词，表示当然、必然的意义，如《荀子》“神明自得”，又如“自然、自当坚强、自不待言、不言自明”等。

“自”后来专用作代词、介词和副词，人们又造出“鼻”字来表示鼻子的意义。

滁州西涧

（唐代）韦应物

独怜幽草涧边生，上有黄鹂深树鸣。
春潮带雨晚来急，野渡无人舟自横。

sì

【笔顺】丨 冂 冂 四 四

【笔画数】5 画

【部首】口（方框部）

【结构】全包围

【书写提示】“四”里面是一撇一竖弯，不要错写成两竖或“八”“儿”。

【词语】四分五裂　四海为家　四脚朝天　四面楚歌　四平八稳　四通八达　四书五经　四面八方　四壁皆空　四季如春　家徒四壁　危机四伏　五湖四海　低三下四　丢三落四　朝三暮四

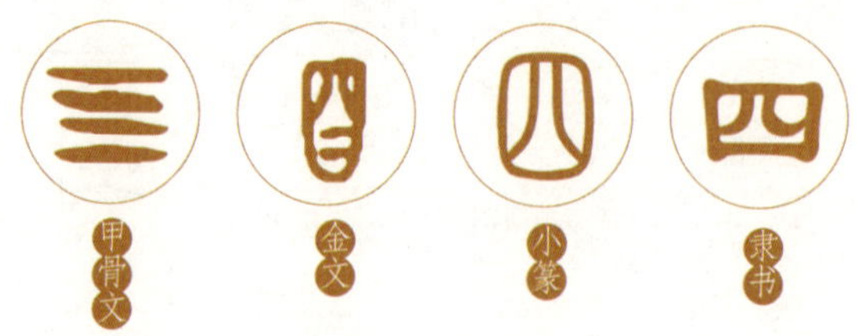

甲骨文中的“四”是四个长短相同的平行的横线，这是原始的记数符号，最初古人用四条横线来表示数字四，如刘邦《大风歌》“安得猛士守四方”；又如“四邻、四周、四海”。金文中的“四”像鼻孔中流涕的样子，本义指鼻涕，是“泗”的本字。随着数字越来越大，不断增加横线实在不太方便，古人就用读音相近的“四”表示数字四，于是有了今天我们看到的“四”的字形。“四”用于数字后，鼻涕的意义便又另造“泗”字表示了。

数字“四”的大写是“肆”，用于财务账目票据，防止数目被涂改。

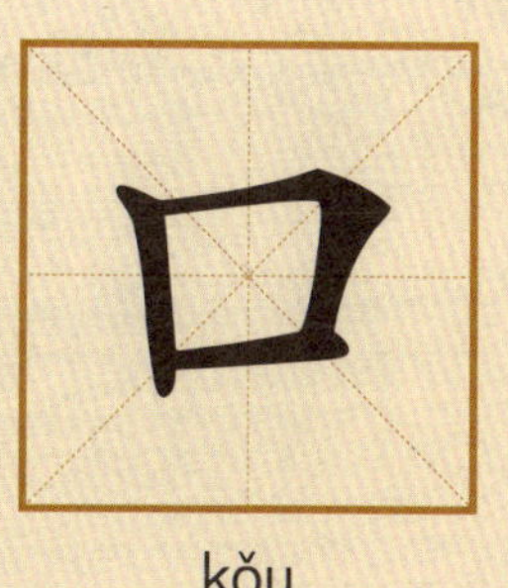

kǒu

【笔顺】丨 ㄇ 口

【笔画数】3 画

【部首】口（口部）

【结构】独体

【词语】口耳相传　口口声声　口蜜腹剑　口是心非　百口莫辩　心服口服　异口同声　张口结舌　众口一词

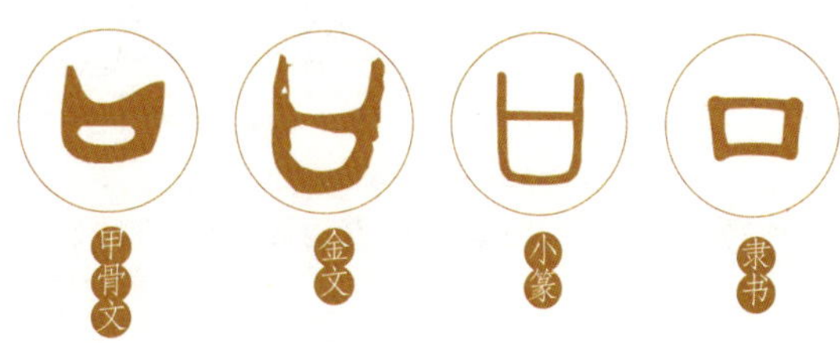

甲骨文中的“口”就像人大笑时的嘴巴，不仅有上下嘴唇，还有微微上扬的嘴角。“口”的本义是人的嘴巴，如《左传》“勺饮不入口七日”，又如“口齿、口舌、口腹、口福、口沫飞溅、口角生风、口干舌燥、病从口入”；引申为口味、口气等意义，如“口淡、口轻、口重、口臭”。“口”由人的口泛指其他动物的口、器物的口、出入的通道以及破裂的地方，如《后汉书》“下有蟾蜍，张口承之”，《桃花源记》“山有小口”；又如“瓶口、门口、洞口、出口、港口、伤口、裂口”。“口”还特指长城的关口，如“口内、口外、古北口”；也指刀剪等的锋刃，如“刀口”。“口”由人的口又指人，如“口粮、口赋、家口、户口、人口、小两口、拖家带口”。

口既是人进食呼吸的重要器官，也是人说话发声的唯

一器官，如《春秋》所说："口之为言达也。""口"由此引申为言语、口才等意义，如"口实、口吻、口音、口拙、口吃、心直口快、口坠天花、口若悬河"；还引申为用嘴说、非书写的意义，用作动词，如"口头、口语、口碑、口信、口风、口供、口头禅、口说无凭"。"口"又用作量词，用于语言、呼吸、人或某些家畜、物品等，如"一口普通话、一口气、五口之家、一口猪、一口刀、两口井"等。

汉字中以"口"为形旁的字多与口腔有关，如"嘴、吃、喝、叫、呼、叹、咽、吻、吐、味、含、吞、否、号"等。

春日

（宋代）陆游

巷口东风吹酒旗，老人也惜早春时。

雨来三日泥没踝，过尽梅花浑不知。

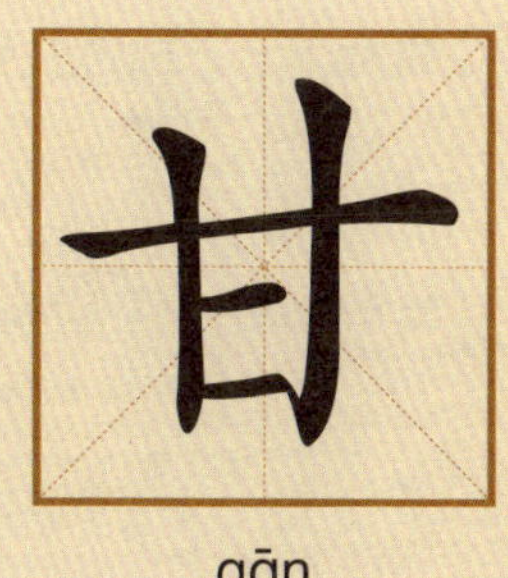

gān

【笔顺】一十廾廿甘

【笔画数】5 画

【部首】甘（甘部）

【结构】独体

【词语】同甘共苦　善罢甘休

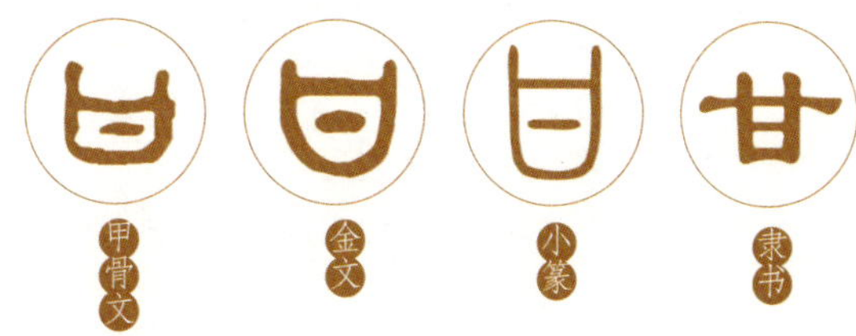

“甘”在甲骨文中像口中含有食物的样子；外面是口，里面的短横强调指出口中含有的食物。美味的食物要含在口中细细品尝，所以“甘”表示味道好、美味的意义，如《韩非子》“秦王饮食不甘”，指秦王饮食不辨美味，即饮食无味；成语“食不甘味”就是形容因身体不好或心事重重而饮食无味的意思；又如“甘肥、甘膳、甘旨、食不求甘”。

“甘”由美味引申为专指甜的味道，与“苦”相对，如“甘水、甘醴（lǐ）、甘泉、甘甜、甘辛、甘苦、甘之如饴”。“甘”又引申为美好的意义，如《诗经》“以祈甘雨，以介我稷黍”，“甘雨”即及时的好雨；还有“甘霖、甘露、甘泽、甘霈、甘美、苦尽甘来”。

“甘”也用作动词，表示爱好、嗜好的意义，如《尚书》“甘酒嗜音”，指嗜好美酒与音乐，形容贪图酒色享乐；

又如“甘财悦色”。“甘”还表示愿意、乐意的意义，如“甘愿、甘于、甘拜下风、甘居人后、甘当人梯、心甘情愿、不甘示弱、心有不甘”等。

夜坐

（宋代）张耒

庭户无人秋月明，夜霜欲落气先清。
梧桐真不甘衰谢，数叶迎风尚有声。

zhǐ

【笔顺】 ㇐ ㇑ 𠤎 ...

【笔画数】6画

【部首】匕（匕部）

【结构】上下

【书写提示】“旨”字上边是“匕”，撇的下端不出头，也不要错写成“七”。

“旨”的甲骨文字形上面是人，下面是口。金文字形以甘代替口，口、甘在古文字中有时同义，都表示味美。“旨”的本义表示人口中的滋味美，即味美的意义，如《礼记》“虽有嘉肴，弗食，不知其旨也”，《诗经》“既饮旨酒”“我有旨畜”；又如“旨肴、旨味”。“旨”由此引申指美味的食物，如“甘旨”；又如《论语》“食旨不甘，闻乐不乐”。“旨”由美食又引申为主要的意义、意图，如《周易》“其旨远，其辞文”，《宋书》“妙达此旨，始可言文”；又如“旨意、旨趣、主旨、要旨、宗旨、大旨、题旨、微旨、言近旨远、无关宏旨”。“旨”特指帝王的意见、命令，如“旨令、圣旨、懿旨、传旨、下旨、听旨、奉旨行事”等。

今天“旨”的本义已经消失了，引申意义也多用于书面语。

lìng

【笔顺】丿 人 亼 今 令

【笔画数】5画

【部首】人（人部）

【结构】上下

【书写提示】“令”字上边是“人”，不要错写成“入”；注意不要与“今”相混。

【读音提示】“令”又读作lǐng、lǐng。

【词语】令出法随

拿着鸡毛当令箭

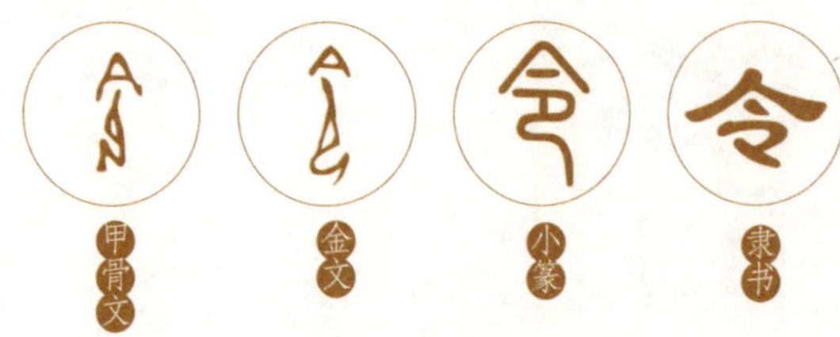

“令”的甲骨文字形上面是一个朝下张开的口，下面是一个跪着的人。“令”的本义是上级对下面的人发布命令。根据听令者跪着的姿态，我们似乎可以感受到发布命令者的权威以及听令者的俯首帖耳与战战兢兢。如《诗经》“倒之颠之，自公令之”，说的是由于公爷发布命令时我太匆忙了，以致把上衣和下裳都穿颠倒了，这个描写真实地再现了古代发布命令者之不可轻慢与听令者之胆战心惊；又如《论语》“其身正，不令而行”，《孟子》“既不能令，又不受命”；还有“下令、喝令、责令”。

“令”又引申为发布的命令，即必须执行的要求，如《战国策》“令初下，群臣进谏，门庭若市”；又如“政令、法令、号令、军令、口令、令行禁止、朝令夕改”。“令”也引申为发布命令的人，即长官，如《史记》“守令皆不在”，“尚书令、中书令、郎中令、县令、郡令、令尹、令史”等都是古代行政长官的名称。

“令”还表示规律性的时节、季节，如“时令、节令、当令、冬令、夏令时”；也表示句式、音律上有一定规律的短小文体，如“曲令、小令、酒令”。“令”又表示崇高、美好、吉祥等意义，如“令名、令政、令闻、令辰、令日、令才、巧言令色”；也用作敬辞，表示对他人的尊敬，如“令尊、令堂、令郎、令爱、令兄、令妹”分别称对方的父母、儿女和兄妹。“令”还有让、使的意义，如“令人欣慰、利令智昏”等。

“令”是个多音字，还读作 líng，用于姓氏“令狐”；又读作 lǐng，用作量词，五百张原张的纸为一令，如“三令纸”。

和张仆射塞下曲（其一）

（唐代）卢纶

鹫翎金仆姑，燕尾绣蝥弧。

独立扬新令，千营共一呼。

mìng

【笔顺】丿 人 亼 亽 合 合 合 命

【笔画数】8画

【部首】人（人部）

【结构】上下

【书写提示】“命”字上边是“人”，不要错写成“入”；右下边是“卩”，不要错写成“阝”。

【词语】命中注定　亡命之徒　性命攸关　耳提面命　相依为命

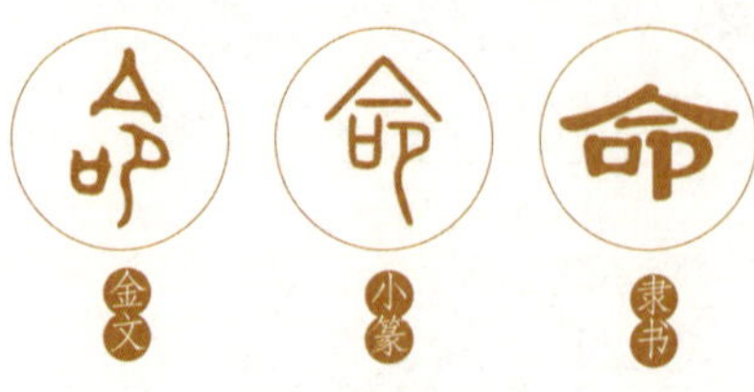

金文中的“命”上面是一个朝下张开的口；左下边也是一个口，右下边是一个跪着的人。“命”就是在“令”字的左边又加了一个口，其本义与“令”一样，都表示上级向下面的人发布命令，多了一个口，不过是更强调了用口发布命令。如《诗经》“维君子命”，《列子》“命夸娥氏二子负二山”；又如“命酒、命乐、命驾、命人前往”。“命”还引申为取名、给予、以为等意义，如“命名、命题、命中、自命不凡”；又引申为动用、使用等意义，如“命官、命将、命旅、欣然命笔”。

“命”也用作名词，表示命令、指示的意义，如《周易》“大君有命”，《周礼》“掌王后之命”，《论语》“使于四方，不辱君命”，《出师表》“奉命于危难之间”；又如“待命、听命、从命、遵命、奉命、违命、抗命”。“命”还表示生命、

生来注定的命运等意义，如《周易》“乾道变化，各正性命”；又如“寿命、偿命、逃命、救命、命悬一线、命数、命定、命大、宿命、好命、人生有命、听天由命、命该如此”。

鹧鸪天

（元代）元好问

颜色如花画不成。命如叶薄可怜生。
浮萍自合无根蒂，杨柳谁教管送迎。
云聚散，月亏盈。海枯石烂古今情。
鸳鸯只影江南岸，肠断枯荷夜雨声。

xiōng

【笔顺】丶 ㄇ 口 夕 兄

【笔画数】5 画

【部首】口（口部）

【结构】上下

【词语】难兄难弟

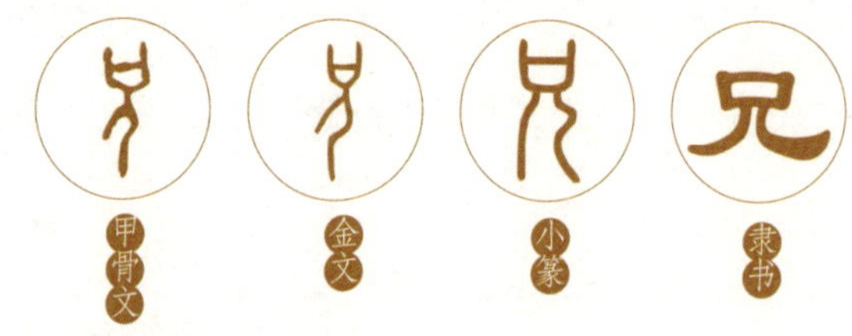

“兄”在甲骨文中上面是口，下面是人。古代社会“长兄如父”“兄友弟恭”，无论是皇亲国戚还是平民百姓，嫡长子在家庭中都拥有较高的地位，平时对弟妹有教育之责，对父母长辈有禀报之责，在家族祭祀时要代表同辈向神灵或祖先祷告。中国古代王朝长期实行嫡长子继承制，最年长的儿子为嫡长子，拥有法定的继承权。“兄”的古字形就像一个祭祀时祝祷的人，又像一个谆谆教诲的人，表示同辈血亲中年长的男性。如《尔雅》“男子先生为兄，后生为弟”，《诗经》“兄及弟矣，式相好矣”；又如“兄长、兄弟、兄嫂、胞兄、家兄、表兄、令兄”。

孔子的弟子司马牛曾向师兄子夏抱怨自己没有兄弟，子夏安慰他说：“君子敬而无失，与人恭而有礼，四海之内，皆兄弟也。君子何患乎无兄弟？”意思是君子对事恭敬谨

慎而没有过失，待人态度恭谦而合乎礼仪，那么天下的人就都是自己的兄弟，又何愁没有兄弟呢？“四海之内皆兄弟”即出自《论语》的这一段话，后人用以形容天下人人亲如兄弟。

“兄”由同辈血亲中的年长男性泛指所有比自己年长的同辈男性，以示尊敬之意，如“内兄、师兄、学兄、仁兄、老兄、父兄”；又用作敬辞，表示对他人的尊敬，如“仁兄、老兄、王兄、称兄道弟”等。

江南送北客因凭寄徐州兄弟书

（唐代）白居易

故园望断欲何如，楚水吴山万里余。

今日因君访兄弟，数行乡泪一封书。

qiàn

【笔顺】丿 𠂉 ⺈ 欠

【笔画数】4画

【部首】欠（欠部）

【结构】上下

【书写提示】“欠”四画，注意不要与“攵”或“夂”相混。

【词语】万事俱备，只欠东风

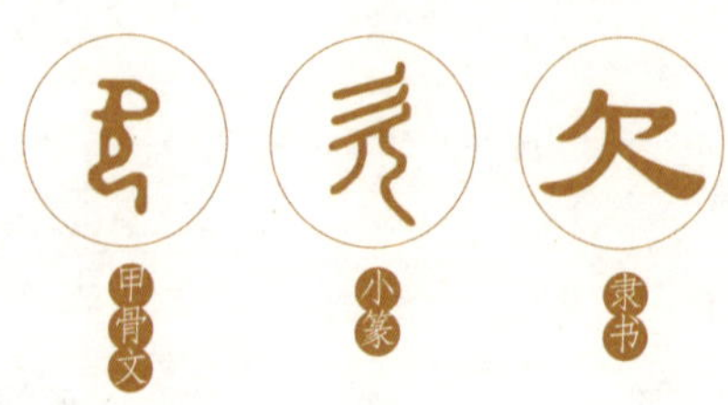

甲骨文中的“欠”下面是人，上面像人张着的大口。整个字像人仰着头伸懒腰打哈欠的样子，表示张口出气的意义，也就是打哈欠，如《仪礼》“君子欠伸”，“欠”是打哈欠，“伸”是伸懒腰。打哈欠时头往往上扬，“欠”由此引申指身体稍微向上向前移动，如“欠体、欠身”。人往往在疲倦的时候打哈欠，打哈欠是气不足，“欠”由此引申指不足、缺少，如《柳河东集》“欠为人师”，又如“亏欠、欠债、欠考虑、身体欠安”等。

八月十四日夜玩月

（唐代）元稹

犹欠一宵轮未满，紫霞红衬碧云端。
谁能唤得姮娥下，引向堂前子细看。

xiàn

【笔顺】丶 丷 䒑 䒑 兰 羊 兰 羊 羊 羑 羡 羡

【笔画数】12 画

【部首】羊（羊部）

【结构】上下

【书写提示】“羡”字上边的“羊”中间一竖下端不出头；左下边是“冫”，不要错写成“氵”；右下边是“欠”，不要错写成“攵”或“夂”。

【词语】临渊羡鱼

甲骨文中的“羡”像一个人张着大嘴垂涎欲滴的样子，左上边的小点是嘴里流出来的口涎，表示强烈的食欲。小篆中的“羡”上面加了一个羊，表示对羊肉的强烈渴望。“羡”的本义是垂涎美味的意义；引申为因喜爱而渴望得到，如《淮南子》“临河而羡鱼，不如归家织网”。“羡”还引申为富余、有余，如《诗经》“四方有羡”。“羡”有个异体字“羨”，它们音义相同，字形稍异，过去可互相替代，现在规范字是“羡”。

送别得书字

（唐代）李白

水色南天远，舟行若在虚。迁人发佳兴，吾子访闲居。
日落看归鸟，潭澄羡跃鱼。圣朝思贾谊，应降紫泥书。

yǐn

【笔顺】丿 𠂉 饣 饣 饣 饣 饮

【笔画数】7 画

【部首】饣（食字旁部）

【结构】左右

【书写提示】“饮”字右边是“欠”，不要错写成“攵”或“夂”。

【读音提示】“饮”又读作 yìn。

【词语】饮食男女

“饮”的甲骨文字形左下边是酉，酉是古代盛酒的器皿；右边是一个人弯腰低头，对着酒坛子，大张着口，伸出舌头。整个字就像人伸长脖子，张口伸舌，俯身对着酒坛子喝酒的样子。“饮”的本义是喝酒，如《仪礼》“饮酒浆饮，俟于东房”，《史记》“项王即日因留沛公与饮”；又如“饮酒、痛饮、豪饮”。“饮”由喝酒泛指喝，如《孟子》“冬日则饮汤，夏日则饮水”，其中“汤”

◎ 汉代饮酒陶俑

指热水，“水”指冷水；又如“饮水、饮茶、饮泣、饮水思源、饮鸩止渴”。“饮”由喝又引申为含着、忍着，喻指享受、承受的意义，如“饮誉、饮冤、饮弹、饮气吞声、饮恨而死”。

“饮”还用作名词，指酒，如《战国策》“张乐设饮”，指安排乐队、摆开酒席；又如“饮徒”即酒徒，“饮令”即酒令。“饮”也指喝的东西，如《周礼》“辨四饮之物”，《吕氏春秋》“司马子反渴而求饮”；又如“饮食、饮料、饮品、冷饮、热饮”等。

“饮”是多音字，又读作 yìn，表示给人或牲口喝水，如《诗经》“饮之食之，教之诲之”；又如“饮牛、饮羊、饮牲口、饮马长江”。

问刘十九

（唐代）白居易

绿蚁新醅酒，红泥小火炉。

晚来天欲雪，能饮一杯无。

chuī

【笔顺】丨 ㄇ 口 口' 口ケ 口ケ 吹

【笔画数】7画

【部首】口（口部）

【结构】左右

【书写提示】“吹”字右边是“欠”，不要错写成“攵”或“夂”。

【词语】吹吹打打　吹吹乎乎　吹拉弹唱　风吹浪打　自吹自擂　吹胡子瞪眼　不费吹灰之力

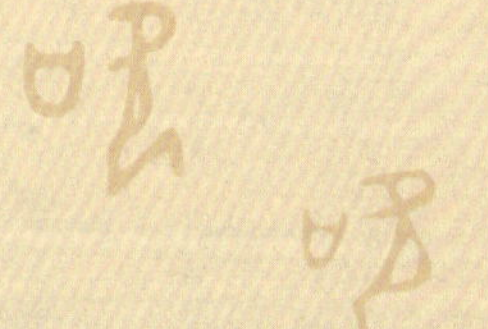

“吹”的甲骨文字形左边是口，右边是人。整个字像一个人蹲在那里用嘴巴使劲儿吹气的样子，表示用嘴将气呼出的意义，如《庄子》“生物之以息相吹也”，又如“吹气、吹灭”；引申为用嘴吹奏乐器，如《韩非子》“齐宣王使人吹竽，必三百人”。“吹”由人为吹动还引申为空气流动，如“吹拂、风吹草动”；由用力吹气又引申为自夸、说大话、说好听的话，如“吹嘘、吹捧”。在现代汉语口语中，“吹”也表示关系破裂或事情不成功，如“他俩吹了、计划告吹”。

寄扬州韩绰判官

（唐代）杜牧

青山隐隐水迢迢，秋尽江南草未凋。

二十四桥明月夜，玉人何处教吹箫？

yán

【笔顺】丶亠亠言言言言

【笔画数】7画

【部首】言（言部）

【结构】上中下

【书写提示】“言”在字的左边时写作“讠”，叫作言字旁。

【词语】言传身教 言多必失 言听计从 言外之意 言为心声 言之有理 豪言壮语 花言巧语 巧言令色 甜言蜜语 广开言路 名正言顺

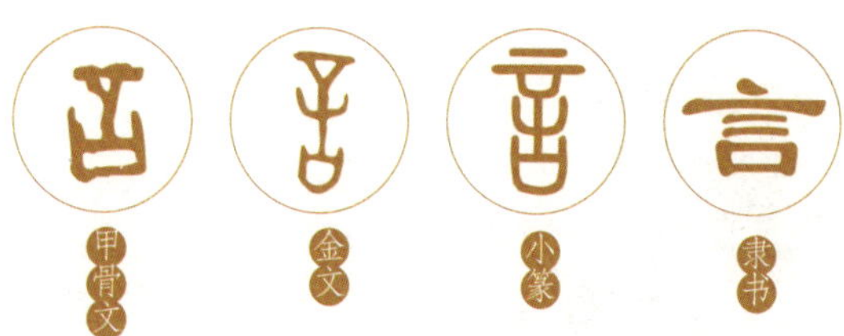

甲骨文中的“言”上面像乐器笙的样子，下面是口。整个字像用嘴吹笙，表示张口吹奏乐器；也用作名词，表示吹奏的乐器，如《尔雅》“大箫谓之言”。

吹奏乐器与张口说话都需要鼓舌，“言”由此引申为张口说话，如《诗经》“言念君子，温其如玉”，《论语》“夫人不言，言必有中”，《国语》“国人莫敢言，道路以目”；又如“言说、言谈、言笑自若、言者无罪、不言不语、畅所欲言、握手言和”。“言”还引申为叙述、说明的意义，如《韩非子》“臣愿悉言听闻，唯大王裁其罪”，《史记》“言其利害”；又如“诗言

◎ 汉代红陶吹笙俑

◎ 北魏彩陶吹排笙女俑

志、言情小说、言归正传、姑妄言之、总而言之”。

“言”还用作名词，指所说的话语，如《礼记》“史载笔，士载言”，《诗经》“父母之言”，《左传》“言不由衷”；又如“预言、诺言、方言、谗言、发言、言不由衷、言过其实、言简意赅、言犹在耳、言行不一”。孔子在《论语》中说：“言必信，行必果。”意思是说出的话就一定要守信用，确定要干的事就一定要办到。“言”还指见解、主张，如《孟子》“杨朱、墨翟之言盈天下”；又如“宣言、言论、言之有理、天下之言”。“言”也指一句话或一个字，如《论语》“《诗》三百，一言以蔽之，曰思无邪”；又如“一言为定、一言九鼎、五言诗、万言书、洋洋万言”等。“言”在古代又用作助词，位于句首或句，无实际意义，如《诗经》“静言思之”，《左传》“言归于好”。“言”现在多用于成语和书面语词，口语一般用“话”和“说”。

汉字中以“言”为形旁的字多与言语有关，如“语、话、诗、词、说、讲、谈、读、诵、议、论、请、谢、誓、誉”等。

寻南溪常道士

（唐代）刘长卿

一路经行处，莓苔见履痕。
白云依静渚，春草闭闲门。
过雨看松色，随山到水源。
溪花与禅意，相对亦忘言。

yīn

【笔顺】丶 亠 亠 立 立 产 音 音 音

【笔画数】9画

【部首】音（音部）

【结构】上下

【词语】音容笑貌

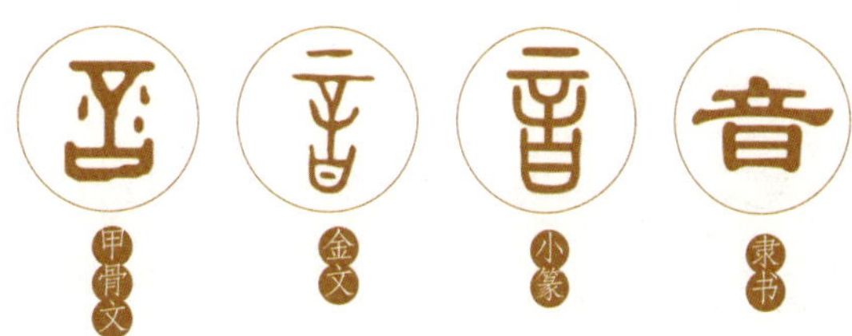

甲骨文中的“音”与“言”字形相近，来源相同，后来两个字才逐渐分化。“音”的甲骨文上面是言，下面是口，两边的几个小点表示发出的声音。金文在口中加了一横，更强调口中发出的声音。“音”即“声”，表示口中发出的声音或说出的话语，如《礼记》“凡音之起，由人心生也”；泛指声音，如《庄子》“鸡狗之音相闻”；引申为有节奏的悦耳的声音，即乐音，如“音乐”；特指字的读音，如“字音”；又泛指消息，如“音信”等。

渡汉江

（唐代）宋之问

岭外音书断，经冬复历春。

近乡情更怯，不敢问来人。

竟

jìng

【笔顺】丶 亠 亠 立 立 产 音 音 音 竟 竟

【笔画数】11 画

【部首】立（立部）

【结构】上下

【书写提示】“竟”字中间是“日”，不要错写成“口”，与“竞”相混。

【词语】穷原竟委

甲骨文中的“竟”上面是音，表示音乐；下面是人。古人用乐师演奏音乐来表示乐曲终止的意义，这是“竟”的本义。“竟”由此泛指事物的终结、完成，如《史记》“秦王竟酒”，“竟酒”即饮完酒；又如“竟学”是学完了，“语竟”是话说完了，“竟时”是终结之时，“未竟之业”是未完成的事业。“竟”由此引申为全部、整个的意义，如“竟日、竟夜”是整整一日、一夜，“竟天”是满天，“竟世”是终生。

“竟”还用作副词，表示终于、出乎意料等意义，如《史记》“竟怒不救楚”，又如“竟然、竟至、竟自、竟敢、究竟、有志者事竟成、竟不知东西南北”等。

◎ 唐代奏乐陶俑

菩萨蛮·书江西造口壁

（宋代）辛弃疾

郁孤台下清江水，中间多少行人泪。

西北望长安，可怜无数山。

青山遮不住，毕竟东流去。

江晚正愁余，山深闻鹧鸪。

zhī

【笔顺】丿 𠂉 𠂉 ⺧ 矢 矢 知 知

【笔画数】8 画

【部首】矢（矢部）

【结构】左右

【书写提示】“知”字左边的“矢”最后一笔捺要写作点。

【词语】知法犯法 知难而进 知书达理 不知所措 明知故犯 知其然，不知其所以然

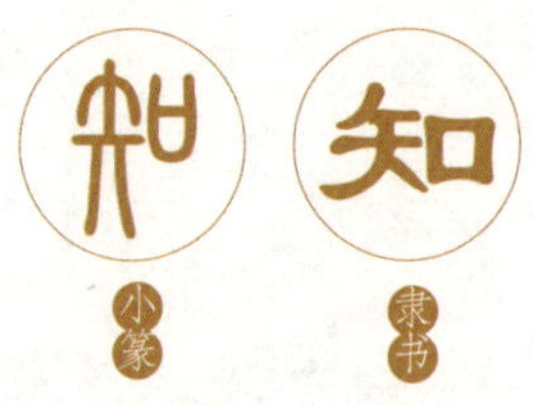

小篆中的“知”左边是矢，矢是箭；右边是口，表示语言。整个字表示人反应很快、出口成章，知道的事情像射箭一样可以脱口而出。“知”的本义指用口相传的经验常识，即通过语言获得的知识；泛指知识，如《论语》“吾有知乎哉？无知也”，《庄子》“吾生也有涯，而知也无涯”；又如“求知、无知、新知、真知灼见”。

“知”引申为才能、智慧的意义，如《列子》“汝多知乎”，《荀子》“则知明而行无过矣”，这个意义后来写作“智”；还引申为感觉、察觉的意义，如《荀子》“草木有生而无知”，又如“知觉、感知”；又引申为因非常了解而亲密友好的关系，如《报任安书》“绝宾客之知”，又如“知己、知音、知交、知心、相知、故知”。

“知”还用作动词，表示认识、了解、懂得等意义，

如《论语》“知之为知之，不知为不知”，韩愈《师说》“人非生而知之者”；又如“通知、告知、知悉、知情、知己知彼、知根知底、知足常乐、不知好歹、温故知新、知子莫若父”。“知”还表示主持、管理的意义，如《国语》“吾与之共知越国之政”；又如“知更”指主管更漏之事，“知印”指主管用印之事。“知”由此引申指主管，用作行政官吏的称呼，如“知府、知州、知县、知事”。

惠崇春江晚景

（宋代）苏轼

竹外桃花三两枝，春江水暖鸭先知。

蒌蒿满地芦芽短，正是河豚欲上时。

xǐ

【笔顺】一 十 士 吉 吉 吉 吉 吉 壴 喜 喜 喜

【笔画数】12 画

【部首】口（口部）

【结构】上中下

【书写提示】“喜”最上边是“士”，不要错写成“土”；中间是两点一横，不要错写成“艹”。

【词语】喜眉笑眼 喜气洋洋 喜上眉梢 喜笑颜开 喜之不尽 悲喜交集 大喜过望 闻过则喜 沾沾自喜

“喜”在甲骨文中上面是鼓，表示乐队；下边是口，表示欢声笑语。整个字表示在庆典活动中鼓乐响起来、人人乐开怀的样子，是高兴、快乐的意义，如《诗经》“既见君子，我心则喜”；又如“欢喜、惊喜、狂喜、喜悦、喜讯、喜气洋洋、喜笑颜开、喜形于色、欢天喜地、欣喜若狂”。“喜”与“悲”意义相对，宋代著名政治家、文学家范仲淹在《岳阳楼记》中有一句关于“喜”与“悲”的名句：“不以物喜，不以己悲。”

◎ 汉代红陶击鼓说唱俑

意思是不因外物的好坏和自己的得失而快乐或悲伤，表达出作者淡然而豁达的思想情怀，被后人世代相传。“喜”由此引申为欢迎、爱好等意义，如《汉书》“喜为吏”，《史记》“盖孔子晚而喜《易》”；又如“喜好、喜欢、喜爱、喜新厌旧、喜闻乐见、好大喜功”。

“喜”还用作名词，表示令人快乐、值得庆贺的事，如《国语》“固庆其喜而吊其忧”，又如“报喜、庆喜、恭喜、大喜、喜从天降、喜出望外、双喜临门”。结婚是可喜可贺的人生大事，“喜”又特指结婚，如“喜事、喜宴、喜糖、喜酒、贺喜、道喜”。我国民间有新婚之时贴双“喜”字的习俗，人们在新人的居室中、家具上贴上大红的“囍”字，以表达亲朋好友对新人婚姻幸福美满的美好祝愿，营造喜庆欢乐的气氛。生儿育女也是令人高兴的家庭大事，“喜”因此也代指怀孕，如“喜脉、有喜、害喜”。

春喜友人至山舍

（唐代）周贺

鸟鸣春日晓，喜见竹门开。
路自高岩出，人骑大马来。
折花林影断，移石洞阴回。
更欲留深语，重城暮色催。

◎ 双喜字

shé

【笔顺】 ˊ 二 千 千 舌 舌

【笔画数】6 画

【部首】口（口部）

【结构】上下

【书写提示】“舌”字上边是“千”，不要错写成“干”。

【词语】七嘴八舌 鹦鹉学舌

“舌”的甲骨文字形下面是口，上面的丫像蛇信子。金文字形旁边增加了几个点，表示人说话或饮食时喷溅的唾液。整个字像动物或人的舌头从口中伸出的样子，本义指舌头，如“口舌、口干舌燥”。“舌”又泛指像舌头的东西，如“火舌”等。

◎ 汉代红陶说唱俑

人的舌头在口腔中除了具有辨别味道、搅拌食物、帮助吞咽的功能，还是人发音说话的重要器官之一，“舌”由此喻指语言、口才，

如《论语》“驷不及舌”，意思是一句话说出口，四匹马拉的车都追不回，即“一言既出，驷马难追”，比喻说出来的话无法收回；又如“舌辨（舌辩）”指口才敏捷及说书者，“唇枪舌剑”指言辞锋利，“舌干唇焦、舌敝唇焦”指费尽口舌，“油嘴滑舌”指爱耍嘴皮子，“舌摇簧鼓、摇唇鼓舌、满嘴跑舌头”指满嘴胡说，“笨嘴拙舌”指不善言辞，“舌辩、舌灿莲花、巧舌如簧、三寸不烂之舌”指能言善辩，“瞠目结舌、张口结舌”指因害怕或惊讶而说不出话来，“舌战群儒”指在与多人的激烈辩论中驳倒对方，“舌人”是古代的翻译官，“喉舌”是代言人，“长舌妇”指搬弄是非的人。

春雨不闻百舌

（唐代）顾况

百舌春来哑，愁人共待晴。

不关秋水事，饮恨亦无声。

tián

【笔顺】㇀ 二 千 于 舌 舌 舌一 甜 甜 甜 甜

【笔画数】11 画

【部首】舌（舌部）

【结构】左右

【书写提示】“甜”字左边是“舌”，不要把第一笔撇错写成横。

【词语】甜津津　甜滋滋

小篆中的“甜”左边是甘，右边是舌，与现在楷书字形的位置正好相反。整个字像用舌头来品尝和感觉甘甜的味道，表示像蜜糖一样的滋味，与“苦”相对，如“甜品、甜食、甜点、甜酒、甘甜、酸甜苦辣”。百味以甜为美，人生百味中甜的滋味最为美好而愉悦，“甜”由此喻指美好、快乐、幸福，如“甜美、甜蜜、甜蜜蜜”；也喻指睡得酣畅，“甜乡”即梦乡，又如“睡得很香甜、甜甜地睡了”；还喻指会说话、善于说好听的话，如“嘴甜、甜嘴蜜舌”等。

蜂

（唐代）罗隐

不论平地与山尖，无限风光尽被占。

采得百花成蜜后，为谁辛苦为谁甜。

chǐ

【笔顺】丨 ⺊ ⺊ 止 𠂉 𫠠 齿 齿

【笔画数】8画

【部首】止（止部）

【结构】上下

【书写提示】“齿”字上边的“止”四画，不要把第三笔和第四笔连成一笔，错写成三画；下边里面的“人”最后一笔捺要写作点。

【词语】没齿不忘

“齿”在甲骨文中是象形字，像口中上下两排牙齿的样子。金文中变成了形声字，上面加了一个“止”，用来表示声音。“齿”指牙齿，如《尚书》“齿革羽毛”，《素问》“发堕齿槁”；又如“瞋目切齿、明眸皓齿、咬牙切齿”。“齿”由此泛指排列得像牙齿的东西，如“齿梳、齿轮、锯齿”。牙齿的数量和状态与人或动物的年龄相关，“齿”由此引申出年龄的意义，如“序齿、齿力、齿迈、齿德俱尊”。人说话必然露齿，“齿”又引申为说起、提到的意义，如“齿及”即说及，“何足挂齿”表示不值一提，“伶牙俐齿”形容口齿伶俐，很会说话。

据《左传》记载，春秋时期晋献公向虞国借路讨伐虢国，虞国大夫宫之奇劝阻国君说，虢国是虞国的屏障，虢国灭亡了，虞国也会危在旦夕。这就像嘴唇和牙齿的关系一样，唇在外，齿在内，嘴唇没了，牙齿自然会受寒。虞国国君不听劝谏，答应了晋国使者。果然，晋国灭掉虢国后，乘虞国不备，一举灭掉了虞国。后人用成语“唇亡齿寒、唇齿相依”喻指事物之间相互依存、利害与共的关系。

游园不值

（宋代）叶绍翁

应怜屐齿印苍苔，小扣柴扉久不开。
春色满园关不住，一枝红杏出墙来。

◎ 商代青铜双面人像

xīn

【笔顺】丶 心心心

【笔画数】4 画

【部首】心（心部）

【结构】独体

【书写提示】“心”四画，注意不要与“必”相混。“心”在字的左边时写作“忄”，叫作竖心旁。

【词语】心安理得 心驰神往 心服口服 心狠手辣 心慌意乱 心急火燎 心领神会 心明眼亮 心猿意马 专心致志 别有用心

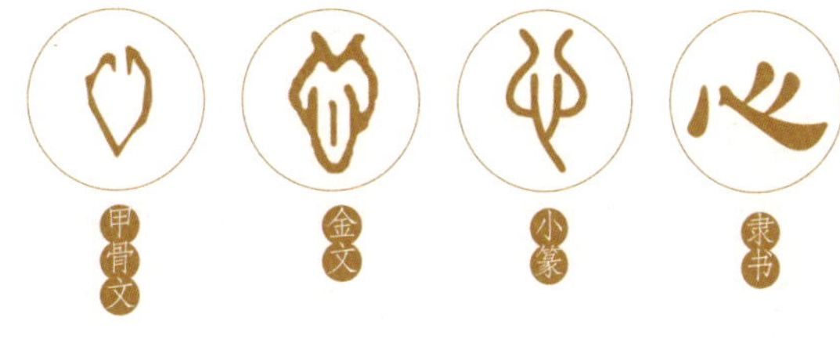

甲骨文中的“心”像人的心脏的样子。金文更加形象，心脏的上端还有两根血管，就像心脏上的动脉和静脉入口管道，中间的短竖表示其中流淌着的血液。“心”指心脏，古人认为心不仅是泵血的器官，还是思维的器官，具有思维、感知的能力，如《孟子》“心之官则思”。“心”由此表示人的头脑、思想，如《诗经》“他人有心，予忖度之”；又如“心扉、心田、心目、心血、心智、心忧、心拙口夯、心不在焉、一心一意”。“心”又表示人的情绪、感情、意念等，如《礼记》“富润屋，德润身，心广体胖”，《诗经》“日月阳止，女心伤止”；又如“心思、心地、心情、心意、心曲、衷心、心满意足、心悦诚服、心旷神怡、心烦意乱、死心塌地”。

心脏在人的身体之中，“心”由此引申为中央的、主要的意义，如“中心、重心、核心、地心、江心、圆心、空心、心腹之患”等。

汉字中以“心”为形旁的字大都与人的思想、情感等心理活动有关，如“感、愿、思、想、意、念、愁、怒、急、情、悟、懂、愤、恨”等。

无题

（唐代）李商隐

昨夜星辰昨夜风，画楼西畔桂堂东。
身无彩凤双飞翼，心有灵犀一点通。
隔座送钩春酒暖，分曹射覆蜡灯红。
嗟余听鼓应官去，走马兰台类转蓬。

chóu

【笔顺】丿 二 千 禾 禾 禾 禾' 秒 秋 秋 秋 愁 愁

【笔画数】13 画

【部首】心（心部）

【结构】上下

【书写提示】“愁”左上边是“禾”，中间一竖不带钩，最后一笔捺要写作点；右上边是“火”，要注意正确的笔顺，先左右两点，再一撇一捺。

【词语】愁肠寸断 愁眉不展 愁云满面

“愁”的小篆字形上面是秋，兼表读音和意义；下面是心，用作形旁，表示心理状态。秋天一到，草木由繁盛而凋零，冬天即将来临，相对于春、夏、秋三季，冬天对于古代的人类来说是生活艰难的季节，令人忐忑不安，挂在心上，由此产生感伤惆怅的情绪，因此古人在“秋”字下加“心”，表示秋天一到令人触景生情，心中有所感伤和忧虑。

“愁”由此泛指感伤、忧虑，如《墨子》“伤形费神，愁力劳意”，《左传》“哀而不愁，乐而不荒”，崔颢《黄鹤楼》“日暮乡关何处是，烟波江上使人愁”；又如“不愁吃、不愁穿、愁死人”。“愁”又引申为感伤忧虑的心情，又如“愁思、愁绪、愁怀、愁容、哀愁、别愁、离愁、乡愁、愁眉苦脸、愁肠百结、离愁别绪”等。

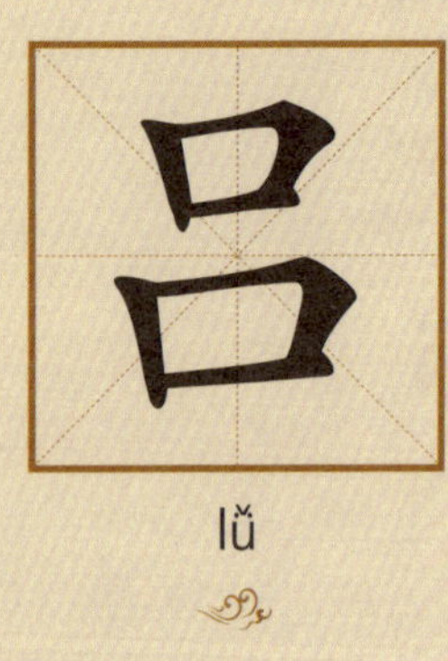

lǚ

【笔顺】丶 ㄇ 口 尸 吕 吕

【笔画数】6 画

【部首】口（口部）

【结构】上下

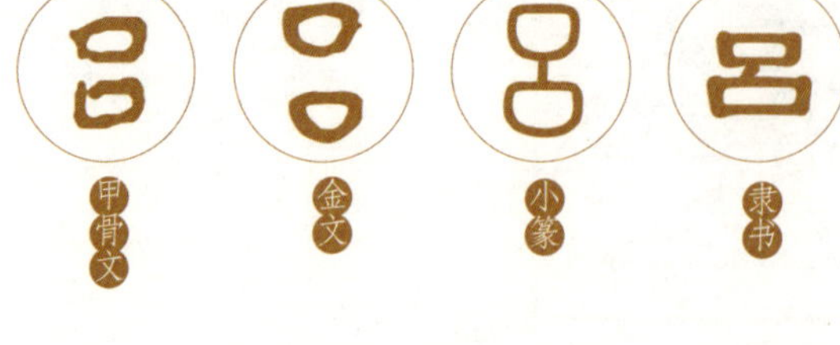

甲骨文中的“吕”是象形字，由两个方形的口组成，像人或动物的脊椎骨。金文中“吕”的两个口由方形变成了准圆形，看上去更像脊椎骨了。小篆“吕”在两块脊骨之间加了一条短竖线，使脊骨相连，就像是一串脊骨。“吕”的本义指脊骨，“心吕之臣”即心腹重臣，其中的“吕”用的就是本义。

我国古代以管的长短来确定音乐中音的高低，从低音管开始，奇数的六个管叫“律”，偶数的六个管叫“吕”，《汉书》说：“律有十二，阳六为律，阴六为吕。”故总称“六律、六吕”，简称“律吕”，如《答陈商书》“吾鼓瑟合轩辕氏之律吕”。成语“黄钟大吕”形容音乐或言辞的庄严宏大与高妙和谐。黄钟是我国古代音乐十二律中六种阳律的第一律，音调最为宏大响亮；大吕则是十二律中六种阴律的第四律，用来配合黄钟之声。中国古代在隆重的祭天仪式上才会演奏庄重和谐的黄钟大吕之声，正如《周礼》所记："奏黄钟，歌大吕，舞云门，以祀天神。"

"吕"的上述意义已消失不用了，现在只用于姓氏。吕姓来源很广，主要源于姜姓。神农氏的后裔因助大禹治水有功，被封为吕侯，在商周时期均为诸侯国，其后代子孙便以国为氏。

shǒu

【笔顺】一 二 三 手

【笔画数】4画

【部首】手（手部）

【结构】独体

【书写提示】“手”上边是撇，不要错写成横；中间一竖要带钩。“手”在字的左边时写作“扌”，叫作提手旁。

【词语】手不释卷　手忙脚乱　措手不及　一手遮天　心慈手软　心灵手巧　爱不释手　得心应手

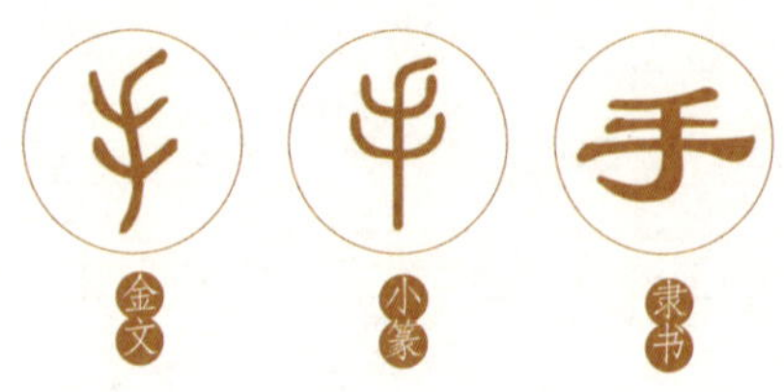

金文中的“手”就像人五指分开的手一样，本义指人的手，如《诗经》“携手同行”“执子之手”，又如“握手、手无寸铁、手到病除”；由此泛指整个手臂，如“伸手、挥手、手脚并用、手舞足蹈、举手投足、指手画脚”；也泛指像手或与手作用相同的东西，如“把手、提手、触手”。

人做事离不开一双手，“手”还引申为技艺、本领、方法，如“手艺、手法、手段、毒手、露一手、身手不凡、眼高手低、心狠手辣”；代指精通某种技能的人，如“射手、能手、好手、高手、强手、国手、老手、神枪手、多面手、行家里手”；也代指从事某种行为或职业的人，如“人手、歌手、水手、扒手、杀手、凶手、刽子手”。

“手”又引申为手的动作，表示用手执、拿的意义，如《公羊传》“曹子手剑而从之”，又如“人手一册”；还表示亲自动手、小巧方便可以手拿等意义，如“手稿、手迹、手杖、手册、手包、手枪”。

汉字中凡是以“手”为形旁的字多与手和手部动作有关，如“提、打、拉、搓、抱、摆、摸、搬、找、接、掌、拳、拿、擎、摩、挲”等。

子夜吴歌·春歌

（唐代）李白

秦地罗敷女，采桑绿水边。

素手青条上，红妆白日鲜。

蚕饥妾欲去，五马莫留连。

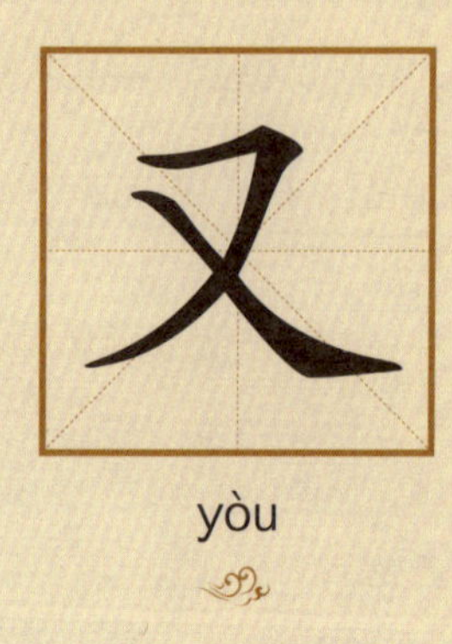

yòu

【笔顺】フ又

【笔画数】2画

【部首】又（又部）

【结构】独体

【书写提示】“又”两画，注意不要与“叉”相混。

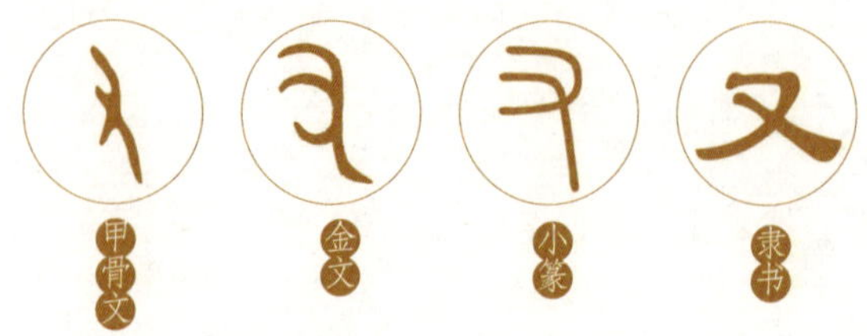

“又”在甲骨文中是象形字，像人的右手的样子，古人用三个手指代表手。“又”的本义是右手，是“右”的本字。

后来“又”被借作副词，表示重复、连续的意义，相当于“再、更”，如《仪礼》“又命之”，《诗经》“天命不又”；还有“又说、又是你、看了又看、玄之又玄、天又热了、一个又一个”“一波未平，一波又起”。“又”也表示并列、递进的意义，如“又哭又笑、又惊又喜、又脏又臭、又高又大、他又不是不会、赔了夫人又折兵”。

“又”还用作连词，表示转折关系，如“欲言又止”“刚才还在下雨，这会儿又出太阳了”；也表示附加、有所补充等意义，如“又及、十又五年、三又二分之一”“工资之外，又有各种补贴”等。

“又”后来专门用于假借意义，用作副词和连词，右手的意义就由“右”字来表示了。

游山西村

（宋代）陆游

莫笑农家腊酒浑，丰年留客足鸡豚。

山重水复疑无路，柳暗花明又一村。

箫鼓追随春社近，衣冠简朴古风存。

从今若许闲乘月，拄杖无时夜叩门。

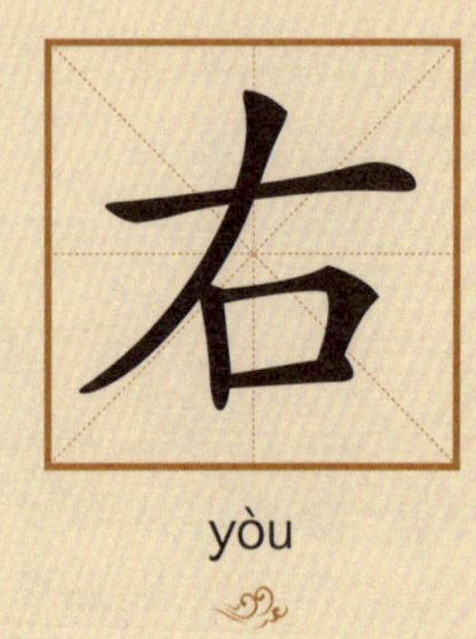

yòu

【笔顺】一ナオ右右

【笔画数】5画

【部首】口（口部）

【结构】半包围

【书写提示】“右”右下边是“口”，注意不要与“左”相混。

【词语】座右铭 左右逢源 左右为难 左支右绌

在甲骨文中，“右”与“又”字形相同，都像人的右手的样子，本义也指右手，如《尚书》“右秉白旄以麾”，《诗经》“右招我由房”。在金文中，“右”左上边是又，表示右手，右下边是口；整个字表示手不够用口来帮忙，是佑助、辅助的意义，是“佑”的本字，如《周易》“右者，助也”，《左传》“王右伯舆”，《诗经》“维天其右之”。“右”由右手泛指右手一边的方位，即右方、右边，与“左”相对，如《周易》“折其右肱”，还有“右足、右臂、右旁、右侧、右首、左右开弓、左顾右盼”。人面向南时，右边为西，所以古时“右”还指西边、西面，如江西又称“江右”，山西又称“山右”，“门外之右”指门的西边。“右”还引申为旁边的意义，如“左邻右舍”。

古人崇右，以右为尊、为上，以左为卑、为下，如《史

记》"位在廉颇之右"；又如"右丞相"高于"左丞相"，"右威"指皇亲国戚，"右姓"是豪族大姓，"右客"为尊贵的客人，"天业其右"是没有高过它的意思。"右"又有尊崇之意，"右贤"即尊崇贤能，"右鬼"即尊崇鬼神，"右文、右武"即崇尚文治、武功。到了现代，"右"还有思想保守的意义，如"右派、右倾、右翼"。

"右"后来主要用作方位词，佑助的意义就用另造的"佑"字来表示了。

雪中寄令狐相公兼呈梦得

（唐代）白居易

兔园春雪梁王会，想对金罍咏玉尘。

今日相如身在此，不知客右坐何人。

zuǒ

【笔顺】一ナ左左左

【笔画数】5 画

【部首】一（横部）

【结构】半包围

【书写提示】“左”右下边是“工”，注意不要与“右”相混。

【词语】左顾右盼　左右为难　左支右绌

金文中的“左”左上边像人的左手的样子；右下边是工，工是古代一种夯土的劳动工具。整个字表示手不够用工具来相助，是辅助、协助的意义，是“佐”的本字，如《后汉书》“朕且继礼左助听政”。“左”和“右”都有帮助、辅助的意义，古时常常连用，如《周易》“欲左右民”，《周礼》“以左右刑罚”，《诗经》“实左右商王”，“左右”即相助、佐助、佑助之义。

“左”因含左手的意思，因此又表示左手，如《诗经》“君子阳阳，左执簧”，《国语》“范蠡乃左提鼓”；泛指左手一边的方位，即左方、左边，与“右”相对，如“左足、左臂、左面、左侧、左首、左撇子、左膀右臂、左右逢源”。人面向南时，左边为东，所以古时“左”还指东边、东面，如江东又称“江左”，淮河以东又称“淮左”，山东又称“山左”，东海又称“左海”。“左”还引申为旁边的意义，如“道左、左近、左邻右舍”。

古人崇右，以右为尊、为上，以左为卑、为下，如“左丞相”低于“右丞相”，“左官、左迁、左降、左黜”指降官贬职。“左”又引申出固执、偏斜、错误等意义，如“左性、左脾气、左嗓子、旁门左道、意见相左”。现在“左”还有思想进步或激进的意义，如“左派、左倾、左翼、左联”。

“左”后来主要用作方位词，佐助辅佐的意义就另造“佐”字来表示了。

初夏

（唐代）陆游

槐柳成荫雨洗尘，樱桃乳酪并尝新。

古来江左多佳句，夏浅胜春最可人。

chā

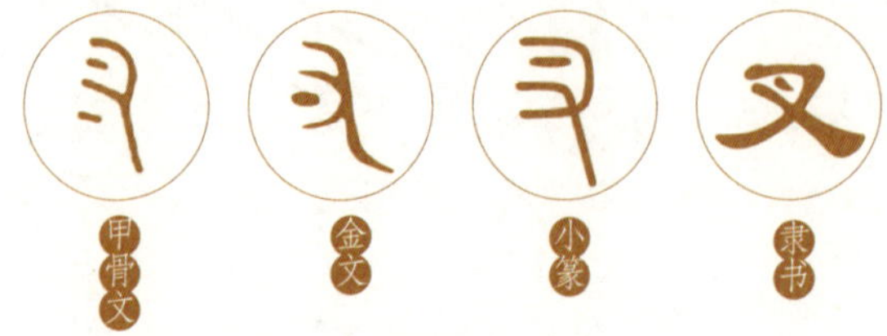

【笔顺】ㄱ又叉

【笔画数】3画

【部首】又（又部）

【结构】独体

【书写提示】“叉”三画，注意不要与“叉”相混。

【读音提示】“叉”又读作 chá、chǎ、chà。

【词语】四仰八叉

甲骨文中的“叉”像一只右手，手指之间的两点表示相错着的两个手指。整个字表示手指相错的意义；泛指交错，如“叉手、叉腰、交叉”；引申为一端有分叉（chà）、可以挑或刺东西的用具，如“叉子、叉竿、刀叉、鱼叉、粪叉、钢叉”。古代有一种上有分叉的兵器叫作“叉”，现在“叉”是武术中的一种长器械，顶端有两股叉或三股叉。“叉”又引申指两条直线相交而成的图形，如“打叉、表格里有个叉”等。“叉”还用作动词，表示用叉扎取物品，如“叉鱼、叉草”。表示以上意义时，“叉”都读作 chā。

“叉”是个多音字，也读作 chá，表示堵塞、卡住的意义，如“几辆车叉在一起了”；还读作 chǎ，表示分开成叉形的意义，如“叉着腿”；这两个读音多用于口语。“叉”又读作 chà，表示分支的意义，如“分叉、劈叉、多叉”。

yǐn

【笔顺】㇇ㄱ⺕尹

【笔画数】4 画

【部首】乙（乙部）

【结构】独体

【书写提示】“尹”中间一横右端要出头。

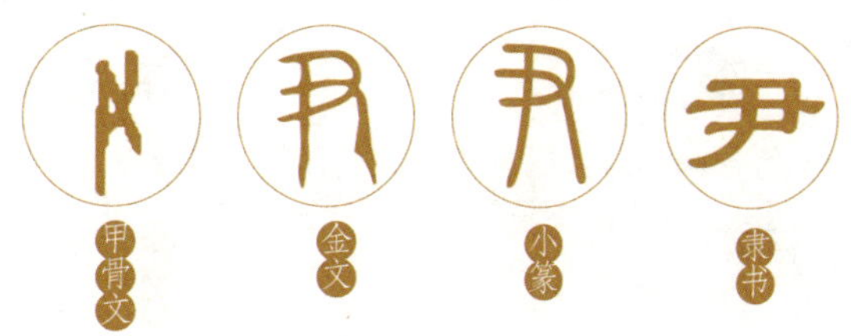

“尹”的甲骨文像一只手握着一支笔，如同执笔写字记事的样子。也有说法认为像一只手握着一根权杖，权杖象征着权力。古时只有能够读书识字、执笔记事的人才可以做官，无论以手执笔，还是手握权杖，“尹”的古字形都表示握有权力的人治理政务、管理事物的意义，如《左传》“以尹天下”，即治理天下；又如“尹京”即治理京畿。“尹”又用作名词，引申指治理政务的人，是古代高级文职官吏的名称，商代“尹”地位显赫，负责管理国家或君王的有关事务，相当于后世的“相”；周代“内史尹”是史官中地位比较重要的内史长官；先秦时期还有“令尹、府尹、左尹、右尹、京兆尹”等官名，“百尹”为百官之长。

“尹”现在只用于姓氏，其他的意义都消失不用了。尹姓主要来源于官职和封邑之名。

jūn

【笔顺】㇕⺕⺕尹尹君君

【笔画数】7画

【部首】口（口部）

【结构】半包围

【书写提示】“君”第二笔横的右端要出头。

【词语】伪君子 请君入瓮 梁上君子

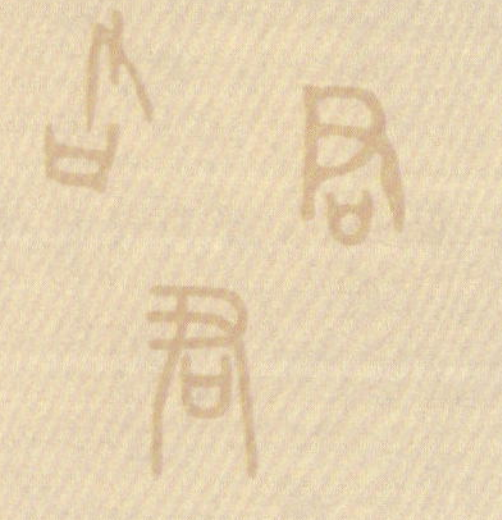

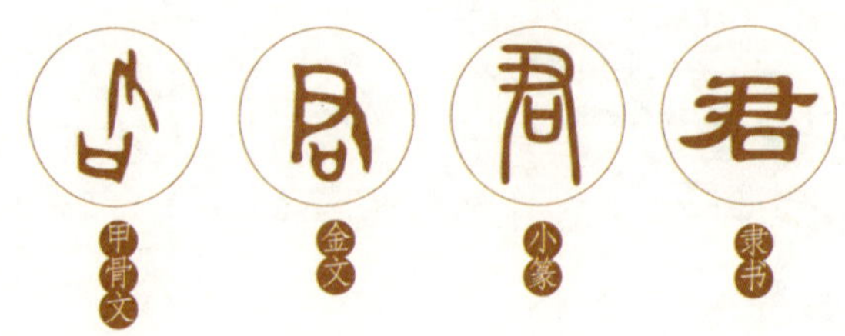

甲骨文中的“君”上面是尹，像手里拿着手杖的样子，手杖象征权力，表示治理、主管；下面是口，表示以口发布命令，如俗话所说“君子动口不动手”。“君”的本义是发号施令、掌权执政，如《诗经》“君之宗之”。“君”由此用作名词，引申为发号施令、掌权执政的人，即统治者，如《春秋繁露》“君也者，掌令者也”。最初“君”是拥有土地和权力的统治者的通称，如天子、诸侯、卿大夫等皆可称“君”，如《诗经》“克长克君”，《史记》“二十余君”；又如“尧舜之君、贤君、明君、昏君、暴君”。私有制产生以后，“君”渐渐指国家的最高统治者，如“国君、君王、君主、君臣”。

因为君者有至尊的地位，受人尊敬，“君”因此用作敬辞，表示对人的敬重，如《韩非子》“君有疾”，《世说新

语》“况君前途尚可”；又如“诸君、张君、请君光临”。“君”也用于妻子称呼丈夫，以示尊重，如杜甫《新婚别》“君行虽不远，守边赴河阳”；又如“夫君、郎君”。古代对有德行或地位高的人尊称为“君子”，与“小人、野人”相对，如《论语》“不亦君子乎”，《孟子》“君子有不战”，《荀子》“君子博学”；还有“正人君子”。

“君”还用作动词，表示统治的意义，如“君临天下”。

夜雨寄北

（唐代）李商隐

君问归期未有期，巴山夜雨涨秋池。

何当共剪西窗烛，却话巴山夜雨时。

fù

【笔顺】丿 八 父 父

【笔画数】4画

【部首】父（父部）

【结构】上下

【书写提示】“父”字上边是“八”，捺要写作点，不要错写成“人”。

【词语】父母官 父老兄弟 认贼作父

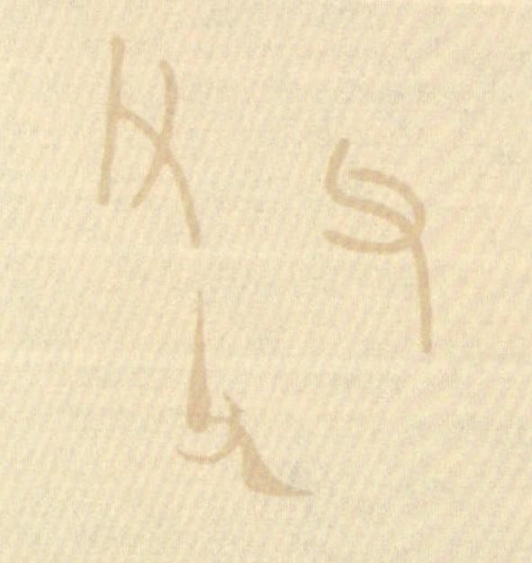

“父”的甲骨文字形像手持一根东西的样子，金文字形像手持一把石斧。“父”本义是石斧，是“斧”的本字。在远古时期石斧是原始人类重要的劳动工具，对原始人类开创生活具有重大意义。那时劳动或捕猎一般由成年男子承担，手持石斧劳动或猎捕的形象代表着力量，象征着勇气和胆量，因此格外受人尊重，于是“父”由石斧引申为持斧的人，代指值得敬重的男性——父亲，如《史记》“父母者，人之本也”；又如“父子、父兄、严父慈母”。

“父”的古字形形象地体现出古代男性在家庭中的分工与身份。在传统家庭中，父亲是一家之主，是家庭的顶梁柱，也是一家之中具有权力、制定规矩的人，父亲对每一个人、每一个家庭来说都是最为重要、也最值得尊敬的人，如《礼记》“父至尊也”“父者子之天也”，《韩非子》“父者，家之隆也”。

“父”的意义由父亲进一步泛化，指家族中的男性长辈，如“父辈、祖父、岳父、继父、养父、伯父、叔父、姑父、舅父”；引申指年老的男性，如“渔父、父老乡亲”。“父”又喻指事物的本源或事业的创始者，如“国父、氢弹之父、父母之邦”等。

“父”专用于引申意义后，人们在“父”下加“斤”，“斤”也是斧子，另造“斧”字来表示斧子的意义。

◎ 新石器时代鹳鱼石斧图彩陶缸

劝兄弟（其五）

（元代）陈樵

父慈子必孝，兄友弟须恭。
倘使诚心在，如何不感通。

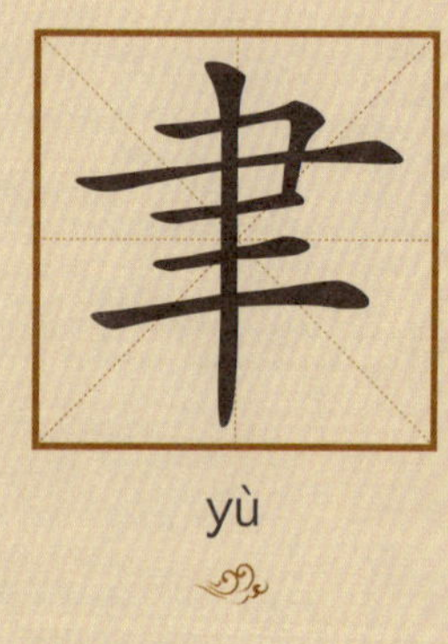

yù

【笔顺】㇕⺕⺕⺕⺕聿

【笔画数】6 画

【部首】聿（聿部）

【结构】独体

【书写提示】“聿”第二笔横的右端要出头。

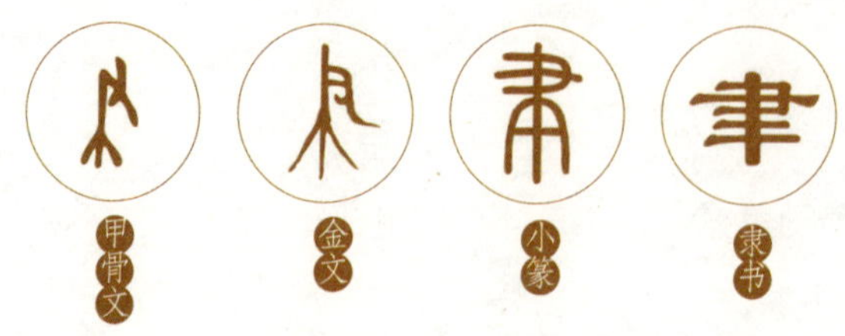

“聿”的甲骨文字形左边像一个下端分杈的树枝，又像一支下端扎着一撮兽毛的竹管；右上边是又，又是人的右手。整个字像右手执笔的样子，本义指毛笔，是“笔”的本字，如“口聿”即口笔，表示用口说的，用笔写的。“聿”后来借作助词，用于句首或句中，无实际意义，如《诗经》“无念尔祖，聿修厥德”。

秦代以后，人们给“聿”加上竹字头，造出“筆”字，这就是“笔”的繁体字。“笔”曾经是民间俗字，它笔画简单，很好地体现出我国传统书写工具——毛笔的特点，即竹制笔杆、动物毛制笔头，后来被确定为繁体“筆”的简化字。

从“聿”到“筆”再到“笔”，中华民族使用笔的历史至少已有数千年之久。最早的笔可能就是用树枝做成的，

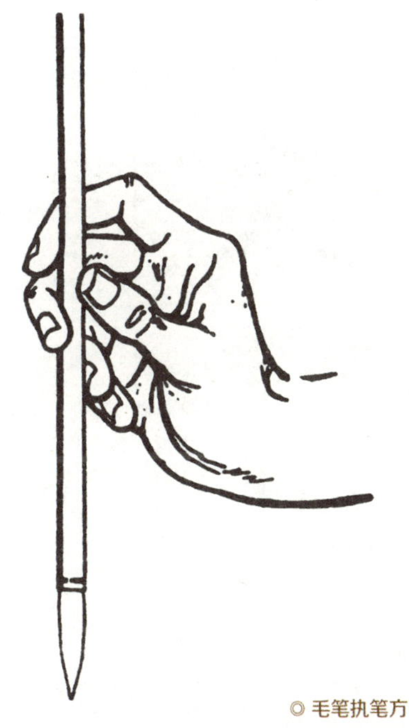
◎ 毛笔执笔方法

在五六千年前的新石器时代就已经有了毛笔，考古发掘出来的彩陶上的图画纹样就是用毛笔描绘的。三千多年前的商代甲骨文中有了笔的象形文字“聿”，甲骨上也有用毛笔写的字，当时人们先用毛笔在龟甲兽骨上打草稿，然后再用刀刻写。周代的毛笔与现在的毛笔已经基本没有什么区别了，笔杆用竹子、木杆做成，笔头用兔毛、鹿毛、羊毛等兽毛做成。目前我们能看到的最早的毛笔是战国时期的，笔杆为竹制，笔毛为兔毫。战国时期毛笔虽广泛使用，但名称各异，秦始皇统一中国以后才称作“笔（筆）”。

相传秦代名将蒙恬对笔加以改良，其制成的精致兔毫笔被称为“苍毫”。汉代蔡邕著《笔赋》一书，是中国制笔史上的第一部专著。唐代韩愈作《毛颖传》，为毛笔立传，笔自此有了“毛颖”的别称。我国浙江湖州历来生产优质毛笔，“湖笔”因此成为毛笔的代名词。笔和墨、纸、砚被称为“文房四宝”，是古代读书人必备的书写工具和书房陈设。中国人用毛笔书写汉字，形成了独一无二的中国书法艺术 。

作为单字，“聿”现在不再单独使用，但作为构字部件，仍用于一些常用字中，如“建、健、键、腱、毽、律、肆”等。

zhàng

【笔顺】一ナ丈

【笔画数】3画

【部首】一（横部）

【结构】独体

【书写提示】“丈”第三笔捺的上端要在横的下边、撇的左边，注意不要与“大”相混。

【词语】道高一尺，魔高一丈

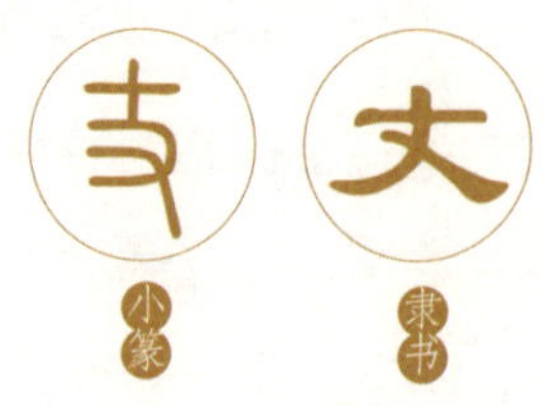

小篆中的“丈”上面是十，表示十尺；下面是又，表示手。古代长度单位采用十进位制，十寸为尺，十尺为丈，“丈”表示用手丈量的长度单位，长度是十尺，如《小尔雅》“度五尺为墨，倍墨谓之丈”，《后汉书》“遂成丈匹”；“丈二”即一丈二尺，“丈数、丈把”即一丈多；又如“万丈深渊、一落千丈”。

印度佛教僧房以一丈见方为制，佛教传到中国后，佛寺住持的居室依此制也为一丈见方，“方丈”即借指住持居住的斗室，又用作禅林住持的尊称。古代讲学的先生与听讲的学生坐席之间相距一丈有余，“函丈”即代指讲学的坐席，“函”为容纳之义；也用作老师或前辈先贤的敬称。

按照古代的尺码，成年男性的身高约为一丈高，所谓“身高一丈之夫”，因此古人把成年男性称为“丈夫”，身材

高大伟岸的男子就被称为“大丈夫”，男子汉是“丈夫汉、丈夫儿”，而女中豪杰就是“丈夫女”。“丈”又用作对男性的敬称，如妻子对自己的夫婿尊称为“丈夫”，对姑、姨、姐、妹之夫尊称为“姑丈、姨丈、姐丈、妹丈”。老年人需要持杖而行，“丈”也借指老年男性，如《论语》“遇丈人，以杖荷莜”，又如“老丈”；还用作对长辈的敬称，如对妻子的父母尊称为“岳丈、丈人、丈母”。

作为长度单位，“丈”可以用来测量长度，由此用作动词，表示测量的意义，如“丈量、丈田、丈地、清丈”。

◎ 汉代画像砖上拄杖老者的形象

秋浦歌（其十五）

（唐代）李白

白发三千丈，缘愁似个长。

不知明镜里，何处得秋霜。

zhī

【笔顺】一 十 ⺘ 支

【笔画数】4 画

【部首】又（又部）

【结构】上下

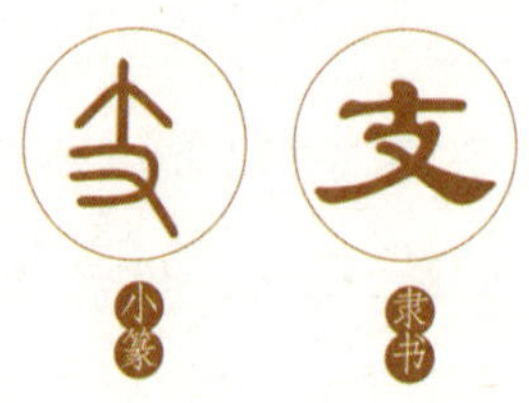

小篆中的“支”上面是半个竹，表示竹枝；下面是又，表示手。整个字像手拿竹枝的样子，表示植物的枝条，是“枝”的本字，如《诗经》“芄兰之支”，《汉书》“支叶茂接”。“支”由此引申指主题分出的一部分，如《诗经》“文王孙子，本支百世”；又如“分支、支脉、支流、支线、支系、支胄、支离破碎”。“支”也引申指肢体，如《周易》“畅于四支”，《淮南子》“四支不勤”，这个意义后来写作“肢”。“支”又是地支的简称，如“干支”。

“支”也用作动词，表示承受、撑得住的意义，如《国语》“其君臣上下，皆知其资财之不足以支长久也”；又如“支柱、支点、支架、支撑、支援、支前、支着脑袋、体力不支、乐不可支”。“支”还表示分开、指使、处理等意义，如“支开、支解、支使、支派、

支理、支付、支离破碎”；又表示抵触、搪塞的意义，如“支吾其词、支支吾吾”。

“支”还用作量词，用于杆状的东西以及队伍、歌曲、棉纱等，如“三支笔、两支枪、一支队伍、两支曲子”等。

“支”后来多用于引申意义，本义便用后造的“枝”字来表示了。

黄河

（宋代）王安石

派出昆仑五色流，一支黄浊贯中州。

吹沙走浪几千里，转侧屋闾无处求。

yǒu

【笔顺】一ナオ冇有有

【笔画数】6画

【部首】月（月部）

【结构】半包围

【词语】有板有眼　有口皆碑　有目共睹　有求必应　有恃无恐　有眼无珠　大有作为

金文中的“有”右边是又，又是手；左下边是肉。在古代吃饱是人生第一要事，野兽的肉是人类的主要食物，对于远古时代的人类来说，有肉便是真正的拥有了。“有”像一只手里有一块肉，表示拥有的意义，与“无”相对，如《左传》“有备无患”，《吕氏春秋》“有道之士”；又如“具有、持有、握有、有力、有为、有名、有气无力、有头有尾、有的放矢、有来无回”。

“有”由此引申为存在的意义，如《诗经》“东有启明，西有长庚”，《老子》“天下万物生于有，有生于无”；又如“有害、有望、有趣、有味道、有案可稽、有利可图、桌上有书”。远古氏族部落的名称如“有虞氏、有巢氏、有夏氏”等中的“有”就表示氏族还存在，当这一氏族消亡了，也就不再如此称呼了，如夏朝灭亡后，“有夏氏”改称为“夏后氏”。“有”还引申为获得、取得的意义，如“有功、有名、据而有之、有福同享、有难同当”；又引申为发生、出现的意义，如“有变、有病、有雨、有罪、有问题、有进步”。

“有”也表示不确定或一部分，如“有人、有时、有天晚上”；还表示过去一个或一段时间，如“有一次、有一天、有一年”；又表示大或多，如“有本事、有了年纪”。“有”还用作副词，用于动词前表示客气，如“有请、有烦、有劳”。“有”在古代又用作词缀，位于词首，无实际意义，如《荀子》“舜伐有苗”“汤代有夏”。

赠花卿

（唐代）杜甫

锦城丝管日纷纷，半入江风半入云。

此曲只应天上有，人间能得几回闻。

夺

duó

【笔顺】一ナ大仧夺夺

【笔画数】6 画

【部首】大（大部）

【结构】上下

【词语】喧宾夺主 巧取豪夺

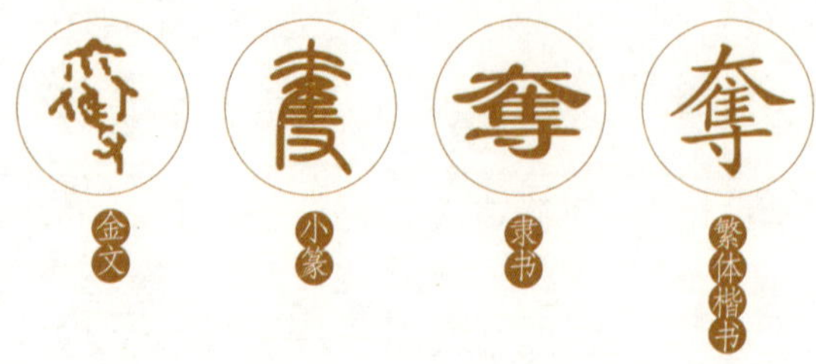

金文中的“夺”上面是雀，像一只小鸟；雀的外面是衣，表示用衣服捕捉鸟雀；下面是又，又是人的手。整个字像用衣服捕捉到的鸟雀正要从手中飞走的样子，表示失去手中之鸟的意义。在小篆中衣变成了大，繁体字即源于此。“夺”由此泛指失去、丧失的意义，如《荀子》“勿夺农时”，《论语》“三军可夺帅，匹夫不可夺志”；又如“剥夺、褫（chǐ）夺、夺爵、夺俸”。

“夺”含有用衣服捕捉之意，因此又引申为强取的意义，如《史记》“秦王度之，终不可夺”“夺项王天下者，必沛公也”；又如“夺取、抢夺、争夺、掠夺、拔城夺邑、强词夺理”。“夺”还引申为争抢、争先取得的意义，如“夺冠、夺魁、夺金、夺标、争分夺秒”；也引申为胜过、压过的意义，如“巧夺天工、先声夺人、光彩夺目”。“夺”又表示冲出、用力冲开的意义，如“夺门而出、夺路而逃、夺眶而出”；还表示决定、拍板的意义，如“定夺、裁夺”。

“夺”的繁体字结构复杂，笔画较多，简化字减去了中间的隹，保留了上面的大和下面的寸，写作“夺”。

山舍南溪小桃花

（唐代）李九龄

一树繁英夺眼红，开时先合占东风。

可怜地僻无人赏，抛掷深山乱木中。

jí

【笔顺】丿 乃 及

【笔画数】3 画

【部首】丿（撇部）

【结构】独体

【书写提示】“及”三画，注意不要与“乃”相混。

【词语】及时雨　迫不及待　措手不及　过犹不及　力所能及　有过之而无不及

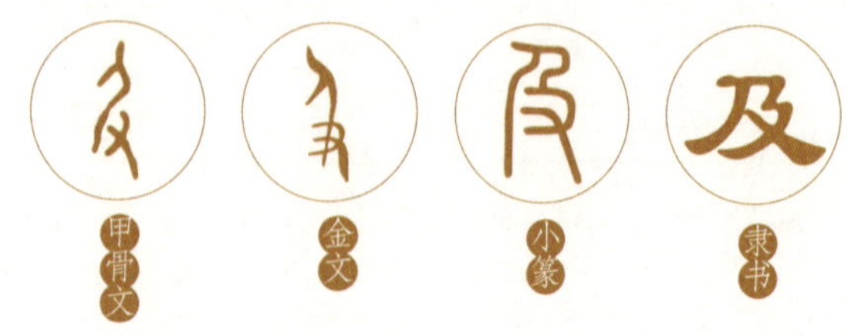

“及”的甲骨文字形上面是人；下面是又，又是手。整个字像一只手从背后抓住前面的人，表示后面的人追上前面的人，并用手把他抓住的意义。“及”的本义是追赶、追上并抓住，如《史记》“使人追宋义子，及之齐，杀之”；又如“及时、及早、企及、来得及、望尘莫及”。

“及”由此引申为达到、到达的意义，如《左传》“不及黄泉，无相见也”“及诸河，则在舟中矣”；古代科举考试有“及第”的说法，张榜公布考试结果时要分为甲乙等次，“及第”就是达到标准，考试中选；又如“及冠、及期、及格、及至、论及、涉及、推及、由表及里、鞭长莫及”。“及”还引申为比得上的意义，如《战国策》“徐公何能及君也”，韩愈《师说》“其贤不及孔子”；又引申为关联、连累的意义，如《孟子》“老吾老以及人之老”，《汉书》“事

如此，此必及我”；还有成语“城门失火，殃及池鱼”。

“及”也用作连词，表示并列关系，如“以及”“阳光、空气及水”等。

偈颂（其三十二）

（宋代）释了惠

霜蹄一跃趁春风，看尽深红及浅红。

鞭影未摇归路活，杜鹃声在夕阳中。

cǎi

【笔顺】

【笔画数】8 画

【部首】爫（爫部）

【结构】上下

【书写提示】“采”第三笔点和下边的竖不要连成一笔；下边的“木”中间一竖不带钩。

【词语】采薪之忧　神采奕奕

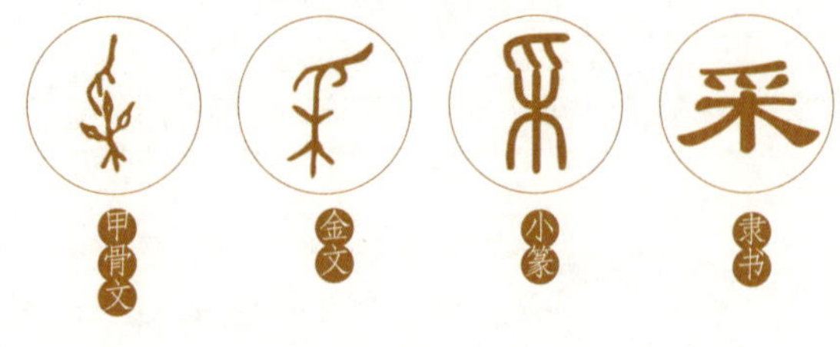

“采”的甲骨文字形上面是爪，像人的手在抓取什么的样子；下面是长着果实的树。整个字像一只手伸向树上成熟的果子，表示用手摘取果子的意义；泛指摘取、收集，《诗经》“采薇采薇”“趋以采芣”“参差荇菜，左右采之”中的“采”用的都是本义，又如“采摘、采取、采撷、采花、采桑、采茶”。

“采”由此引申为寻找、搜集、选取等意义，如“采诗、采集、采访、采购、博采众长、广收博采”。中国古代官府曾有“采风”活动，“风”指民间歌谣。据古书记载，周代设有采诗之官，每年春天深入民间采集各地民歌，将收集来的反映民间欢乐疾苦的歌谣整理后演唱给周天子听，以此作为统治者施政的参考，我国第一部诗歌总集《诗经》中的大多数诗篇就是当时采集到的各地民歌。

“采”又引申为挖掘、开发、利用等意义，如“采掘、采薪、采金、采珠、采矿、采纳、采用、采写、采访”。

“采”还用作名词，指多种颜色的丝织品，如《论贵粟书》“衣必文采，食必粱肉”，“文采”指有着美丽花纹的彩色丝织品；又泛指丰富的色彩，即彩色，这个意义后来写作“彩”。“采”由色彩还引申指人的神色、精神，如“风采依旧、神采飞扬、兴高采烈、无精打采”。

“采”在古代又指诸侯分封给卿大夫的土地，读作 cài，如“采地、采邑”。

相思

（唐代）王维

红豆生南国，春来发几枝。

愿君多采撷，此物最相思。

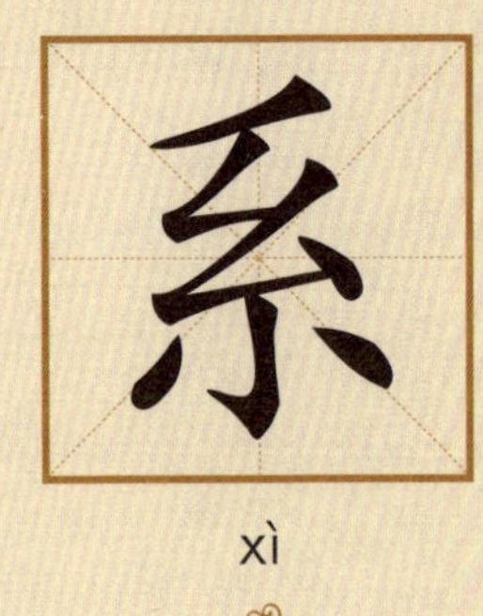

xì

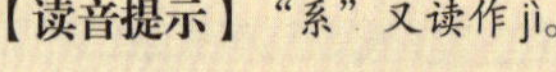

【笔顺】

【笔画数】7画

【部首】糸（紧字底部）

【结构】上下

【书写提示】“系”字第一笔是撇，不要错写成横；下边是“小”，中间一竖要带钩。

【读音提示】“系”又读作jì。

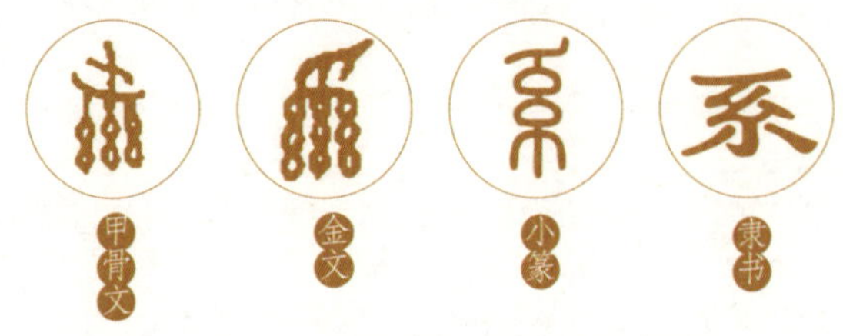

甲骨文中的“系”上面是爪，像一只朝下抓的手；下面像一根绳子上有三束绞在一起的丝绳，三代表多数。整个字像一只手拿着几束丝绳的样子，表示上下连缀、悬挂的意义，如《荀子》“以羽为巢，而编之以发，系之苇苕”。“系”由此引申为用绳索拴、绑的意义，如《国语》“系妻孥”，《过秦论》“俯首系颈”；又如“系缚、系舟、系腰、系衣扣、系鞋带”。“系”还引申为关联、牵涉、牵挂等意义，如《孟子》“系累其子弟”，《史记》“系心怀王”；还有“关系、联系、维系、系念、系恋、心系天下、系人情思”。“系”又表示肯定判断的意义，相当于“是”，如“确系事实、老舍系满族人”。

“系”也用作名词，表示相关联的整体，如“系列、系统、系别、体系、谱系、派系、星系、嫡系、直系亲属”；

又表示学科分类、高等学校中心教学行政单位，如“汉藏语系、中文系”等。

“系”的繁简字体对应关系比较复杂，又是个多音字，在使用中需要特别加以注意，在繁简字体转换时不要张冠李戴。当“系”读作 xì 时，在表示系统、学科分类、教学行政单位等意义时，繁体字仍作“系”；在表示关联、牵涉、肯定判断等意义时，繁体字写作“係”；在表示连缀、悬挂、牵挂等意义时，繁体字写作“繫”。而当“系”读作 jì 时，只表示用绳捆绑、打结等意义，繁体字也写作“繫”。

秋兴（其一）

（唐代）杜甫

玉露凋伤枫树林，巫山巫峡气萧森。

江间波浪兼天涌，塞上风云接地阴。

丛菊两开他日泪，孤舟一系故园心。

寒衣处处催刀尺，白帝城高急暮砧。

zhěng

【笔顺】一 丆 丙 丙 由 申 束 束 束 束 敕 敕 敕 整 整 整

【笔画数】16 画

【部首】攵（反文部）

【结构】上下

【书写提示】“整”左上边是“束”，中间一竖不带钩；右上边是四画的“攵”，不要错写成三画的“夂”。

金文中的“整”左上边是束，像捆扎起来的树枝、柴草；左下边是正，表示端正，兼作声旁；右边像手持木杖的样子。整个字表示手持木杖敲打使物体摆放规整，本义是强力使其整齐、端正的意义，如《礼记》“整设于屏外”，“整设”即整齐阵列的意思；《左传》“以乱易整”，《史记》“其次整齐之”；又如“整队、整身、整洁、齐整、平整、衣冠不整”。

“整”由此引申为收拾、治理的意义，如《后汉书》“整法度”，又如“整理、整顿、整治、整饬、整风、整编、整枝、整装待发、重整旗鼓”；还引申为修理、修饰的意义，如“整补、整修、整容、整形、整旧如新”；又引申为准备的意义，如“整驾、整备车辆、整一桌酒席”。在现代汉语口语中，“整”还有折磨人、使人吃苦头的意义，如“整人、

把他整得够呛”等。

“整”也表示全部的、齐备的、没有残缺或零头的意义，如“完整、整体、整个、整天、整数、整整、整夜不归、化整为零、一千元整”。

祭社宵兴灯前偶作

（唐代）白居易

城头传鼓角，灯下整衣冠。
夜镜藏须白，秋泉漱齿寒。
欲将闲送老，须着病辞官。
更待年终后，支持归计看。

shū

【笔顺】丨 ⺊ ⺊ 丬 丬 尗 尗 叔

【笔画数】8 画

【部首】又（又部）

【结构】左右

【书写提示】“叔”左上边是“上”，不要错写成“止”；左下边是“小”，中间一竖要带钩。

金文中的“叔”左边是尗，上面像枝茎上结的豆荚，下面的小点是豆荚成熟裂开后散落的豆子；右边是又，又是人的手。整个字表示用手拾取散落在地上的豆子。“叔”的本义是拾取豆粒；泛指拾取，如《诗经》“九月叔苴”即九月拾麻籽。“叔”由拾取豆粒引申指豆子，如《庄子》“衣以文秀，食以刍叔”，“刍”即喂牲口的草，“叔”即豆，在这里指豆类植物的茎杆，“刍叔”是喂牲口的草料；这个意义后来写作“菽”，如“禾菽、戎菽、禾麻菽麦”，“菽酱汁”就是大豆发酵酿制而成的酱油。

同一豆荚中顺序生长着一排豆子，“叔”又喻指兄弟之间的长幼顺序，在伯、仲、叔、季中排第三；由此用作称谓，称父亲的弟弟，如“叔父、叔伯、叔侄”；还用作尊称，用于男性年长者或丈夫的弟弟，如“大叔、小叔子”等。

kòu

【笔顺】丶丷宀宀宀宀宄宄宄宼寇

【笔画数】11 画

【部首】宀（宝盖部）

【结构】上下

【书写提示】“寇”字上边是宝盖，不要错写成秃宝盖；注意不要与“冠”相混。

“寇”的金文字形外面是宝盖，表示房屋；里面左边是元，表示人的头部，右边是一只手拿着一个器械的样子。整个字像盗贼手持器械闯入室内袭击主人头部，表示侵犯、施暴的意义，如《吕氏春秋》“大兵不寇”；又如“寇戎”指入侵的敌军，“寇剽、寇窃”指抢劫。“寇”还用作名词，表示入侵的盗贼，如“寇盗、寇贼、贼寇”；也表示入侵的敌人，如“寇仇、寇敌、残寇、穷寇、敌寇、外寇、倭寇、寇众我寡”等。

出塞曲

（唐代）贾至

万里平沙一聚尘，南飞羽檄北来人。

传道五原烽火急，单于昨夜寇新秦。

guān

【笔顺】丶冖冖冖冖冖冠冠冠

【笔画数】9画

【部首】冖（秃宝盖部）

【结构】上下

【书写提示】“冠”上边是秃宝盖，不要错写成宝盖；注意不要与“寇”相混。

【读音提示】“冠”又读作guàn。

【词语】衣冠冢　冠盖如云　冠冕堂皇　弹冠相庆　衣冠禽兽　张冠李戴

小篆中的“冠”外面是秃宝盖，表示覆盖之义，在这里指帽子；里面的左边是元，表示人头，右边是寸，表示手。整个字表示手拿着用于覆盖的布帛之物戴在头上，是帽子的意义，读作guān，如《仪礼》“缁布冠”，“缁（zī）布”即黑色的布；《史记》“怒发上冲冠”；又如“冠冕、布冠、皇冠、王冠、峨冠博带、凤冠霞帔、衣冠楚楚”。

古代可不是人人都能戴冠的，只有具有一定身份地位的人才有资格戴冠，冠标志着人的尊卑地位，如《礼记》“冠至尊也”。古代冠的种类很多，不同的身份等级、不同的场合所戴之冠都有着严格的规定，如有违背，就是僭（jiàn）越之罪，有可能招来杀身之祸。“冠”由帽子引申为顶端，如“群芳之冠”；也泛指像帽子的东西，如“花冠、树冠、鸡冠、冠状动脉”。

“冠”又用作动词，表示戴帽子，读作 guàn，如《战国策》“孟尝君怪其疾也，衣冠而见之”，“衣冠”指穿衣戴冠。有成语“沐猴而冠”，“沐猴”即猕猴，说的是猕猴戴帽子装成人的样子，比喻表面装得像人，实际并不像。古时男孩子是不戴冠的，年满二十岁时，父母要为其举行加冠仪式，将少儿时代披散的头发束起来，贵族子弟戴冠，平民子弟戴巾，表示已经成年，这就是中国古代的“冠礼”。冠礼是古代男孩子的成人礼，极受重视，加冠之时要隆重设宴，亲友们都要前来祝贺；加冠之后就可以谈婚论嫁，也可以另取字号了，如《礼记》“男子二十冠而字”。“冠岁”指男子二十岁，“弱冠”是刚及成年，“冠子、冠士、冠者”是行过冠礼的成年男子。

冠戴在头顶，处于人体最高部位，因此“冠”又引申为超出众人、位居第一、居于前端等意义，如《史记》“位冠群臣”，又如“冠军、冠首、夺冠、冠夫姓、勇冠三军”等。

君子行

（魏晋）曹植

君子防未然，不处嫌疑间。

瓜田不纳履，李下不整冠。

◎ 商代玉人

yǒu

【笔顺】一ナ方友

【笔画数】4画

【部首】又（又部）

【结构】半包围

【词语】良师益友

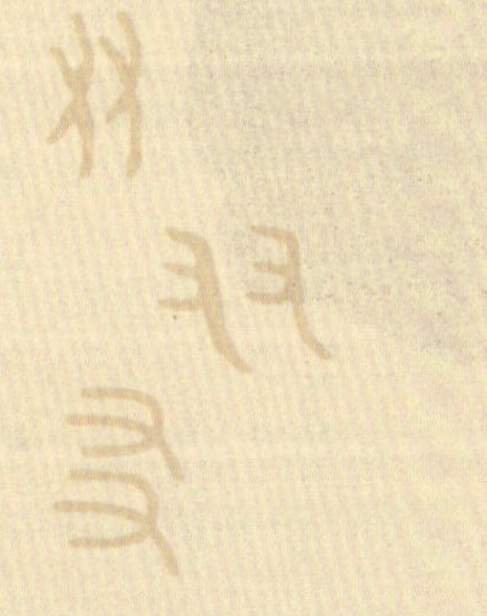

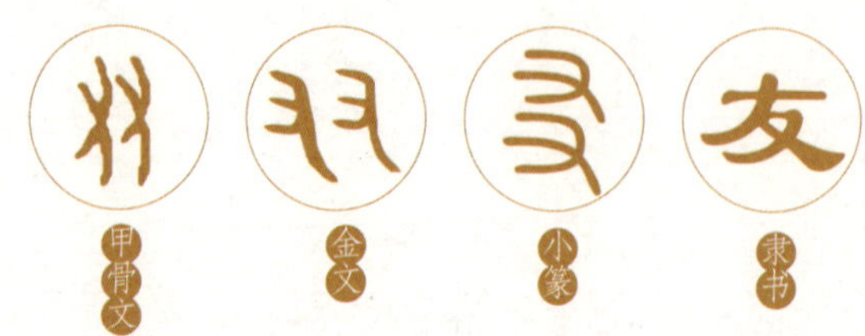

甲骨文中的“友”是左右两个又，又是人的右手。两只右手左右并列，紧紧相靠，像两人都伸出右手紧紧相握的样子，表示有亲密关系和深厚友情的人，如“挚友、良友、密友、畏友、诤友、战友、亲友”。上古时期“友”指关系亲密、志同道合的人，即“同志曰友”；“朋”指师从同一个老师学习的人，即“同门曰朋”；渐渐地“朋”与“友”意义趋同，组成“朋友”，指志同道合、同甘共苦的人，如《周易》“君子以朋友讲习”。

“友”由此引申为彼此亲密和睦的意义，如“友好、友爱、友善、友邻、友邦、友人、友谊、出入相友”。《荀子》说：“择良友而友之。”其中第一个“友”指朋友，第二个“友”指友好、友爱。“友”由朋友又借指兄弟，如“友于之谊”指兄弟之间的情谊；也指经常在一起的玩伴，如“棋友、酒友、赌友、网友”；也指同一机构组织的成员，如“工友、农友、校友”等。

城西别元九

（唐代）白居易

城西三月三十日，别友辞春两恨多。

帝里却归犹寂寞，通州独去又如何。

◎ 元代王振鹏《伯牙鼓琴图》

shòu

【笔顺】丿 ⺈ ⺈ 爫 爫 爫 ⺥ 受

【笔画数】8 画

【部首】又（又部）

【结构】上下

【书写提示】“受”字下边是“又”，注意不要与“爱”相混。

【词语】受制于人　临危受命　自作自受

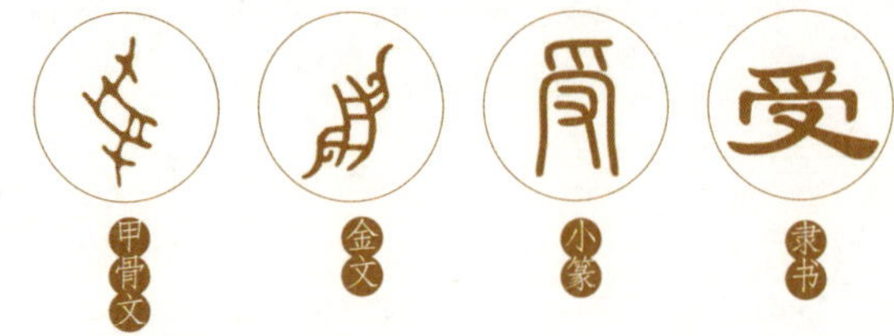

甲骨文中的“受”上下是两只手；中间是一只舟，舟即船。整个字像两只手各自抓住船，表示两个人用手传递船上的物品。

“受”的本义含有给予、接纳两重意义，表示给予的意义如“受禄、受官、受以王命、传道受业解惑”等，这个意义后来写作“授”；表示接纳的意义如“接受、承受、受益、受教、受托、受降、受礼、受贿、受爵、受孕”等。“受”由接纳引申为遭到的意义，如“受饥、受冻、受气、受害、受骗、受挫、受惊、受辱、受伤、受敌、蒙受、遭受”；还引申为忍耐的意义，如“受苦、受难、受累、受刑、忍受、难受”；又引申为得到的意义，如“享受、受到、受奖、受宠若惊”。

后来“受”专用于表示接纳的意义，而给予的意义人们用后造的“授”字来表示。在现代汉语中，“受”与“授”在用法上有不同的分工，使用时要注意分辨。“受”表示接到东西，如以上各例；“授”表示给人东西，如“授予、授权、授意、授奖、授旗、授衔、传授”等。

点绛唇

（宋代）辛弃疾

隐隐轻雷，雨声不受春回护。
落梅如许，吹尽墙边去。
春水无情，碍断溪南路。
凭谁诉？寄声传语，没个人知处。

zhēng

【笔顺】⺈ ⺈ 刍 刍 刍 争

【笔画数】6画

【部首】𠂊（𠂊部）

【结构】上下

【书写提示】“争”第四笔横的右端要出头，中间一竖要带钩。

【词语】争分夺秒 争风吃醋 争奇斗妍 争强好胜 争先恐后 力争上游 一争高低 只争朝夕 百舸争流

甲骨文中的“争”上面是一只手朝下，下面是一只手朝上，中间的曲笔表示某一物体。整个字像两人用手抢夺物品，互不相让，表示力求得到的意义，如《墨子》“争所有余”，又如“争夺、争权夺利”；引申为各执己见的意义，如《礼记》“分争辩讼”；又引申为较量、对抗、比拼的意义，如《史记》“虽与日月争光可也”。

钱塘湖春行

（唐代）白居易

孤山寺北贾亭西，水面初平云脚低。
几处早莺争暖树，谁家新燕啄春泥。
乱花渐欲迷人眼，浅草才能没马蹄。
最爱湖东行不足，绿杨阴里白沙堤。

gòng

【笔顺】一 十 廾 丑 共 共

【笔画数】6 画

【部首】八（八部）

【结构】上下

【词语】不共戴天 同甘共苦 有目共睹 同舟共济 患难与共

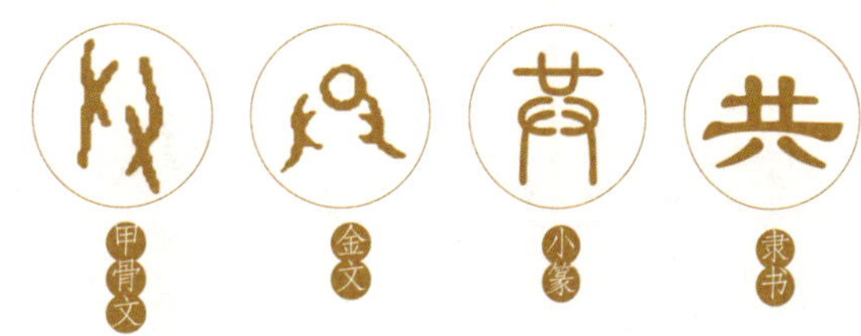

甲骨文中的“共”像双手朝上的样子。金文中的“共”双手还捧着贵重的物品，像供奉神灵的样子。整个字表示双手捧物，以珍品供奉的意义，是“供”的本字，“共奉”即“供奉”，如《左传》“王祭不共”，后来这个意义写作“供”。双手齐举奉物含共同、共有之意，“共”由此引申为共同、共有等意义，如《庄子》“共其德也”，又如“共享、共鸣”；还引申为总计，如“共计、总共”等。

“共”又用作介词，王勃《滕王阁序》中有一名句“落霞与孤鹜齐飞，秋水共长天一色”，“共”“与”互用，意义相同。

nòng

【笔顺】一 二 干 王 王 弄 弄

【笔画数】7 画

【部首】廾（弄字底部）

【结构】上下

【书写提示】“弄”字下边是“廾”，不要错写成一横两竖。

【读音提示】“弄”又读作lònɡ。

【词语】弄潮儿 弄假成真 含饴弄孙 舞文弄墨 造化弄人 装神弄鬼

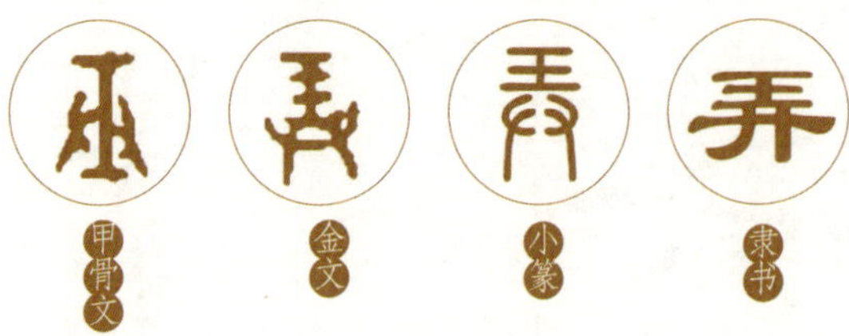

“弄”在甲骨文中左右是两只手，中间是玉，表示双手持玉。在金文中玉在上，两只手在下，表示双手捧玉。“弄”的本义是双手持玉把玩；泛指把玩的意义，如《汉书》“高祖持御史大夫印，弄之”；又如“弄玉、弄刀、摆弄、舞弄、舞枪弄棒”。

古人重男轻女，家里生下男孩子，被当作宝贝，让他睡在床上，给他玩玉制的礼器——璋，正如“弄”的古字形所表现的那样，预祝他长大有出息，将来执圭璧，成为王侯将相；生下女孩子，则让她睡在地上，给她玩陶制的纺锤——瓦，预祝她长大后精于女红，成为干家务的好手和贤妻良母。于是“弄璋”“弄瓦”成了生男、生女的代称，《诗经》说：“载弄之璋，载弄之瓦。”后来人们用“弄璋之喜”和“弄瓦之喜”祝贺亲友家中喜获龙凤。儿童

所玩之物体现出男女地位的巨大差距，可见古代社会男尊女卑的观念是何等天经地义与根深蒂固。

“弄”由此引申为玩赏、观赏，如“弄潮、弄月”；还引申为演奏，如“弄笛”；又引申为戏耍、欺侮，如《左传》“愚弄其民”，又如“弄臣、弄权、戏弄、玩弄、嘲弄、作弄、捉弄、愚弄”。“弄”还表示做、取得、搅乱等意义，如“弄点饭、弄头发、弄妆、搔首弄姿、弄些钱、弄清楚、弄虚作假、弄巧成拙、弄得人心惶惶”等。

“弄”是多音字，又读作 lòng，表示通道、巷子的意义，如“里弄、弄堂、弄子”。

眼儿媚

（宋代）王雱

杨柳丝丝弄轻柔，烟缕织成愁。

海棠未雨，梨花先雪，一半春休。

而今往事难重省，归梦绕秦楼。

相思只在：丁香枝上，豆蔻梢头。

suǒ

【笔顺】索

【笔画数】10画

【部首】十（十部）

【结构】上中下

【书写提示】“索”最下边是“小”，中间一竖要带钩。

甲骨文中的“索”中间是糸（mì），像绞成一束的粗粗的绳子；绳子两侧的下边是两只手，表示双手，上端的小点表示绳头纤维的碎屑；整个字表示用双手搓制粗大的绳子。金文的“索”外面表示房屋，强调在屋子里编制绳索的含义。

“索”的本义是粗大的绳子，如《小尔雅》“大者谓之索，小者谓之绳”；泛指绳索，如“苇索、悬索”。相传伏羲氏擅制绳索，曾教民众

◎ 新石器时代绳索纹双耳彩陶罐

结网捕鱼。“索”由绳索引申为链子、链条，如“索桥、索道、铁索、钢索、绞索”；又引申为法度，如《左传》“皆启以商政，疆以周索”，“周索”指周代的法度。

“索”还用作动词，表示用绳索勒住、绑住的意义，如《左传》“以索马牛”；也表示搜寻、探求的意义，如屈原《离骚》中 的名句“路漫漫其修远兮，吾将上下而求索”;《汉书》“举国大索”“大索天下”；成语“按图索骥”即指按照纸上的画像去寻找好马，比喻按照线索寻求事物，或按规矩办事缺乏创新；还有“搜索、探索、思索、摸索、索隐”。“索”又表示选用、强取等意义，如“检索、索引、索取、索还、索赔、索要、索贿、索命、勒索”。

“索”也表示孤独的意义，如《礼记》“吾离群而索居，亦已久矣”，成语“离群索居”即出于此；还表示单调、乏味的意义，如“萧索、兴致索然、索然无味”；又表示干脆、直接的意义，如“索性、利索”等。

丑奴儿

（宋代）辛弃疾

年年索尽梅花笑，疏影黄昏。

疏影黄昏。

香满东风月一痕。

清诗冷落无人寄，雪艳冰魂。

雪艳冰魂。

浮玉溪头烟树村。

bāi

【笔顺】

【笔画数】12 画

【部首】手（手部）

【结构】左中右

【书写提示】“掰”字左边的“手”最后一笔竖钩要写作撇；中间的“分”上边是“八”，不要错写成“人”。

【词语】分斤掰两

隶书

“掰”是个后起字，两边是两个手；中间是分，表示分开、一分为二。“掰”的本义是用双手把东西分成两份；引申为分开、折断的意义，如“掰开、掰断、掰玉米”。“掰腕子”指两人互相握住对方的一只手，以腕力扳倒对方为胜的一种比赛。中国人常常用手指头辅助记数，因此“掰着指头”表示弯着一个个手指头计数或计算时间，如“掰着指头跟他一一道来、掰着指头过日子、跟外国人得掰着指头比画”。

“掰”由分开又引申为两人因关系不好而分手、分开，如“她俩原来挺好的，现在掰了”；由分开引申为张开，如《红楼梦》“时常掰着嘴儿说一阵，劝一阵，哭一阵”；又引申为说、分析、辨别等意义，如“瞎掰、掰扯、掰开揉碎、跟他掰了半天”等。“掰”多用于口语。

chéng

【笔顺】㇇了孑孑氶丞

【笔画数】6画

【部首】一（一部）

【结构】上下

【书写提示】“丞”字中间的“了”两画，不要把第一笔和第二笔连成一笔，错写成一画；也不要把第三笔错分成两笔，把第四笔和第五笔错连成一笔。

甲骨文中的“丞”外面的半圆框像一个大坑，里面有一人跪坐其中，人的上面是两个又，即两只手；整个字像一个人陷落于深坑之中，上面有人正要用双手把他拉上来。金文没有了大坑，下面是两只手，上面是一个人；整个字像人用双手托举、拯救于人的样子。“丞”本义是拯救、救助，是“拯”的本字，读作 zhěng。

“丞”又引申出辅助、辅佐的意义，读作 chéng，如“丞辅、丞弼”即辅佐、辅助。“丞”由此用作名词，表示辅佐的人，用作古代官吏名称，如“丞相”是古代辅佐君主处理国家大事的最高行政官员，又如“府丞、县丞、右丞、左丞”皆为副职官吏。“丞”的本义早已消失，引申意义也只见于古汉语。因“丞”多用于引申意义，又另造“拯”字来表示“丞”的本义。

xīng

【笔顺】丶 丷 丷 丷 ⺌ 兴

【笔画数】6画

【部首】八（八部）

【结构】上下

【读音提示】“兴”又读作xìng。

【词语】兴妖作怪　人丁兴旺　望洋兴叹

“兴”的甲骨文字形上下左右是四只手，中间像一种多柄的夯土筑墙用的劳动工具，需多人一起使用；整个字表现的是众人一起使劲举桩筑土的劳动场面。金文字形在中间加了一个口，表示发出抬起的口令；众人一边张嘴齐声喊着号子，一边一起用力举桩的情景跃然于眼前。

“兴”的本义是一起用力举起来；引申为起来的意义，如《诗经》“夙兴夜寐”“乃寝乃兴”，又如“兴起、兴风作浪、方兴未艾、水波不兴”。“兴”由此引申为开始、建立、发动、提倡等意义，如《周礼》“进贤兴功，已作邦国”，《孟子》“王兴甲兵”；又如“兴兵、兴学、兴办、兴建、兴师动众、兴修水利、兴利除弊、百废俱兴、大兴土木”。“兴”还引申为盛行、流行、旺盛等意义，与“衰、亡”相对，如《论语》“一言可以兴邦”，《三国志》“汉室可兴”；又如“时兴、新兴、振兴、复兴、中兴、兴旺、兴盛、兴隆、兴衰、兴亡”。“兴”又用作副词，表示或许的意义，如“兴许”。

“兴”是多音字，又读作 xìng，表示情趣、快乐等意义，如“高兴、尽兴、扫兴、兴奋、兴趣、兴致、兴高采烈、兴致勃勃”等。

南乡子·登京口北固亭有怀

（宋代）辛弃疾

何处望神州。

满眼风光北固楼。

千古兴亡多少事，悠悠。

不尽长江滚滚流。

年少万兜鍪。

坐断东南战未休。

天下英雄谁敌手，曹刘。

生子当如孙仲谋。

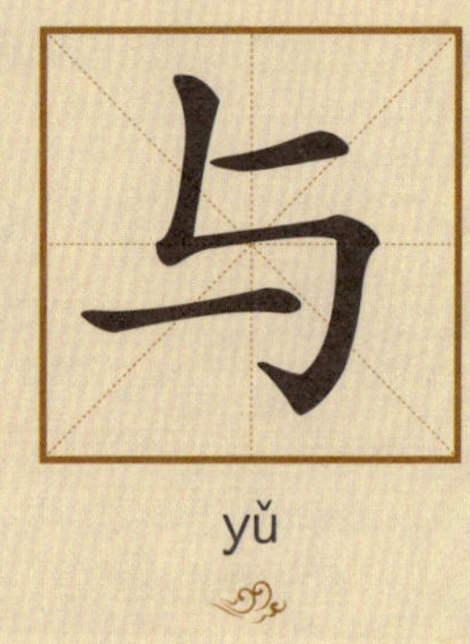

yǔ

【笔顺】¯ 与 与

【笔画数】3 画

【部首】一（横部）

【结构】独体

【书写提示】“与”三画，不要把第二笔错分成两笔或三笔。

【读音提示】“与”读作 yǔ，不要错读成 yú；“与”又读作 yù。

【词语】与人为善 生死与共

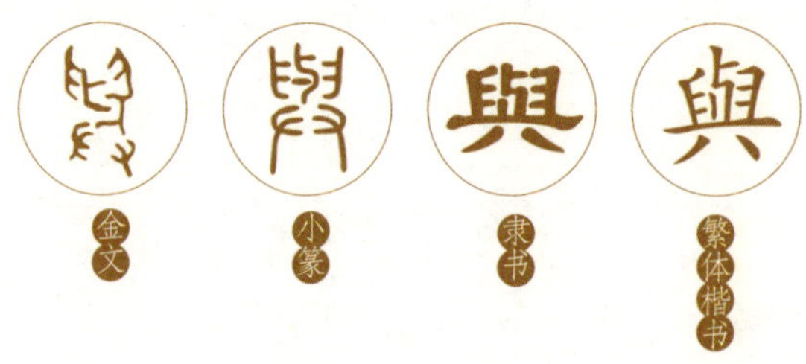

金文中的“与”上下左右是四只手，表示许多人用手共同抬起；中间是与，表示互相给予。整个字表示共同举起而互相给予，本义是朋友、朋党，如《史记》“敌多则力分，与多则兵强”，《汉书》“群臣连与成朋”；又如“党与”。

“与”又用作动词，表示给予的意义，如《论语》“日月逝矣，岁不我与”，《史记》“玉斗一双，欲与亚父”；又如“与夺、与人方便”。“与”还表示支持、帮助的意义，如《战国策》“君不与胜者，而与不胜者”；又如“与人为善、孤弱无与”。“与”又表示交往、结交的意义，如《国语》“桓公知天下诸侯多与己也”；“与国”是相互交好的国家，又如“相与、与共”。

“与”还用作介词，相当于“跟、和”，如“与日俱增、与世无争、与众不同、与虎谋皮”；也用作连词，相当

于“同、和”，如“与其、红与黑、人与自然、去与不去”等。“与”又用作助词，用于句末表示语气，古读 yú，如《论语》“求之与？抑与之与”，这个意义后来写作“欤”。

现在“与”是多音字，又读作 yù，表示参加的意义，如《左传》“蹇叔之子与师”，又如“参与、与会、与闻”。

晓出净慈寺送林子方

（宋代）杨万里

毕竟西湖六月中，风光不与四时同。

接天莲叶无穷碧，映日荷花别样红。

yú

【笔顺】ˊ 亻 ⺅ ⺅ ⺅ ⺅ ⺅ ⺅ 㠯 ... 舆

【笔画数】14 画

【部首】车（车部）

【结构】上下

【书写提示】“舆”要注意正确的笔顺。

【读音提示】“舆”读作 yú，不要错读成 yǔ。

【词语】舍舆登舟

“舆”的甲骨文字形上下左右是四只手，表示多人一起用手抬；中间是载人的车厢。整个字像多人用手抬着车厢的样子，本义指车厢；泛指车，主要指马车，如《庄子》“虽有舟舆，无所乘之”，《孟子》“今乘舆已驾矣”；又如“舆马”是车马，“舆人”是制造车子的人，“舆士”是车夫，“舆帅”是主管兵车的将帅。“舆”也指轿子，如“肩舆、彩舆”，又如“舆夫、舆士”是轿夫；引申指仆役或低贱的小官吏，如“舆台、舆隶、舆皂”。

“舆”有共同抬起的含义，由此引申指众人的、大众的意义，如“舆论、舆情、舆议、舆望”。车辆在地上驰骋，“舆”还引申指地域的范围，即疆域，如“舆地、舆图”；又用作动词，表示以车辆运载的意义，如“舆粮、舆棺”。

◎ 轿子

出游

（宋代）陆游

山有篮舆步有舟，放翁身健得闲游。

羊牛点点日将夕，蒲柳萧萧天正秋。

细径僧归云外寺，疏灯人语酒家楼。

归途更爱湖桥月，独倚阑干为小留。

gōng

【笔顺】丿 八公公

【笔画数】4 画

【部首】八（八部）

【结构】上下

【书写提示】“公”字上边是“八”，不要错写成“人”或“入”。

【词语】主人公 公而忘私 公私兼顾 秉公执法 先公后私 开诚布公 舍己为公

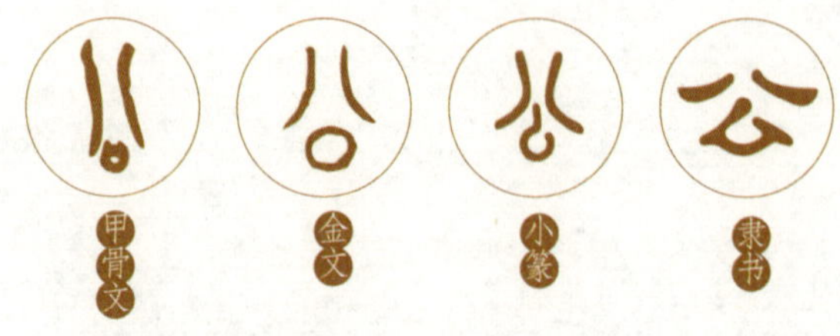

“公”的甲骨文和金文字形基本相同，上面是八，表示分开、背离、相对；下面是厶，是“私”的古字，像胳膊弯曲的样子，也像往自己身边环绕之形。一切为自己打算是私，与私相背、不为自己打算就是公，因此“公”表示一心为大家、正直无私的意义，如《春秋》“公之为言公正无私”，《墨子》“举公义，辟私怨”；又如“公诚、大公无私、克己奉公”。

“公”由此引申为大众的、共同的意义，如“公家、公共、公有、公众、公益、公害”；也引申为让大众知道的意义，如“公开、公然、公布、公告、公演、公审、公然、公之于世”。“公”还引申为君王、朝廷、官家、国家的事务等意义，如“公王”即君王，“公府”即官府，“公币”是国家铸造的货币，“公壤”是国家公有土地；还有“公国、公家、公事、公务、公祭、办公”。“公”又引申为国际的意义，如“公海、公里、公元”。

“公”也是古代公、侯、伯、子、男五等封爵制的最高爵位，如“公爵、公侯、公卿、王公”；又用作敬称，用于男性位尊者或年长者，如“包公、诸公、公公、外公”。“公”还引申为雄性的动物，与“母”相对，如“公牛、公鸡”等。

寄题朱元晦武夷精舍

（唐代）陆游

身闲剩觉溪山好，心静尤知日月长。

天下苍生未苏息，忧公遂与世相忘。

zhǐ

【笔顺】丨 ⺊ 𠃊 止

【笔画数】4 画

【部首】止（止部）

【结构】独体

【书写提示】“止”四画，不要把第三笔和第四笔连成一笔，错写成三画。

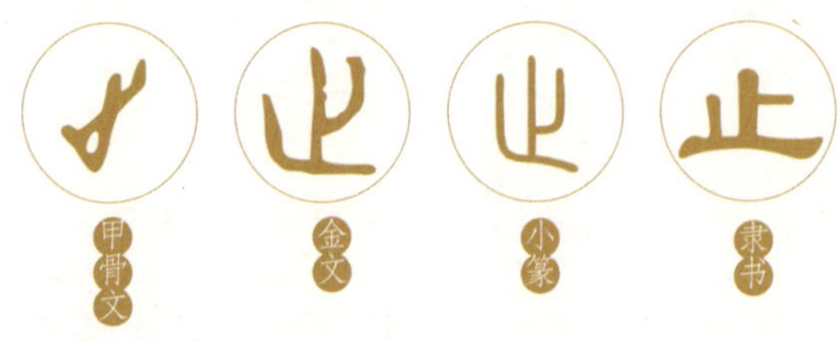

甲骨文中的“止”像人的一只脚，上面叉出来的三笔像脚趾，下面像脚面和脚掌。古人用三个脚趾代表脚，“止”的本义指脚趾，是“趾”的本字；引申为脚，如《汉书》“举止高”“当斩左止者”，其中的“止”即脚。

“止”由脚引申为停步不前的意义，如《吕氏春秋》“亦可以止矣”，《韩诗外传》“树欲静而风不止”；又如“止步、止戈、止息、停止、终止、截止、止步不前、心如止水、学无止境、适可而止”。“止”还引申为阻挡、制止的意义，如《列子》“笑而止之”，又如“止暴、止怒、止痛、止汗、阻止、遏止、禁止”。“止”由停止又引申为居住、驻守的意义，如《诗经》“邦畿千里，维民所止”，“所止”即所居之地；又如“止居、止宿、止守”。“止”还引申为停留的意义，如《搜神记》“南阳西郊有一亭，人不可止，止则有

祸”；又如“止留、止泊、止于至善”。

“止”也用作副词，相当于“只、仅”，如“何止、止此一处、不止一次”。“止”在古代还用作助词用于句末，表示陈述语气，如《诗经》“高山仰止，景行行止”。

“止”后来专用于引申意义，人们又另造“趾”字来表示脚趾的意义。

秋怀

（宋代）陆游

苦雨无时止，幽人空复情。

少眠知夜永，久病喜秋清。

萤傍疏帘度，蛩依坏甃鸣。

流年那可挽，又见晓窗明。

zú

【笔顺】丶 ㄇ 口 ㄗ ㄗ 𧾷 足

【笔画数】7画

【部首】足（足部）

【结构】上下

【书写提示】“足”在字的左边时写作“⻊”，叫作足字旁。

【词语】举足轻重　不一而足　美中不足　品头论足　心满意足

甲骨文中的“足”像人脚的样子，上面的小方框像人脚跟上部的踝骨，下面的止像人的脚趾。“脚”字最初并不指脚，而是指小腿，脚的意义在古代是用“足”字和“趾”字来表示的，如《大戴礼记》“足恭而口圣”，《韩非子》“手足胼胝，面目黑”；又如“足迹、足力、失足、赤足、足不出户、足下生风、削足适履”。人在舞蹈时，手的动作是“舞”，足的动作是“蹈”，因此有“手舞足蹈”的说法。东汉哲学家王充在《论衡》中说：“足不强则迹不远。”意思是脚力不强健，行程就不会远。“足”由人的脚泛指器物的支撑部分或动物的脚，如《周易》“鼎折足”，又如“鼎足、三足鼎立、画蛇添足”。

“足”也用作敬称，表示对对方的恭敬之意，如书信中称对方为“足下”，称对方的学生为“高足”。“足”还表示富有、充分的意义，如《庄子》“无欲而天下足”，又如“充足、富足、十足、不足、足岁、足金、足智多谋、知足常乐、丰衣足食、金无足赤、心有余而力不足”；又用作副词，表示值得的意义，如《桃花源记》“不足为外人道也”，又如“不足信、不足为凭、不足挂齿、微不足道”等。

汉字中以“足”为形旁的字多与脚和脚部动作有关，如“趾、踝、跑、跳、跃、跨、蹲、踹、蹬”等。

浣纱石上女

（唐代）李白

玉面耶溪女，青蛾红粉妆。

一双金齿屐，两足白如霜。

bù

【笔顺】丨 ⺊ 𠂆 止 𣥂 𣥂 步

【笔画数】7 画

【部首】止（止部）

【结构】上下

【书写提示】“步”字上边的“止”四画，不要把第三笔和第四笔连成一笔，错写成三画；下边不要错写成“少”，中间一竖不带钩。

【词语】步调一致　步履维艰　故步自封　望而却步

“步”在甲骨文中是上下两个左右相向的止，止是人的脚。整个字就像人走路时两只脚一前一后的脚印，表示迈步行走的意义，如《礼记》“步路马必中道”。古代“步”与“行”都表示行走，但“步”的速度要比“行”慢，指慢走，如“漫步、踱步、信步”。《战国策》中有“晚食以当肉，安步以当车”的说法，意思是吃不起肉，可以把吃饭的时间推后，饿极了再吃，这样吃起来就像吃肉一样；没有车坐，可以安稳缓慢地步行，这样就跟坐车一样；成语“安步当车”即出于此。《庄子》中有一个故事，说的是战国时期燕国一个少年听说赵国都城邯郸的人走路的姿态很是优美，便来到邯郸学习邯郸人走路，结果不但没学会邯郸人的走姿，连自己原先是如何走路的都忘掉了，最后只好爬着回到了燕国。后人便用成语“邯郸学步”比喻模

仿他人不到家，反而忘了自己原来会的东西。“步”由行走又引申为踏着别人的足迹走，如“步武、步人后尘、亦步亦趋”。

步行时一只脚在前，一只脚在后，两脚之间有一定的距离，“步”由此又指行走时两只脚之间的长度，表示步伐的意义，如《阿房宫赋》“五步一楼，十步一阁”；又如“细步、碎步、方步、寸步难行、大步流星、一步登天、昂首阔步”。现在我们把迈一脚叫“一步”，古代把向前迈一脚叫“跬”（kuǐ），即半步，把两只脚各向前迈一次叫“步”。荀子在《劝学篇》中说：“不积跬步，无以至千里。”意思是不半步半步地积累，就无法到达千里之外；说明要想有所成就，就要从一点一滴中做起。据《孟子》记载，孟子曾跟梁惠王打了一个比方：有两个士兵在前线败下阵来，一个逃跑了五十步，另一个逃跑了一百步，结果逃跑了五十步的人就笑话逃跑了一百步的，说他不中用。其实两个人都是逃跑，只是跑得远近不同而已。孟子以此比喻那些自己跟别人有着同样缺点错误的人，他们不过是程度轻一些，却没有自知之明地去讥笑别人。成语“五十步笑百步”就源于这个故事。

“步”又表示进行的阶段和程序，如“步骤、初步、逐步、步步为营”；还表示境遇或境地，如“落到这一步”等。

了解了“步”的古字形，我们就知道“步”的下边不是“少”，是由反向的“止”变化而来的，这样在书写时就不会在“步”的右下边多写一点了。

听张立本女吟

（唐代）高适

危冠广袖楚宫妆，独步闲庭逐夜凉。
自把玉钗敲砌竹，清歌一曲月如霜。

chū

【笔顺】𠃊凵屮出出

【笔画数】5画

【部首】丨（竖部）

【结构】独体

【书写提示】“出”五画，不要把第二笔和第四笔分成两笔，错写成七画；中间一竖不要分成两笔，错写成上下两个“山”。

【词语】出尔反尔　出谋划策　出神入化　出生入死　独出心裁　喜出望外　水落石出　入不敷出

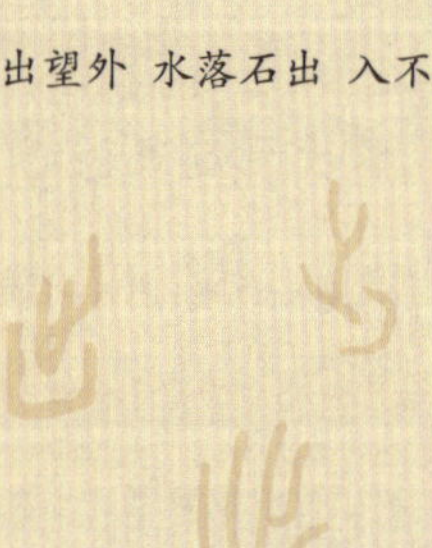

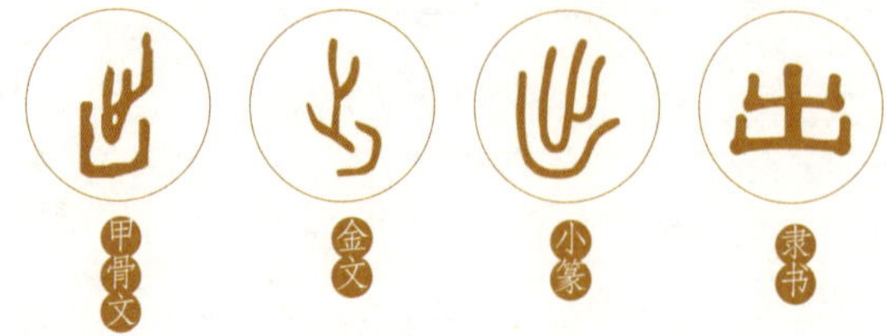

“出”的甲骨文字形上面是止，即人的脚，脚趾向外；下面的框是人居住的洞穴的口。整个字像人从居住的洞穴里走出来，表示从里面走到外面的意义，如《诗经》“出自北门”，又如“出塞、出关、出城、出门、出发、初出茅庐”。

“出”由此引申出露出、超出、拿出、来到、发生等很多意义，如《诗经》“出自东方”“月出之光”，《孙子》“出其不意，攻其不备”；又如“出界、出格、出奇、出众、出使、出事、出头露面、出类拔萃、层出不穷、神出鬼没、事出有因、挺身而出”等。

“出”还引申为派出军队的意义，如《诗经》“我出我车”，“车”指兵车；又如“出兵、出卒、出旅、出阵”。“出”也引申指女子离家嫁人，如“出嫁、出室、出女、出门子”；又引申为发布、张贴、出版等意义，如“出告示、出通知、出报纸、出书、出刊”等。

需要注意的是，“出”又用作量词，表示戏曲的剧目，如“一出戏”，这个意义繁体字写作“齣”；“出”的其他意义繁体字仍作“出”。

鸟鸣涧

（唐代）王维

人闲桂花落，夜静春山空。
月出惊山鸟，时鸣春涧中。

zhī

【笔顺】丶 ㇇ 之

【笔画数】3画

【部首】丶（点部）

【结构】独体

【书写提示】“之”三画，不要把第二笔和第三笔连成一笔，错写成两画。

【词语】之乎者也 操之过急 不了了之 姑妄言之 敬而远之 无价之宝 一笑置之 总而言之

“之”在甲骨文中上面是止，止是人的脚，表示行走；下面一横表示地面。整个字表示脚踏大地、徒步前往，即向某处走去的意义，如《诗经》“自伯之东”，《庄子》“行不知所之”，《史记》“之沛公军”。

“之”后来借作代词，指代人或事物，如《诗经》“之子于归”，《庄子》“之二虫又何如”，《论语》“既来之，则安之”，《韩非子》“宣王说之”；又如“之前、之后、总之、反之、置之度外、求之不得、言之有理、等闲视之、取而代之、反其道而行之”。

“之”又用作助词，相当于“的”，如《诗经》“关关雎鸠，在河之洲”；又如“赤子之心、莫逆之交、不速之客、缓兵之计、意料之中、一家之长、万分之一”。“之”也表示宾语前置，如“何罪之有、无丝竹之乱耳”；还用于音节之间或主谓之间，并无实际意义，如“中国之大、大道之行、久而久之、战斗之惨烈”等。“之”现在用于书面语，有文言色彩。

送别

（唐代）王维

下马饮君酒，问君何所之。

君言不得意，归卧南山陲。

但去莫复问，白云无尽时。

zhèng

【笔顺】一 丅 下 正 正

【笔画数】5画

【部首】一（横部）

【结构】独体

【读音提示】“正”又读作zhēng。

【词语】刚正不阿 匡谬正俗

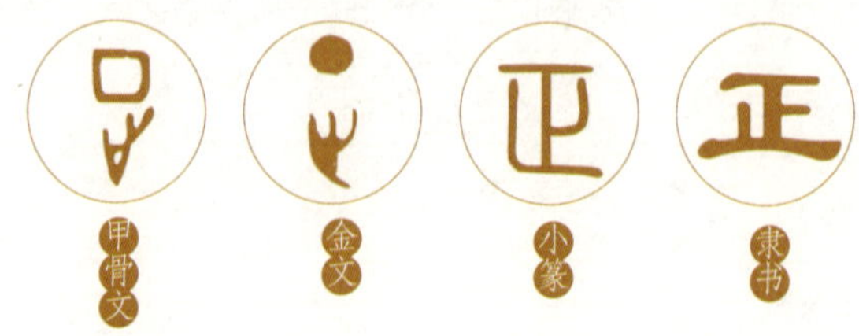

甲骨文中的“正”上面是一个方框，表示人群聚居的城邑；下面是止，止是人的脚，脚趾朝向城邑。整个字表示向城邑进发，本义是出兵征讨，是“征”的本字，读作zhēng，如《尚书》“予畏上帝不敢不正”，《诗经》“终日射骑，不出正兮”；引申为收缴、征收的意义，如《周礼》“正其货贿”，《管子》“谨正盐筴”。

“正”由出兵征讨引申为向着目标不偏不斜地走去，即不偏斜、居于正中的意义，读作zhèng，如《论语》中说孔子“席不正不坐”，指的就是坐席没有摆放端正就不入坐，表明孔子注重个人行为习惯的修养；又如“端正、正位、正眼、正面、正门、正午、寿终正寝、身正不怕影子斜”。“正”还引申为合乎公义、合乎道理的意义，如《论语》“名不正，则言不顺”，指名分不恰当言语就不能顺理

成章，成语“名正言顺”即出于此；又如“正义、正道、正气、正人君子、正大光明、邪不压正、拨乱反正”。“正”也引申为合乎标准、合乎规范、纯正不杂等意义，如“正宗、正式、正史、正轨、正赤如丹、味道不正”；又引申为主要、嫡出、正面、大于零等意义，如“正文、正室、不务正业、正比例、正反两面”。

“正”也用作动词，表示整理、纠正、使其合乎规范的意义，如《左传》“政以治民，刑以正邪”，《荀子》“正法则，选贤良”；又如“改正、正骨、正本清源、正襟危坐、正人先正己”。“正”又用作副词，表示公然、严肃，如“正视”，又如《史记》“正告天下”；还表示恰好，如“正好、正合我意、正中下怀”；又表示动作在进行中，如“正在写字、正刮着风”等。

中国人在计数时有以写“正”字计数的习惯，“正”字五画，代表五，写了几个“正”即代表几个五，以此类推，非常简便。这种计数方法最初用于戏院，以前戏院没有门票，服务员在门口招呼观众，凑够五位即领客入座，每领满五位，记账先生就在水牌上写一个“正”字，并标明服务员姓名，据此计数、收费。戏院实行门票制后，这种记数方法就废弃不用了，但由于其简便易行，在民间一直流传至今。

由于“正”更多地用于引申意义，人们便另造“征”字表示征讨、征收的意义。“正”是多音字，又读作 zhēng，表示农历第一，如“正月、正朔”。

江南逢李龟年

（唐代）杜甫

岐王宅里寻常见，崔九堂前几度闻。
正是江南好风景，落花时节又逢君。

kè

【笔顺】丶 丶 宀 宀 灾 客 客 客 客

【笔画数】9 画

【部首】宀（宝盖部）

【结构】上下

【书写提示】“客”中间是三画的“夂”，不要错写成四画的“攵”。

【词语】客随主便 反客为主

金文中的“客”外面是宝盖，表示房子；里面的上边是止，止即脚，脚趾朝里，表示人进入屋里，里面“止”下的小方框表示古人居住的洞穴。整个字表示从外面来到屋里并暂时居住的人，即外来寄居的人，如《周礼》“诸公之臣相为国客”，《礼记》“主人敬客，则先拜客”；又如“来客、访客、作客、会客”。“客”由外来寄居的人又引申为出门在外的人，如《战国策》“比门下之客”，《后汉书》“吴王好剑客，百姓多疮瘢”；又如“客船、客舍、客栈、客贩、客商”。

汉语中的“客”可谓形形色色，包含了社会中的各色人等：有令人尊敬的“宾客、贵客、座上客”，也有不受欢迎的“不速之客”；既有常来常往的“熟客、常客”，也有不常登门的“稀客”、未曾谋面的“生客”；还有台上的“政客”，台下的“看客、坐客”，逃避尘世的“逋客”，匆匆而过的“过客”，巧舌如簧的“说客”，寄生豪门的“门客、食客”；更有剑术了得的“剑客”，仗义行侠的“侠客”，专事暗杀的“刺客”，行凶害人的“暴客”，以及搭乘车船的“乘客”，消费享乐的“顾客”，人在旅途的“旅客”，观光览胜的“游客、观光客”；现在还出现了随网络而生的“博客、播客、黑客”等。

“客”还用作动词，表示寄居的意义，如《史记》“身客死于秦”，白居易《雨夜有念》“吾兄寄宿州，吾弟客东川”；又如“客居、客寄、客次、客死他乡”。“客”还表示以客礼相待的意义，如《战国策》“孟尝君客我”，又如“客礼、客遇”。

送元二使安西

（唐代）王维

渭城朝雨浥轻尘，客舍青青柳色新。

劝君更尽一杯酒，西出阳关无故人。

xuán

【笔顺】丶 亠 亍 方 方 方 方 方 方 方 旋

【笔画数】11 画

【部首】方（方部）

【结构】左右

【书写提示】“旋”右下边是“疋”，第一笔是横钩，不要错写成横。

【读音提示】“旋”又读作 xuàn。

【词语】旋转乾坤　天旋地转

甲骨文中的“旋”左上边像一面迎风招展的旗帜；右下边是止，止是人的脚。整个字表示战旗飘扬，人在旗下随着旗帜的挥动而行动，本义即挥舞转动的旗帜引导人们来回行动。“旋”的古字形表现的是古代军队行进的图景：旗帜是军队作战的重要工具，士兵的眼睛要紧盯着旗帜，脚步要紧跟着旗帜，前进或后退以及队形变化都要听从旗帜的指挥，正如《左传》所说：“师之耳目，在吾旗鼓，进退从之。”说的就是打仗时士兵的眼睛全看着旗帜，耳朵全听着鼓声，前进、后退要听从旗和鼓的指挥。

“旋”由此引申为转动、回旋的意义，如《楚辞·招魂》“旋入雷渊”，又如“旋流、旋涡、旋转、旋绕、旋舞、旋律、旋梯、盘旋、天旋地转”；还引申为来往的意义，如“周旋、斡旋”；又引申为返回、归来的意义，如“旋仪、旋止”

指回归、归来，“旋走”指来回走动。

“旋”还用作名词，表示圆圈或涡状的东西，如“发旋、螺旋、涡旋、一旋又一旋”。“旋”又用作副词，表示立即的意义，如“旋而、旋刻、旋即、旋踵、旋生旋灭”；也表示逐渐的意义，如“旋减”。

“旋”是多音字，又读作 xuàn，表示打转的或转着圈儿切削的意义，如“旋风、旋工、旋掉果皮”等。

浣溪沙

（宋代）苏轼

旋抹红妆看使君。三三五五棘篱门。相挨踏破茜罗裙。
老幼扶携收麦社，乌鸢翔舞赛神村。道逢醉叟卧黄昏。

zhì

【笔顺】⻏ 阝 阝' 阝⺊ 阝⺊ 阝止 陟 陟 陟

【笔画数】9画

【部首】阝（双耳部）

【结构】左右

【书写提示】“陟”字左边是“阝”，不要错写成“卩”；右上边的“止”四画，不要把第三笔和第四笔连成一笔，错写成三画；右下边不要错写成“少”，中间一竖不带钩。

“陟”的甲骨文字形左边像山坡的石阶、土阶；右边是一上一下两个朝上的止，止是脚，像两只脚朝上行走。整个字像两只脚拾级而上，表示上山、登高、从下而上的意义。“陟”与“降”字形右边的两个止朝向相反，字义相对，如《诗经》“陟彼高冈”“陟彼崔嵬”“陟降庭止”。“陟”由登高引申为登程、上路的意义，如《尚书》“若升高，必自下；若陟遐，必自迩”，“陟遐”指远行；又如“陟涉”指跋涉。“陟”由此又引申为提高等级、提拔晋升，如《出师表》“陟罚臧否，不宜异同”，“陟罚”指褒举惩罚，“臧（zāng）否（pǐ）”指善恶；后人用成语“陟罚臧否”表示褒举善人、惩罚恶人，即奖善惩恶之义。

“陟”现在只用于成语和一些书面语词中。

降

jiàng

【笔顺】⁷ 阝 阝 阝 阝夂 降 降 降

【笔画数】8画

【部首】阝（双耳部）

【结构】左右

【书写提示】“降”字左边是“阝”，不要错写成“卩”；右上边是三画的“夂”，不要错写成四画的“攵”，右下边不要错写成两横一竖。

【读音提示】“降”又读作xiáng。

【词语】降格以求 降心以从 从天而降

“降”的甲骨文字形左边像山坡上的石阶、土阶；右边是一上一下两个朝下的止，止是脚，像两只脚朝下行走。整个字像两只脚沿山而下，表示从山上下来的意义，与“升、陟（zhì）”意义相对，如《诗经》“复降在原”；泛指下落、落下，如《孟子》“降大任于是人”；“降”引申为人出生，如“降生、降世”；还引申为减低、贬黜等意义，如“降低”。“降”是多音字，又读作xiáng，表示压制、屈从、驯服等意义，如“降龙伏虎、一物降一物、宁死不降”等。

己亥杂诗（其二百二十）

（清代）龚自珍

九州生气恃风雷，万马齐喑究可哀。

我劝天公重抖擞，不拘一格降人才。

涉

shè

【笔顺】丶 丶 氵 氵 氵 氵 氵 氵 氵 涉

【笔画数】10 画

【部首】氵（三点水部）

【结构】左右

【书写提示】“涉”右上边的“止”四画，不要把第三笔和第四笔连成一笔，错写成三画；右下边不要错写成“少”，中间一竖不带钩。

甲骨文中的“涉”中间是水；水的两边是上下两个止，止是脚。整个字像两只脚一前一后的样子，表示徒步蹚水过河的意义，如《诗经》“送子涉淇”；《诗经》中有“子惠思我，牵裳涉溱”一句，意思是你既然深情地想念我，那就应该卷起裤子蹚过溱河；又如“涉浅”指徒步蹚过浅水，“涉水登山、跋山涉水”指翻山越岭、蹚水过河，形容长途行路的艰辛。“涉”由蹚水过河泛指渡水，如《吕氏春秋》“楚人有涉江者”，又如“远涉重洋”即远渡重洋；由渡水还引申为行走，如“涉道、涉履、跋涉、负重涉远”；也引申为经过，如“涉险、涉难”；又引申为接触、进入等意义，如“关涉、牵涉、涉及、涉足、涉外、涉世不深”。

“涉”也用作名词，指渡口，如《诗经》“济有深涉”。

cǐ

【笔顺】丨 卜 ⺊ 止 止⺊ 此

【笔画数】6画

【部首】止（止部）

【结构】左右

【书写提示】“此”字左边的“止”最后一笔横要写作提；右边是“匕”，撇的下端不出头。

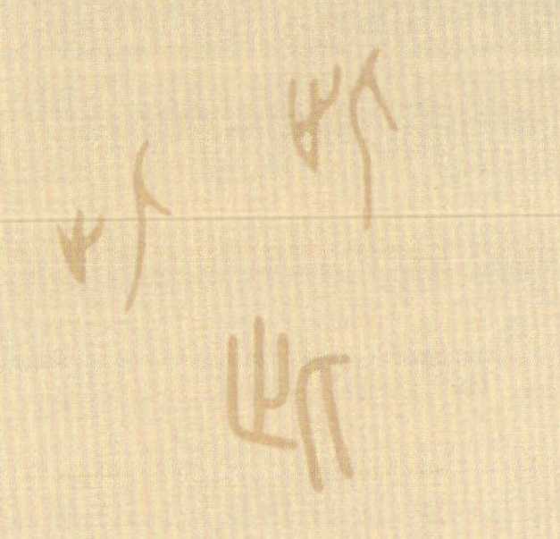

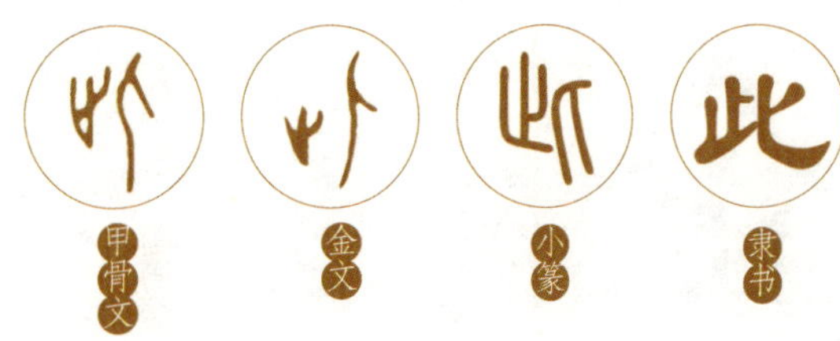

“此”的甲骨文字形左边是止，止是脚，兼表读音；右边是侧立的人。整个字像人的脚停在这里，表示停住、站立的位置。“此”由此泛指这、这个、这时、这里的意义，用于近指，与用于远指的“彼”意义相对，如《柳河东集·三戒·黔之驴》“技止此耳”，又如“在此、从此、因此、此人、此后、此外”。“此”与“彼”常常并用，如成语“此起彼伏、此消彼长、此一时彼一时、由此及彼、非此即彼、顾此失彼、厚此薄彼”等。

阳关曲·中秋月

（宋代）苏轼

暮云收尽溢清寒，银汉无声转玉盘。

此生此夜不长好，明月明年何处看。

qǐ

【笔顺】丿 人 个 仐 企 企

【笔画数】6画

【部首】人（人部）

【结构】上下

【书写提示】“企”字上边是“人”，不要错写成“入”；下边的“止”四画，不要把第三笔和第四笔连成一笔，错写成三画。

【词语】企足而待　不相企用

甲骨文中的“企”上面是人，下面是止，止是人的脚；整个字表示人为望远而踮起脚跟的意义，如《老子》“企者不立，跨者不行”，意思是踮起脚跟不可能长久地站立，跨大步反而不能远行；又如《汉书》“吏卒皆山东之人，日夜企而望归”，后有成语“企而望归”，形容殷切期盼；成语“延颈企踵”指伸长脖子，抬起脚跟，形容殷切期盼或极其仰慕之义。南极有一种动物，跳跃着行走，停下来时则昂首张望，与“企”古字形表现的动作很相像，人们把这种动物叫作“企鹅”。

“企”由此引申为踮起脚跟而立的意义，泛指站立，如“企足、企予、企立”；还引申为踮起脚跟而望的意义，泛指盼望，如“企盼、企望、企仰、企怀、企及”；又引申为仰慕、图谋等意义，如“企慕、企求、企图”。

在现代汉语中，“企”还表示筹划经营的事业，如“企业、企划”。

自南山却赴京师，石臼岭头即事寄严仆射

（唐代）欧阳詹

鸟企蛇盘地半天，下窥千仞到浮烟。

因高回望沾恩处，认得梁州落日边。

xiān

【笔顺】丿 𠂉 𠂒 生 𠂒 先

【笔画数】6 画

【部首】儿（儿部）

【结构】上下

【词语】先声夺人 先知先觉 先下手为强

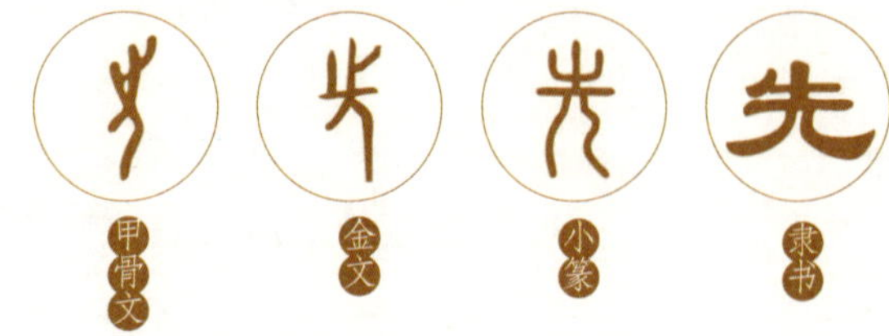

“先”的甲骨文字形上面是止，止是人的脚；下面是侧立的人。整个字像一只脚在人的上面，表示走在人前面的人，即前辈的意义，如“先民、先人、先辈”。“先”由此用作尊称，指去世的长辈、逝去的人以及前辈、老师，如《战国策》“愿君顾先王之宗庙”，又如“先祖、先世、先父、先烈、先考、先妣、先儒、先贤、先哲、先帝、先辈、先生”。“先”还引申为前导、前锋的意义，如《韩非子》“以为民先”，又如“先导、先驱、先锋、先行者”。

“先”由此引申为时间或顺序上在前的意义，如“原先、领先、先前、先期、先进、先河、先例、先兆、先睹为快、先入为主、捷足先登”。“先”与“后”意义相对，常常并用，如成语“先斩后奏、先礼后兵、先来后到、先人后己、承先启后”等。《汉书》说：“先发制人，后发制于人。”意

思是战争中的双方，先发动的可以控制对方，即处于主动地位，后发动的则被对方控制，即处于被动地位；后人用成语“先发制人”表示争取主动的意义。

“先”也用作动词，表示在前面的意义，如《史记》“以先国家之急”，又如“身先士卒、争先恐后”。宋代著名思想家、政治家、文学家范仲淹在《岳阳楼记》中写道：“先天下之忧而忧，后天下之乐而乐。”表达了历代仁人志士吃苦在前、享乐在后的高尚节操，寄托了作者“以天下为己任”的远大政治抱负。

蝶恋花

（宋代）欧阳修

帘幕东风寒料峭。

雪里香梅，先报春来早。

红蜡枝头双燕小，金刀剪彩呈纤巧。

旋暖金炉薰蕙藻。

酒入横波，困不禁烦恼。

绣被五更春睡好，罗帏不觉纱窗晓。

zǒu

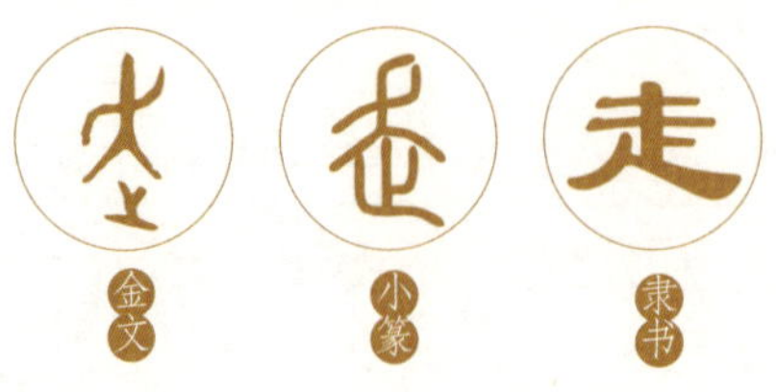

【笔顺】一 十 土 丰 丰 走 走

【笔画数】7 画

【部首】走（走部）

【结构】上下

【书写提示】“走”七画，不要把上下两竖连成一笔，错写成六画。“走”在字的左边时，最后一笔捺要包住字的右半边。

【词语】走火入魔 走马上任 走投无路 远走高飞 飞针走线 铤而走险

“走”的金文上面是夭，像人甩开双臂大步奔跑的样子；下面是止，止是脚。整个字表示摆动双臂、迈步奔跑的意义。上古时期“走”表示的是跑的意义，行走的意义不是用“走”而是用“行”来表示的，如《诗经》“来朝走马”，《山海经》“夸父与日逐走”，《乐府诗集·木兰诗》“双兔傍地走”，其中的“走”都指奔跑；又如《史记》“狡兔死，走狗烹”，“走狗”即跑得很快的狗。《韩非子》中有一个“守株待兔”的故事，其中写道：“兔走触株，折颈而死。”这里的“走”也是跑。唐代诗人孟郊参加科举考试，考了多次都没考中，直到四十多岁才中了个进士，欣喜之中写下“春风得意马蹄疾，一日看尽长安花”的著名诗句，后有成语“走马观花”，“走马”即跑马。又如“走兽、走卒、走马灯、走堂的、奔走相告、飞沙走石、不胫而走、东奔西走、乌飞兔走、走三家不如坐一家”。

“走”由奔跑引申为逃跑，如《孟子》“兵刃既接，弃甲曳兵而走”，《战国策》“齐兵败，闵王出走于外”；又如“走北、走避、走匿、亡走”。“走”还引申为去往、奔向，如《淮南子》“渔者走渊，木者走山”，《吕氏春秋》“若蝉之走明火也”；又如“走谒、走趋、直走咸阳”。“走”又引申为泄露、偏离等意义，如“走漏、走板、走火、走嘴、走眼、走样、走神、走题”。“走”由奔跑也引申为快速移动的意义，“走笔”指运笔疾书，“走棋”指移动棋子；又如“表不走了、车不好走”。

汉语在由古代向现代发展的过程中，“走”的意义发生了很大的变化，渐渐取代了“行”，表示行走、步行的意义，如“竞走、走路、走湖、走失、走南闯北”；唐代出现的“跑”则取代了“走”，表示奔跑的意义，如唐代马戴《边将》“红缰跑骏马，金镞擎秋鹰”。

“走”由行走引申为前往拜访、往来，如“走访、走动、走亲戚、走娘家、走亲访友”；还引申为经过、运行等意义，如“走账、走过场、走后门、走关系、走运、走红、走俏、走势”；又引申为离去，如“出走、走开、他走了、把书拿走”；由此喻指死亡，有委婉之意，如“他是昨天走的”。

汉字中以“走”为形旁的字多与走、跑等腿部动作有关，如“赴、赶、趋、起、趟、越、超、赳”等。

宿新市徐公店

（宋代）杨万里

篱落疏疏一径深，树头花落未成荫。
儿童急走追黄蝶，飞入菜花无处寻。

bēn

【笔顺】一ナ大太夲夳夼奔

【笔画数】8画

【部首】大（大部）

【结构】上下

【书写提示】“奔”字下边是“卄”，不要错写成一横两竖。

【读音提示】“奔”又读作bèn。

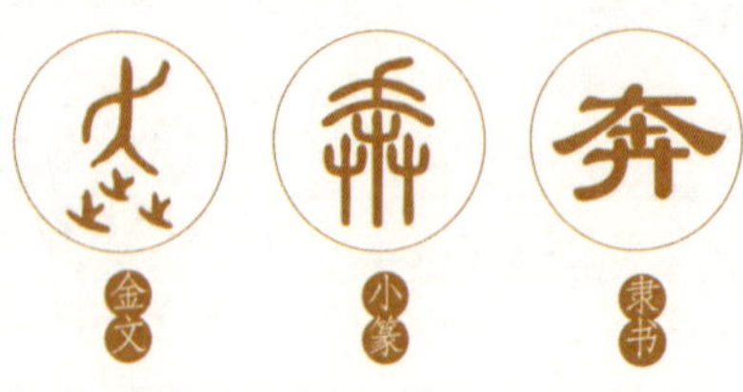

“奔”的金文字形上面是夭，像人迈开大步、两手摆动奔跑时的样子；下面是三个止，止是脚。人下有三只脚，正像人奔跑时脚步移动很快的样子，表示人快速跑、拼命跑的意义，“嫦娥奔月”中的“奔”用的就是本义，又如“奔逐、奔跑、奔逝、奔丧、奔马、奔赴沙场、狼奔豕突、疲于奔命”。在上古汉语中，“奔走”是快跑的意思，如“东奔西走、奔走呼号、奔走相告”。“奔”由快跑引申为逃跑、逃亡，如“奔逃、奔窜、奔溃、奔亡、奔命、出奔”；又引申为急速、快速，如“奔流、奔腾、奔泻、奔涌、奔驰”。

古代男女结合要听从父母之命、媒妁之言，所谓“男女无媒不交”“女无媒不嫁”，如果男女私自与所爱之人结合，或与所爱之人一起逃走，叫作“私奔”，如《周礼》“奔着不禁”，《史记》“文君夜亡奔相如”。

“奔”是多音字，又读作 bèn，多用于口语，表示直接跑向的意义，如“他直奔车站而去、他也是奔五十的人了”。

桂源铺

（宋代）杨万里

万山不许一溪奔，拦得溪声日夜喧。

到得前头山脚尽，堂堂溪水出前村。

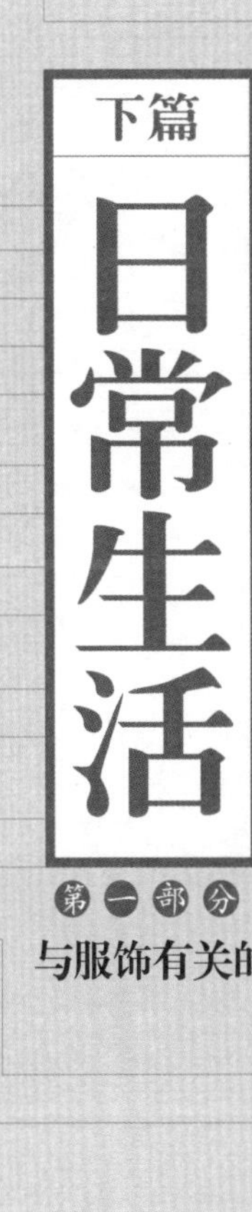

第一部分

与服饰有关的

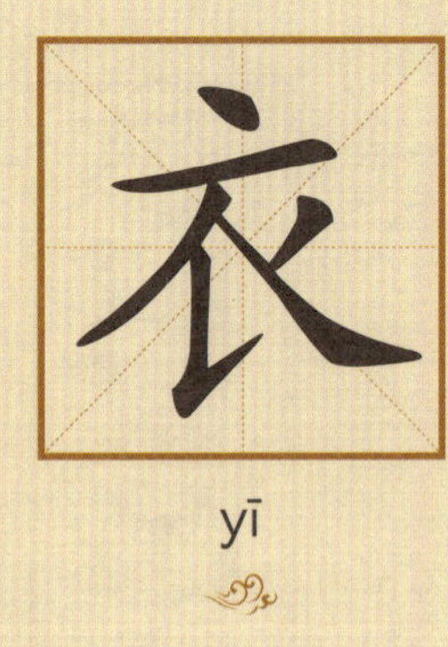

yī

【笔顺】丶亠𠂇𧘇𧘇衣

【笔画数】6画

【部首】衣（衣部）

【结构】上下

【书写提示】“衣”在字的左边时写作“衤”，叫作衣字旁。

【词语】衣冠不整　衣冠禽兽　衣食住行　丰衣足食　节衣缩食　锦衣玉食

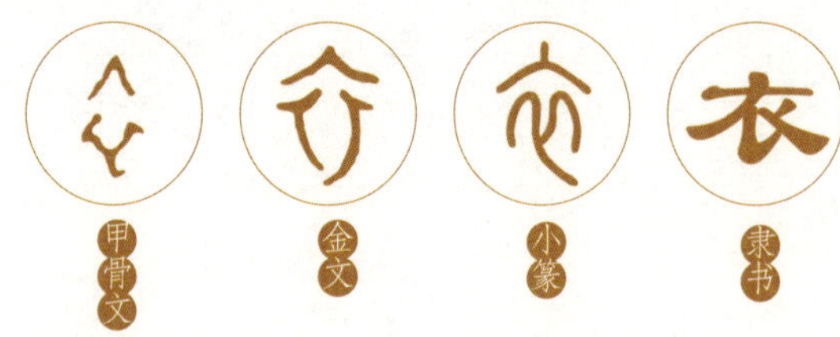

“衣”的甲骨文字形像一件上衣的样子；最上面是领口，两边是袖子，下面像左右互掩的衣襟。据《周易》记载：“黄帝、尧、舜垂衣裳而天下治。”可见黄帝之前没有衣裳，自黄帝始人们才有了衣裳，人类由此迈入文明社

◎ 汉代马王堆一号墓信期绣茶黄罗绮锦袍

会。中国古代服装至周代逐渐完善并基本定型，不仅形成了独具风貌与特色的衣冠之美，还以“知礼仪、别尊卑、正名分”的服饰文化纳入华夏礼仪文化，历代帝王问鼎天下后首先就要“改正朔，易服色”，并对不同等级的官服色彩和纹饰作出严格的规定，古代中国因此有“衣冠上国、礼仪之邦”的美誉。中国古代服饰还对日本、朝鲜、韩国、越南、不丹、蒙古等邻近国家和地区产生了极大影响，和服在日语中称作“吴服、唐衣”，是唐代从中国吴地传入的，韩服则脱胎于中国明代服装。

古代的服装为“上衣下裳”制，“衣”指上衣，“裳（cháng）”指下衣，类似于现在的裙子，如《诗经》“绿衣黄裳”“东方未明，颠倒衣裳”。“衣”由上衣泛指衣裳、服装，如《诗经》“无衣无褐”“岂曰无衣，与子同袍”，又如“衣着、布衣、锦衣、衣冠楚楚、衣不解带、衣不蔽体”。衣服和粮食是人类所必需的物品，所以古人把提供衣食的人称作“衣食父母”。“衣”由人的衣服又泛指物体的表皮或外罩，如“胞衣、蝉衣、剑衣、炮衣、肠衣、糖衣、花生衣”。

“衣”还用作动词，古读yì，今读yī，表示穿衣的意义，如《孟子》“许子衣褐”，“褐”是用麻、毛织成的粗布衣；又如“衣锦还乡、衣紫腰金”，“衣锦、衣紫”指身穿锦衣、紫衣，喻指身居高位。“衣”还表示包裹、覆盖的意义，如《周易》“古之葬者，厚衣之以薪”；又如“裂裳衣伤”，指撕下衣服包裹伤口。

汉字中凡是以“衣”为形旁的字多与服饰有关，如“衫、袄、袍、裙、裤、袜、被、补、褐、裳、装、袭、裁”等。

biǎo

【笔顺】一 二 キ 丰 声 耂 㐃 表

【笔画数】8 画

【部首】一（横部）

【结构】上下

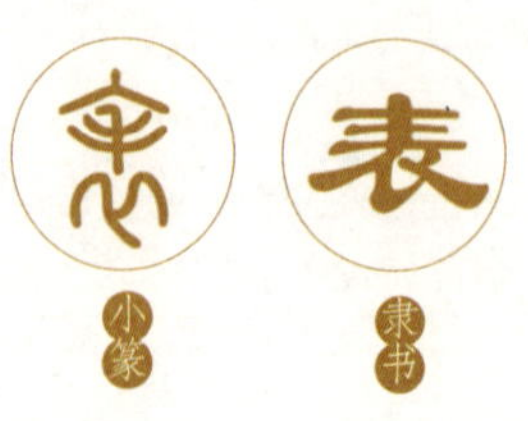

“表”的小篆字形像一件毛皮衣服的样子；最上面是领口，下面像两只袖子和互掩的衣襟，中间是毛，表示裘衣的皮毛。古人用动物毛皮做衣服，穿的时候毛皮衣服毛朝外穿在外面。“表”的本义指外衣，如《礼记》“表裘不入公门”；又如《论语》“必表而出门”，指出门一定要穿上外衣。“表”由外衣引申为外面、外部、外貌等意义，如《左传》“表里山河”，又如“表皮、外表、仪表、表里相应、由表及里、徒有其表”。成语“表里如一”中的“表里”指的就是衣服的面子和里子，引申指外面和里面，这个成语形容里外一致。

“表”还被借为“标”，表示榜样，如“表率、表正、天下之表”；又引申为直系亲缘以外的亲戚关系，如“表亲、表叔、表兄、表妹”。“表”也指向上报的奏章，如《出师表》

"临表涕零，不知所言"；现在又指格式化的文件，如"表格、报表、填表、统计表"。

"表"还用作动词，引申为显示、表现的意义，如"表功、表德、表演、表彰"；又引申为说出来、表示出来等意义，如"表白、表达、表露、表述、表态、表心意、按下不表"。

需要注意的是，"表"只有在表示计时的器具时，如"钟表"，繁体字才写作"錶"；表示其他意义时，繁体字仍作"表"。

终南望余雪

（唐代）祖咏

终南阴岭秀，积雪浮云端。

林表明霁色，城中增暮寒。

qiú

【笔顺】一 十 才 才 求 求 求 求 求 求 求 裘 裘

【笔画数】13 画

【部首】衣（衣部）

【结构】上下

【书写提示】“裘”字上边的“求”中间一竖不带钩，不要把第五笔和第六笔错连成一笔，第六笔捺要写作点。

【词语】裘葛屡更 裘马甚都

甲骨文中的“裘”是象形字，像一件皮毛上衣的样子；上面像衣服的领口，下面像两边的衣袖和左右互掩的衣襟，衣襟两边的笔画像皮毛服装外露的兽毛。上古时代，先民们以兽皮为衣，蔽体御寒，“裘”的古字形是当时古人服饰的形象写照，指皮毛外露的毛皮衣服，如《礼记》“良治之子，必学为裘”，《诗经》“彼都人士，狐裘黄黄”，《原道》“夏葛而冬裘，渴饮而饥食”；又如“貂裘、虎裘、狼裘、羔裘”。成语“集腋成裘”意思是狐狸腋下的皮虽然不大，但把许多腋皮收集起来，也能制成一件皮毛衣服，比喻积少成多。

古人穿皮毛衣服时以毛朝外为正，毛朝里为反。汉代桓宽在《盐铁论》中讲了一个故事：战国时期，魏文侯有一次出游，看见路上有一个人反穿着皮裘背着柴行走。魏文侯问他为什么要毛朝里反穿着皮裘背柴，那人说：“因为我太爱惜皮裘上的毛了，怕把它给磨掉了。”魏文侯说：“你难道不知道皮裘的里子要是被磨坏了，皮裘上的毛也就失去依托了吗？”后有成语“反裘负薪、反裘负刍”，“反裘”即毛朝里，反着穿皮裘衣服；这两个成语既形容贫穷劳苦，也喻指因愚昧而舍本逐末。

“裘”还用作动词，表示穿上毛皮衣服的意义，如《礼记》“季秋之月……天子始裘”；成语“裘马轻肥”指穿裘衣，乘肥马，喻指豪门公子。

营州歌

（唐代）高适

营州少年厌原野，狐裘蒙茸猎城下。

虏酒千钟不醉人，胡儿十岁能骑马。

shuāi

【笔顺】丶 亠 亡 㐭 㐭 㐭 𠅃 𠅃 衰 衰

【笔画数】10画

【部首】亠（点横部）

【结构】上中下

【书写提示】“衰”字中间有一横，注意不要与“哀”相混。

金文中的“衰”像用草编织的衣服的样子；上面像衣领，下面像向下披垂的草。小篆的字形更加清晰，上下合起来是衣，中间像编织的草下垂的样子。“衰”的本义是草编的用于遮雨的衣服，即蓑衣，是“蓑”的本字，如《荀子》“无衰麻之服”，指没有草编和麻织的衣服。有些农村地区现在还有下雨时穿蓑衣劳动的传统。

◎ 蓑衣

蓑衣要用草一层一层地编织，因此“衰”

引申出按照一定的等级递减的意义，读作cuī，如“等衰、衰序、衰少”。“衰”由此泛指由强渐弱、退化、没落等意义，与“盛”相对，读作shuāi，如《左传》“一鼓作气，再而衰，三而竭”，《吕氏春秋》“人之老也形盖衰”，《淮南子》“形衰志惛”；又如“衰亡、衰落、衰退、衰减、衰弱、衰老、衰变、兴衰、盛衰、早衰、未老先衰”；也指植物枯萎凋谢的意义，如“衰红、衰黄、衰败”；又指人鬓发疏落变白的意义，如“衰鬓、衰白”。

◎ 蓑衣

“衰”后来多用于引申意义，人们又给“衰”加了个草字头，另造“蓑”字来表示蓑衣的意义。

惜牡丹花

（唐代）白居易

惆怅阶前红牡丹，晚来唯有两枝残。
明朝风起应吹尽，夜惜衰红把火看。

zú

【笔顺】丶 亠 广 六 亣 卒 卒 卒

【笔画数】8 画

【部首】十（十部）

【结构】上中下

【书写提示】“卒”中间的两个“人”最后一笔捺都要写作点；下边一竖的上端要出头。

【读音提示】“卒”又读作cù。

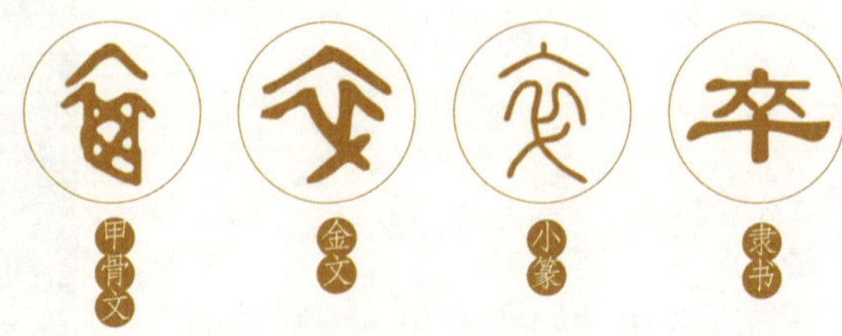

“卒”在甲骨文中像一件衣服的样子，上面是衣服的领口，在衣服的前胸后背上有文饰标记。古代奴隶往往身穿带有标记的衣服，以区别于常人，供人差遣役使，因此古人用奴隶穿的标记其身份的衣服来表示穿这种衣服的人，即奴隶，如《史记》“悉发卒数万人穿漕渠，三岁而通”。“卒”由奴隶引申指低级差役，如“走卒、隶卒、狱卒”。“卒”也引申指步兵，如《吕氏春秋》注“在车曰士，步曰卒”。“卒”由此泛指士兵，如《左传》“缮甲兵，具卒乘”，“卒乘”指士兵和战车；又如“卒兵、兵卒、士卒、小卒、守门卒、马前卒、无名小卒、身先士卒”。“卒”又用作军队编制单位，古代军队百人为“卒”，如《孙子》“全卒为上”，“卒伍”即行伍、军队，“卒列”即军队的行列。

“卒”还表示末尾、终止的意义，如《仪礼》“三饭卒食，赞洗爵酌”,《论语》“有始有卒者，其惟圣人乎”,《韩非子》“人始于生而卒于死”; 又如“卒岁”指度过一年,“卒时”指尽时,“卒业”即毕业,“不忍卒读”即不能尽读。“卒”由此喻指死亡，如《资治通鉴》“鲁肃闻刘表卒”，又如“卒年、病卒、暴卒、生卒年月”。

“卒”也用作副词，表示终于的意义，如《史记》“卒廷见相如”,《汉书》“故卒不加诛”。“卒”现在只用于书面语。

“卒”是多音字，又读作 cù，表示突然、仓促的意义，如贾谊《过秦论》“卒然边境有急”，又如“脑卒中”。

赠友人（其一）

（唐代）李白

兰生不当户，别是闲庭草。
夙被霜露欺，红荣已先老。
谬接瑶华枝，结根君王池。
顾无馨香美，叨沐清风吹。
余芳若可佩，卒岁长相随。

chū

【笔顺】丶 ㇇ 衤 衤 衤 衤 初初

【笔画数】7 画

【部首】衤（衣字旁部）

【结构】左右

【书写提示】“初”字左边是“衤”，不要错写成“礻”。

【词语】初露锋芒 初生牛犊 如梦初醒 悔不当初

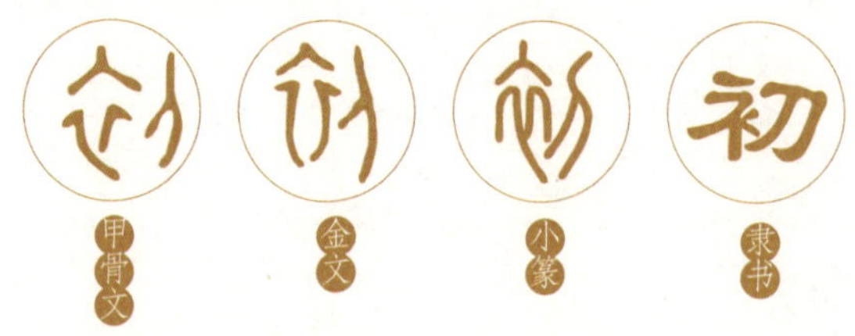

“初”在甲骨文中是会意字，左边是衣，右边是刀。整个字表示用刀裁剪衣服。原始人本无衣裳，仅以树叶、兽皮遮身，“初”的古字形反映了人类历史上一件意义重大的事件：人类结束了赤身裸体的野蛮状态，知道穿衣蔽体了，从此人类与野兽划清了界线，由蒙昧社会向文明社会迈出了重要的一步。从这个意义上说，“初”字不仅是制作衣服的起始，也标志着人类进入文明时代的开始。

“初”由此泛指事物的开始，如《周易》“始吉终乱”，《诗经》“我生之初”，《三字经》“人之初，性本善”；又如“初步、初始、初夜、起初、初出茅庐、初来乍到、初见端倪、情窦初开、久病初愈、始终如初、何必当初”。“初”由开始引申出第一、原本、最低等意义，如“初岁、初一、初雪、初恋、初交、初犯、初衷、初级、初战告捷、和好如初”等。

懂得了“初”与裁衣的关系，书写时就不会把衣字旁“衤”少写一点，错写成示字旁“礻”了。

春晴

（唐代）王驾

雨前初见花间蕊，雨后全无叶底花。

蜂蝶纷纷过墙去，却疑春色在邻家。

jīn

【笔顺】丨 冂 巾

【笔画数】3 画

【部首】巾（巾部）

【结构】独体

【书写提示】“巾”三画，注意不要与“币”相混。

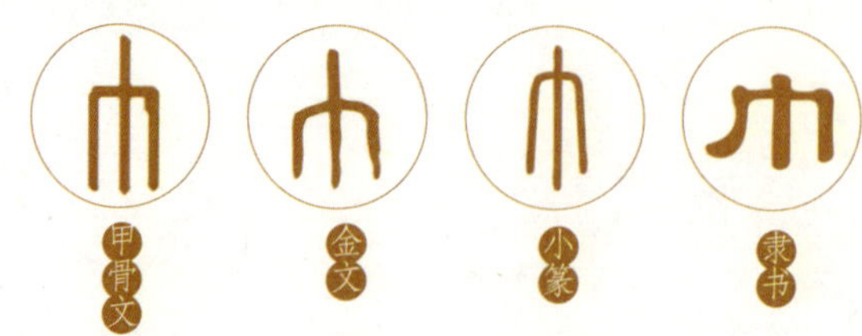

甲骨文中的“巾”像用带子系着的一块下垂的丝麻织品，表示人身上系佩的丝麻饰物，如《礼记》“盥卒授巾”，《战国策》“儿女共沾巾”。

从古至今，巾的用途非常广泛，可用来佩戴、装饰、包裹、覆盖或擦拭等。如头上戴的“头巾、巾帻、巾冠、巾帽、方山巾”，颈上系的“领巾、围巾”，佩戴装饰用的“佩巾、饰巾”，沐浴的“沐巾、浴巾”，还有作为包裹的“巾囊”，以巾覆盖的“巾笥、巾箱”，擦拭用的“汗巾、手巾、巾帚”等。又如“羽扇纶（guān）巾”是用鸟羽做的扇子、用青丝带做的头巾，“黄巾军”是东汉末年用黄巾裹头的农民起义军。由于“巾”更多地用于女性，所以表示女性配饰头巾的“巾”与表示女性发饰的“帼”合起来成为妇女的代称，如“巾帼不让须眉”。“巾”现在不仅表示各种材

料制成的佩戴装饰用品，还表示用多种材料制成的擦拭用品，如“丝巾、纱巾、方巾、毛巾、纸巾、面巾纸”等。

“巾”还用作动词，表示用巾覆盖、包裹的意义，如《庄子》“巾以文绣”，指用绣巾覆盖。

汉字中以“巾”为形旁的字多与丝麻棉织品有关，如“布、带、帘、帖、帕、帜、帐、帏、帷、幢、帆”等。

寒闺夜

（唐代）白居易

夜半衾裯冷，孤眠懒未能。

笼香销尽火，巾泪滴成冰。

为惜影相伴，通宵不灭灯。

dài

【笔顺】一 十 卄 卅 卅 卅 卅 带 带

【笔画数】9 画

【部首】巾（巾部）

【结构】上中下

【书写提示】“带”上边是一横三竖，不要错写成一横两竖的“卄”。

小篆中的“带”是象形字，上半部像人腰间束的腰带；下半部是两个重叠的巾，表示腰上佩带的装饰物。“带”的本义是束衣用的腰带，如《诗经》“之子无带”，又如“高冠博带、峨冠博带”指戴着高大的帽子，系着宽宽的衣带，这是古代儒生的装束，也指身着礼服的形象。成语“一衣带水”形容以水相隔、间隔很近的两个国家，这里的“带”并不是动词，而是名词，表示像一条衣带一样狭窄的水流。“带”由束衣的腰带又泛指像衣带一样的条状物，如“车带、鞋带、领带”；进一步泛指像衣带一样的狭长区域，如“地带、光带、温带、生物带”。

“带”也用作动词，表示拿着、佩挂的意义，如《楚辞·九章·涉江》“带长铗之陆离兮”，《隋书》“带刀升

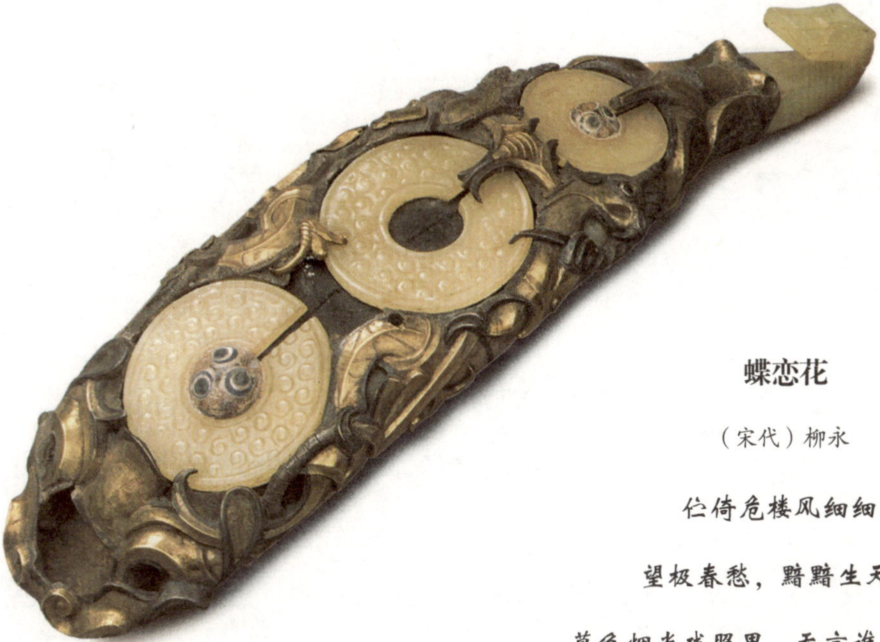

◎ 战国镏金嵌玉银带钩

座”；又如“佩带、携带、带信、带上一壶水”。“带”还表示率领、引导、抚养等意义，如“带领、带头、带队、带路、带动、把孩子带大”；又表示顺便做事、伴随、含着等意义，如“捎带、顺带、连带、带累、面带微笑、连说带笑、说话带刺”等。

蝶恋花

（宋代）柳永

伫倚危楼风细细。

望极春愁，黯黯生天际。

草色烟光残照里，无言谁会凭阑意。

拟把疏狂图一醉。

对酒当歌，强乐还无味。

衣带渐宽终不悔，为伊消得人憔悴。

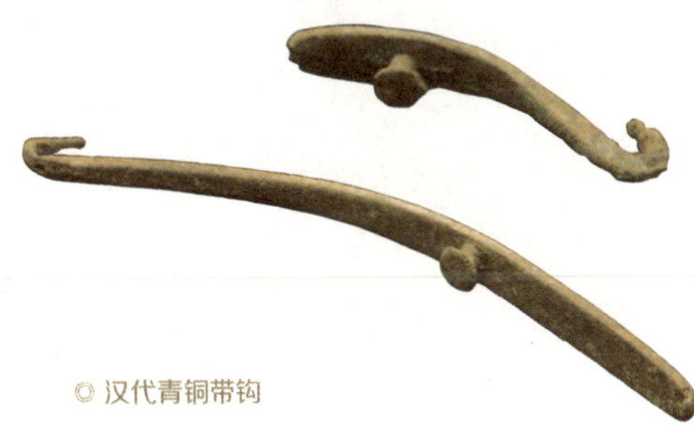

◎ 汉代青铜带钩

帛

bó

【笔顺】′ ㇀ 𠂎 白 白 白 帛 帛

【笔画数】8画

【部首】巾（巾部）

【结构】上下

【词语】化干戈为玉帛

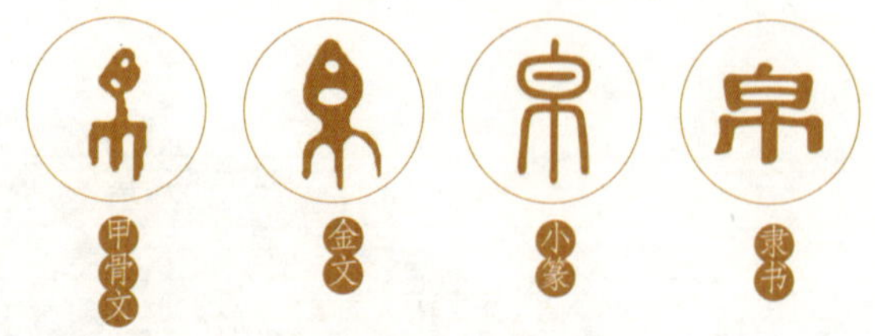

甲骨文中的“帛”上面是白，表示白色，同时兼作声旁；下面是巾。整个字表示白色丝织品做成的头巾；引申指白色的丝织品，如《左传》“大帛之冠”。白色是丝织品的本色，印染术出现后，白色丝织品可以染成各种颜色。于是“帛”又引申指各种颜色的丝织品，是丝织品的总称。战国以前把锦、绣、绫、罗、绢、绮等丝织物皆称为“帛”，如“布帛”，又如《周礼》“孤执皮帛”。现代考古发现商周古墓中有丝帛的残迹，可见当时丝织技术已相当发达。

帛十分贵重，因此与玉常并列，成为商周时期贵族的重要用品、珍贵礼品和高贵的祭祀用品，当时王公贵族、士大夫一般穿丝帛制成的衣服，即“帛衣”；成语“衣帛食肉”指的就是穿锦衣、吃肉食，形容生活富裕；又如《左传》“牺牲玉帛”。

在纸张普遍使用之前的很长一段时间里，丝帛曾经与竹简、木牍一起用作书画的主要材料，如《墨子》“书之竹帛”。那时民间用竹简，贵族用丝帛，写在丝织品上的书叫“帛书”，画在丝织品上的画叫“帛画”，写在丝织品上的诏书叫“帛召”。汉代纸张发明以后，帛书仍在宫廷贵族中流行了一段时间，湖南长沙马王堆汉墓出土了成批珍贵的帛书、帛画，使今天的人有幸目睹汉代帛书、帛画的真容。

由于丝帛的珍贵，古时人们还曾用其作为商品交换的媒介，“帛”与“贝”一样曾长期用作钱币。

◎ 汉代马王堆一号墓 T 形帛画《升天图》

自遣

（唐代）杜荀鹤

粝食粗衣随分过，堆金积帛欲如何。

百年身后一丘土，贫富高低争几多。

bì

【笔顺】㇀丆帀币

【笔画数】4画

【部首】巾（巾部）

【结构】独体

【书写提示】“币”上边是撇，不要错写成横；注意不要与“巾”相混。

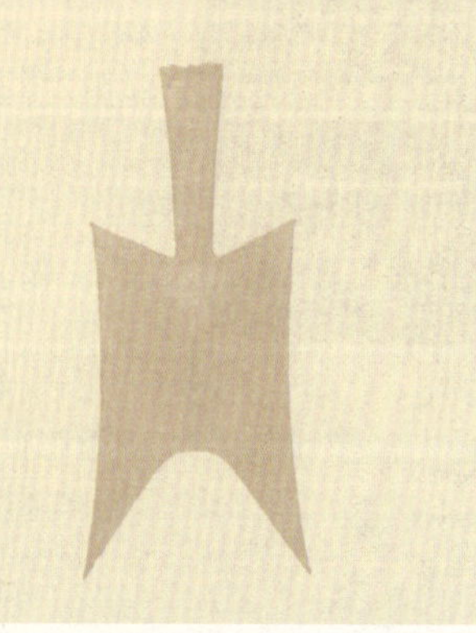

“币”的繁体字是“幣”，上面是敝，用作声旁；下面是巾，这里指丝帛，用作形旁。古人常将丝帛、宝玉、车马等作为馈赠宾客的礼品或祭祀的供品，“币”最初指的就是用作礼物的丝织品；后来泛指玉帛车马等贵重的礼品，

◎ 春秋空首布

◎ 战国刀币

如《周礼》“四曰币贡”，“币贡”即玉帛车马的贡品。由于丝帛属于贵重物品，价值很高，“币”由此引申指财物，如《左传》“币重而言甘，诱我也”，后有成语“币重言甘”，指财物贵重、言辞甜美，比喻用贵重礼品和甜言蜜语来诱惑人。

古时丝帛曾充当过商品交易的中介，“币”由此引申指货币，如《管子》“以珠玉为上币，以黄金为中币，以刀布为下币”；又如“币值、钱币、贝币、银币、铜币、硬币、纸币、外币、人民币”等。

“币”的繁体字过于繁杂，简化的时候只保留了繁体字下面的巾，把上面的“敝”简化作一撇，成了现在我们看到的简化字。

◎ 秦代半两青铜钱及陶钱范

下篇

日常生活

第二部分

与饮食有关的

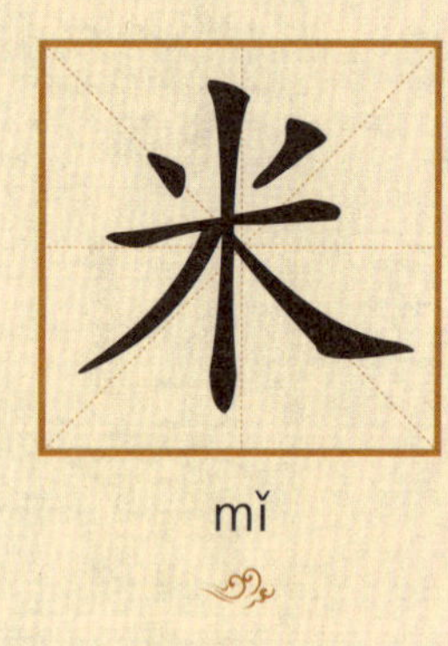

mǐ

【笔顺】丶 丷 䒑 半 米 米

【笔画数】6 画

【部首】米（米部）

【结构】独体

【书写提示】“米”中间一竖不带钩。“米”在字的左边或中间时，最后一笔捺要写作点。

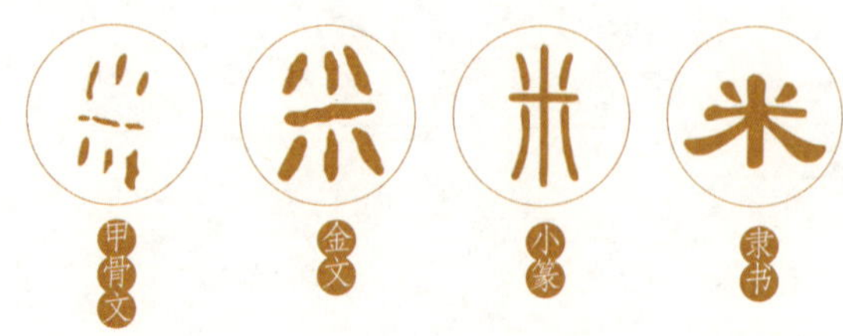

甲骨文中的“米”是象形字，上下的点像米粒的形状，中间的一横可能是为了与沙粒、水滴等相区别。整个字就像一粒一粒撒在地上的米粒，表示脱去皮壳后的谷米，如《周礼》“掌米粟之出入”，又如“粟米、小米”。“米”后来又特指稻米，如“大米、糯米、精米、米饭、米粥、米线、米粉、米糠、米酒、米醋”。

汉语中有不少由“米”构成的成语或俗语，表明稻米在中国人饮食生活中的重要地位，如“柴米油盐”指生活必需品，“米粮川、鱼米之乡”喻指盛产鱼、稻的富饶地区，“米兰陈仓、粒米狼戾”形容粮食充足、生活富有，“粒米束薪”形容粮食极少，“米珠薪桂”比喻物价昂贵，“等米下锅、数米而炊”形容生活困难，“巧妇难为无米之炊”喻指缺少做事的必要条件，“生米煮成熟饭”形容事情已经做

◎ 汉代舂米画像砖

成难以改变，“偷鸡不成蚀把米”形容本想占便宜结果却吃了亏，“不为五斗米折腰”表现人的清高和有骨气。

“米”由谷米、稻米泛指像米一样小粒的东西，如“虾米、海米、玉米、花生米”；也喻指极小或极少，如“米兰”；又如“米雪”即霰，指极小的雪粒。

汉字中以“米”为形旁的字多与米或粮食有关，如“精、粳、籼、糯、粮、粱、粟、粒、糕、粽、粑、粥”等。

南浦岁暮对酒送王十五归京

（唐代）白居易

腊后冰生覆湓水，夜来云暗失庐山。
风飘细雪落如米，索索萧萧芦苇间。
此地二年留我住，今朝一酌送君还。
相看渐老无过醉，聚散穷通总是闲。

jīng

【笔顺】丶 丷 䒑 半 米 米 米 米 米 米 粐 粐 精 精 精

【笔画数】14 画

【部首】米（米部）

【结构】左右

【书写提示】“精”字右边是“米”，中间一竖不带钩，最后一笔捺要写作点。

【词语】精打细算 精疲力竭 精益求精 养精蓄锐 短小精悍

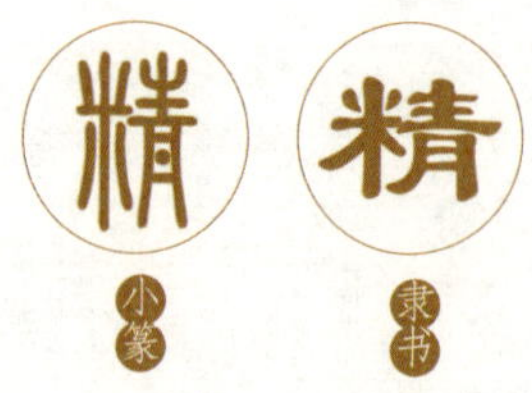

小篆中的“精”左边是米，用作形旁；右边是青，用作声旁。“精”的本义指经过挑选的上等稻米，与未经筛糠的糙米“粗”意义相对，如“精米”；由此引申为提炼出来的、最好的意义，如《吕氏春秋》“天地之精”，又如“精盐、精铜、精气、精品、精彩、精华、精英、精粹、去粗取精”；还引申为活力的意义，如《论衡》“人死精亡而形存”，又如“精神、精力、聚精会神、精疲力尽、无精打采、殚精竭虑”。

“精”又引申为纯净、专一、细致等意义，如《庄子》“真者，精诚之至也，不精不诚，不能动人”；又如“香精、酒精、精致、精妙、精密、精一、精心、精工制造、精诚团结、精忠报国”。孔子在《论语》中说：“食不厌精，脍不厌细。”说的是米不嫌舂得精，肉不嫌切得细，形容食物要精制细做。“精”还表示强劲、能干等意义，如“精兵强将、兵精粮多、精明强干”；又表示非常、彻底、用心等意义，如“精瘦、精湿、精光、精简、精选、精读、精雕细刻、精耕细作”。

“精”也用作名词，表示神仙妖怪，如“精怪、精灵、人精、妖精、蛇精、白骨精、狐狸精”；又用作动词，表示擅长，如“精通、精习、精于此道、习无不精”等。

苦战行

（唐代）杜甫

苦战身死马将军，自云伏波之子孙。
干戈未定失壮士，使我叹恨伤精魂。
去年江南讨狂贼，临江把臂难再得。
别时孤云今不飞，时独看云泪横臆。

liào

【笔顺】丶 丷 䒑 半 米 米 米 米 米 料

【笔画数】10 画

【部首】米（米部）

【结构】左右

【书写提示】“料”字左边是“米”，中间一竖不带钩，最后一笔捺要写作点。

【词语】料事如神　意料之外　春寒料峭　不出所料　出人意料　偷工减料

“料”的金文字形左边是米，表示稻米；右边是斗，斗是古代的一种量具。整个字表示用斗量米，表示称重。“料”由此引申为计量计数，如《国语》“楚师可料也”，又如“料算”即计算。“料”还引申为预计、估量，如《史记》“料大王士卒足以当项王乎”，又如“预料”。“料”又引申为安排、照管，如“照料”。“料”也用作名词，表示粮食，如“禄料”；也表示供人畜等食用的物品，如“草料”；又表示物质材料，如“原料”等。

衙郡守还

（唐代）岑参

世事何反覆，一身难可料。头白翻折腰，还家私自笑。所嗟无产业，妻子嫌不调。五斗米留人，东谿忆垂钓。

jiǔ

【笔顺】丶 丶 氵 汀 汀 沂 沔 洒 洒 酒

【笔画数】10 画

【部首】氵（三点水部）

【结构】左右

【书写提示】“酒”字右边是“酉”，不要错写成“西”，与“洒”相混。

【词语】酒囊饭袋

醉翁之意不在酒

小篆中的“酒”左边是水，表示液体；右边是酉，酉像古代一种盛酒的器皿。整个字表示酒器里盛放着的液体，即酒。最初酒的意义是用“酉”字表示的。“酉”在甲骨文中写作 ，是一种大肚尖底的大缸，里面的一横表示缸里有液体。“酉”指盛酒的酒坛子，又指坛子里盛的酒，是“酒”的本字。汉字中以“酉”为形旁的字大多与酒有关，如“醋、酱、酵、酬、醪、酿、酌、酣、醺、酗、醒、酋、奠、尊”等。后来“酉”借用为地支的第十位，用来纪年月或纪时。由于“酉”专用于假借意义，人们就在“酉”旁加水，另造了“酒”字。在酒的意义上，“酉”是古字，“酒”是今字。

中国是酒的故乡，是世界上酿酒最早的国家之一，中国的黄酒是世界上最古老的酒类之一，也是我国的特产。

相传夏禹时期，仪狄发明了酿酒，做出来的酒醪味道甘美，禹喝了以后认为后世必有因饮酒而亡国的君王，从此与美酒绝缘，并疏远了仪狄。又传杜康发现了自然发酵的原理，发明了秫（shú）酒，秫即高粱，后人因此以“杜康”代指美酒。实际上，早在新石器时代，人类就发现发酵后的粮食能产生酒。在夏代之前就有“尧酒千钟”的说法，据说尧、舜皆善饮酒。现代考古发掘出大量距今五六千年的陶制酒器和殷商时期青铜制的酒器，证实了黄帝到夏禹时期已经盛行酿酒。商周时期有了酒曲复式发酵法，可大量酿造黄酒，曲是我们祖先的发现和贡献，对现代发酵和酶制剂工业产生了深远的影响。殷商时期酿酒业十分发达，贵族饮酒风气极盛，人们认为饮酒是沟通人与神的重要工具，因此酒广泛应用于祭祀、宗教活动中。当时酒器种类繁多，是商代铜礼器的主流。商纣王曾“以酒为池，悬肉为林”，“为长夜之饮”，终因

◎ 汉代酿酒画像砖

好酒之风、骄奢淫逸而亡国。周代吸取商代亡国之教训，倡导“酒礼”与“酒德”，限酒于祭祀，形成了酒祭文化。

汉代的张骞出使西域，从西域带回葡萄种子，也带回西域的酿酒方法，葡萄酒在一千多年以前的唐代就已广为人知。明代药学家李时珍在《本草纲目》中写道，葡萄酒有两种，即葡萄酿成酒和葡萄烧酒。所谓葡萄烧酒，就是用葡萄发酵蒸馏而成的最早的白兰地。这种方法始于高昌，即现在的吐鲁番，唐朝破高昌后，这种蒸馏技术传到中原大地。宋代发明了蒸馏法，由此法而成的白酒从此成为中国人饮用的主要酒类。后来通过丝绸之路才传到西方，研究中国科学史的英国著名专家李约瑟博士认为，中国人应该是世界上最早发明白兰地的人。西方科学家也一致认为，中国是世界上最早发明蒸馏器和蒸馏酒的国家。

《礼记》说：“酒食者，所以令欢也。”《汉书》说：“酒，百乐之长。又，酒者，天下之美禄。”魏晋以后，文人与酒结缘，当“对酒当歌”成为文人士大夫的生活情趣，酒也就与诗词、绘画、书法、音乐相融合，成就了无数不朽诗篇和千古绝唱。有着“天下第一行书”之称的晋代著名书法家王羲之所书《兰亭集序》，记录的就是诗人们在绍兴兰亭曲水流觞、饮酒赋诗的过程。作为一种文化象征，酒渗透于中华五千年文明史，在中国人的生活中占据着重要的位置。

闻官军收河南河北

（唐代）杜甫

剑外忽传收蓟北，初闻涕泪满衣裳。
却看妻子愁何在，漫卷诗书喜欲狂。
白日放歌须纵酒，青春作伴好还乡。
即从巴峡穿巫峡，便下襄阳向洛阳。

cù

【笔顺】一 丆 万 丙 两 西 酉 酉一 酉卜 酉艹 酉廾 酐 酣 醋 醋

【笔画数】15 画

【部首】酉（酉部）

【结构】左右

【书写提示】“醋”字左边是“酉”，不要错写成“西”。

【词语】添油加醋

醋在古代称“酢（zuò）、醯（xī）、苦酒”等。“酢”字出现在周代以前，周代王室中有“醯人”，专管王室中醋的供应，日本现在仍用“酢”称醋。

关于“醋”字的产生有一个传说：杜康造酒时，觉得酒糟扔掉可惜，就存放起来，用水浸泡在缸里。到了二十一天酉时，他打开缸盖，一股从未闻过的香味扑鼻而来，一尝，又酸又甜，味道很美。于是杜康便把它贮藏起来作为调味浆。他想给它取个名

◎ 古代酿醋图

◎ 古代酿醋图

字，这东西是用酒糟经过二十一天制成的，就用“酉”加上“二十一日”即“昔”，造出了“醋”字。直至今日，名醋之乡江苏镇江生产的醋仍以二十一天为一个酿造周期。这个传说的真实性虽有待考证，但从中可以看出醋与酒的渊源。“醋”的形旁是酉，酉是古代一种酒器，又指酒器中的酒。醋的最初制法是用麦曲使小米发酵生成酒精，然后借醋酸菌的作用把酒精氧化成醋酸而成，“醋”以酉为形旁，说明醋与酒有关，是用酒或酒糟发酵而成的酸味调料。

中国是世界上最早用谷物发酵酿成食醋的国家，有文献记载的酿醋历史至少在三千年以上。相传尧帝城西南有玉泉，尧王亲往酿醯。春秋战国时期已有专门的酿醋作坊，《论语》中有关于醋的记载，醋在当时被视为贵重的奢侈品。山西老陈醋是

◎ 古代酿醋图

中国四大名醋之一，早在春秋战国时期，山西人便以曲为发酵剂，用液态发酵的方式酿醋，这种酿醋技艺世代相传，延续至今。醋在汉代开始普遍生产，出现了商业性的酿醋作坊。魏晋南北朝时，酿醋工艺日趋完善，出现了固态发酵的方法，醋的生产有了很大的发展，北魏农学要著《齐民要术》中有专门的《作酢法》一篇，详细记载了自上古到北魏期间醋的酿制方法，共收录了二十来种制醋方法，是以粮食酿造食醋的最早记载。但当时醋仍是贵重的调味品，官员、名士之间宴请时往往把有无醋作调料视为筵席档次高低的标准。醋在唐代开始广泛使用，制醋的原料不断增多，还出现了以醋作为主要调味的菜品。“醋”字在宋代才使用开来，那时醋已经成为人们日常生活的必备之物，在南宋都城临安府（今浙江杭州）出现了不少以醋为主要调味的菜肴，相传杭州名菜“西湖醋鱼”便是宋代的名菜。

醋味酸，酸有痛苦之意。以前民间婚礼上有一种仪式，新娘离开娘家时，娘家人要给她一碗醋，新娘将一根燃烧的棍棒插入醋中将其烧沸，端着烧沸的醋绕轿子走一圈，然后上轿前往婆家。据说这样婚后便不会有吃醋的烦恼，即不会有心酸、痛苦的经历。“吃醋”的说法由此而来，喻指男女关系上的妒忌情绪，并由此出现了一系列与“吃醋”有关的说法，如“醋缸、醋性、醋心、醋意、醋劲儿、醋坛子、争风吃醋”等。

福

fú

【笔顺】丶 ㇇ 礻 礻 礻 礻 礻 礻 礻
礻 礻 福 福

【笔画数】13 画

【部首】礻（示字旁部）

【结构】左右

【书写提示】“福”字左边是“礻”，不要错写成“衤”。

【词语】福至心灵 百福呈祥

作威作福

福如东海，寿比南山

福无双至，祸不单行

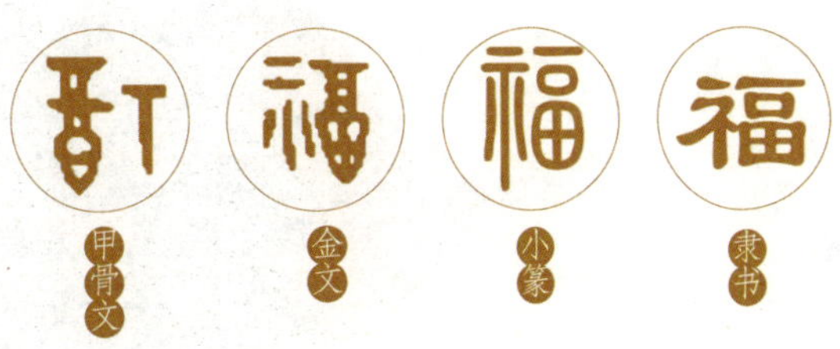

“福”在甲骨文中左边像古代一种长颈的大酒坛，有的字形酒坛子下还有双手捧着；右边是示，代表祖先的神灵。整个字表示用一坛美酒敬献于神灵之前，以美酒祭神，祈求富足安康，幸福如意。“福”就是以酒敬神祈求降福，如《诗经》“万福来求”“降福既多”；又如“福分、福运、福相、福泽、福祉、祝福、造福、享福、福寿齐天”。“福”由此引申为祭神求福用的酒肉，用作名词，如“福酒、福食、福脯、福礼、福物”。“福”又用作动词，表示保佑、赐福，如《诗经》“亦其福女”，《左传》“神弗福也”；又如“福佑、福荫”。

在中国传统文化中，“福”字有着丰富的文化意义，百事顺利如意是福，长寿富贵安康更是福，《礼记》说：“福者，备也。备者，百顺之名也。”《尚书》说：“五福：一曰寿，

◎ 福字

二曰富，三曰康宁，四曰攸好德，五曰考终命。”《韩非子》说：“全寿富贵之谓福。”古人对福的认识也是辩证的，福与祸互为对立，相互依存，甚至有可能互相转化，“福祸相依”，“人有旦夕祸福”，正如《老子》所说：“祸兮福所倚，福兮祸所伏。”

祈福是中国人从古至今的传统习俗，“福”是中国人逢年过节使用频率最高的汉字。每逢新春佳节，人们就将大大的“福”字写在红纸上，贴在临街的大门以及窗户、家具、器物之上，寓意迎福、接福、祝福、福到，祈求新的一年吉祥幸福。贴“福”字的传统寄托着人们对幸福生活的向往和对美好未来的期盼。作为装饰，人们还常常将“福”字描绘成寓意吉祥的各种图案，有寿星佬、寿桃、龙凤呈祥、鲤鱼跳龙门、年年有鱼（余）、五谷丰登、五蝠（福）临门等。

赐齐州李希遇诗

（唐代）吕岩

少饮欺心酒，休贪不义财。

福因慈善得，祸向巧奸来。

fù

【笔顺】丶 丷 冖 宀 宀 宀 宀 宀 宀 宀 宀 富

【笔画数】12 画

【部首】宀（宝盖部）

【结构】上下

【词语】民殷国富

金文中的“富”外面是宝盖，表示房屋；里面像古代一种长颈的大酒坛。房子里有大酒坛，意味着有房子住，有美酒喝，这便是古人眼中的富有了。远古时期只有家境宽裕的人家才有余粮酿酒，酒是家中的宝贵财产，家中有酒是生活富裕的标志。

“富”表示家中有财产、财物充足的意义，如曹丕在《上留田》中写道“富人食稻与粱，贫子食糟与糠”；又如“财富、富人、富商、富翁、富贾、富有、富贵、富家子弟”。“富”由此引申为丰盛、充足的意义，如“丰富、富岁、富裕、富足、富饶、富强、富态、富丽堂皇、国富民强、学富五车”；又引申为正当年、来日方长的意义，如“年富力强”。

“富”还用作名词，表示财富，成语“富可敌国”指私人拥有的财富可以与国家的财富相匹敌，形容拥有巨大财富，极为富有；“富甲一方”指拥有的财富在一个地方居于首位，也形容财富极多。“富”又用作动词，表示变得富裕起来的意义，如“富国强兵”是使国家富裕、军队强大的意思。

原上新居

（唐代）姚合

秋来梨果熟，行哭小儿饥。
邻富鸡长往，庄贫客渐稀。
借牛耕地晚，卖树纳钱迟。
墙下当官道，依前夹竹篱。

ròu

【笔顺】丨冂内内肉肉

【笔画数】6画

【部首】冂（同字框部）

【结构】半包围

【书写提示】“肉”六画，里面的两个“人”最后一笔捺都要写作点；注意不要与“内”相混。

【词语】苦肉计　弱肉强食　皮开肉绽　心惊肉跳　行尸走肉　有血有肉

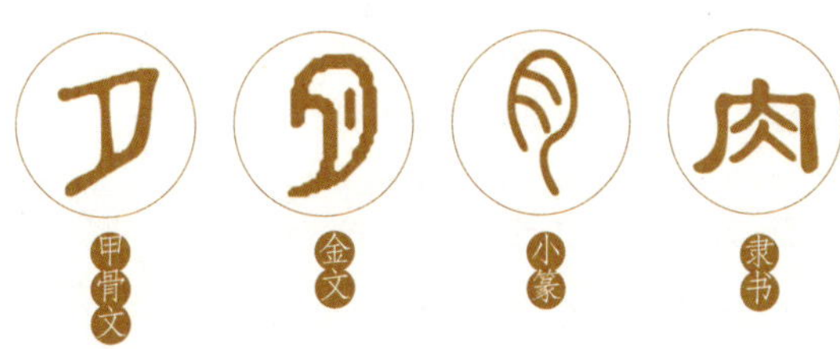

甲骨文中的“肉”像动物身上一大块带肋骨的肉，指供食用的鸟兽的肉，如《左传》“公赐之食，食舍肉”；又如“肉食、肉糜、肉羹、肉醢（hǎi）、肉腥、羊肉、猪肉、鱼肉、食肉寝皮”。《孟子》说：“七十者可食肉矣。”古代年满七十以上的老人可以食用肉类，这是中国古代敬老的一种礼仪。中国古代饮食文化的丰富也体现在肉食品的加工和烹饪上，马王堆汉墓中出土过一套竹简，上面记载了放进墓里的一些食物，有肉食，有主食，还有点心、果品、饮料、酒类等食品，其中仅肉汤类食品就有二十四种，调味品有十九种，如果按照肉食烹饪方法的不同，可有七十款之多，足见汉代肉食加工方法的多样和饮食文化的丰富多样。

上古时期禽兽之肉称“肉”，人之肉称“肌”，后来“肉”

引申指人的皮肉、躯体，如《墨子》"其亲戚死，朽其肉而弃之，然后埋其骨"；还有"肉刑、肉赘、肉体、肉身、肉搏战、骨肉之亲、血肉之躯"。"肉"又引申指蔬果除去皮、核之外可以食用的部分，如"肉果、肉杏、肉桂、果肉、笋肉、荔枝肉"。"肉"也喻指凡俗愚劣，如"肉眼凡胎"。在口语中，"肉"还喻指软绵、动作慢等意义，如"肉瓤西瓜"指吃起来瓜瓤不沙、不脆，"这人挺肉的"指人性子慢，"做事太肉"指干事情不麻利。

到了小篆中，"肉"与"月"字形渐渐趋同，现在汉字中的月字旁多是由肉字旁变形而来，表示肉而并不表示月。"肉"在字的左边写作"月"，俗称肉月旁，在字的下边写作"⺼"或"肉"，以这些部件为形旁的字多与人或动物的身体部位或内脏器官有关，如"脑、脸、脖、肚、腹、肝、胆、肠、腩、脚、臂、胃、肩、肾、腐"等。

除夕有怀

（唐代）崔涂

迢递三巴路，羁危万里身。

乱山残雪夜，孤独异乡人。

渐与骨肉远，转于僮仆亲。

那堪正飘泊，明日岁华新。

zhì

【笔顺】丿 ク タ タ 夕 夕 夕 炙

【笔画数】8 画

【部首】火（火部）

【结构】上下

【书写提示】“炙”的上边不要错写成“夕”；下边是“火”，要注意正确的笔顺，先左右两点，再一撇一捺；注意不要与“灸”相混。

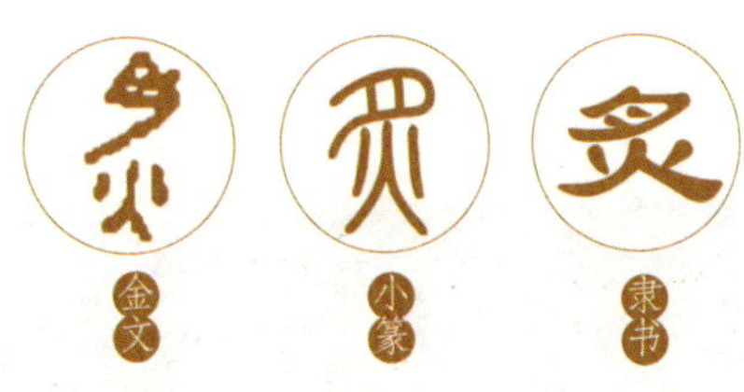

金文中的“炙”上面是肉，下面是火。整个字像把肉放在火上烧烤，指烤肉。“炙”表示一种烹饪方式，即将去毛的兽肉串起来，放在火上烧烤，如《礼记》“以烹以炙”，“烹”是煮肉，“炙”是烤肉；又如《诗经》“有兔斯首，燔之炙之”，《乐府诗集·西门行》“饮醇酒，炙肥牛”；还有“炙肉、炙羊、炙兔、炙鱼、炙鼠”。

“炙”由烤肉泛指烧、烧灼的意义，如《汉书》“炙胡巫上林中”，又如“炙烤、炙灼、炙面、焚炙忠良”；还引申为灼热的意义，如“炙浪、炙阳、炙热、炙手可热”；又喻指受到熏陶的意义，如“亲炙”。

“炙”也表示中药的一种炮制方法，即将药材与酒、醋、姜、蜜、盐水、米泔水等辅料拌匀同炒以增强药性，如“酒炙、醋炙、炙甘草”等。

◎ 汉代烤肉画像砖

“炙”还用作名词，指烤熟的肉，如“残羹冷炙”。有一成语“脍炙人口”，其中“脍”指切得很细的肉丝，“炙”即烤熟的肉，脍与炙都是人们爱吃的美味；整个成语喻指人们喜爱的事物。

次韵答必大

（宋代）丘葵

越雪从来招犬吠，平生独炙是为师。
早知穷达皆天赋，晚觉文章与道亏。
万斛客愁吾老矣，一生心事子知之。
残杯冷炙成何事，空过人间五十期。

然

rán

【笔顺】丿 ク タ タ タ˙ 夕卜 夕犬 夕犬 夕犬 然 然 然

【笔画数】12 画

【部首】灬（四点部）

【结构】上下

【书写提示】“然”的左上边不要错写成“夕”；右上边是“犬”，不要错写成“大”。

【词语】安然无恙　恍然大悟　豁然开朗　理所当然

金文中的“然”左上边是肉，左下边是火，表示用点燃的火烤炙兽肉；右边是犬，狩猎时往往要带着猎犬，因此犬在这里代表狩猎。整个字表示用火烧烤猎捕来的猎物，将其烤熟了吃，是“燃”的本字。到了隶书中，火变成了四个小点。“然”由燃火烧烤猎物泛指烧火、燃烧的意义，如《孟子》“若火之始然也”，又如“然脂、然灯、然炬”即点燃油灯、蜡烛或火炬，“然海”是古代传说中燃烧的油海。古代有个“然荻读书”的故事，说的是南北朝时有个名叫刘绮的人，家境贫寒，没有钱买灯烛，便燃烧荻草，供晚上读书照明用，这里的“然”用的就是本义。

“然”还引申为照耀、明白等意义，如“然目之绮”指花纹耀眼的丝绸，“弗能然也”指不能明白。“然”又引申为以为对、正确的、合理的意义，如《论语》“子曰：然”，

《史记》“广以为然”；又如“然可、然诺、然之、不以为然”。

“然”后来借用作代词、连词等，前者如“然后、亦然、不然、当然、知其然而不知其所以然”，后者如“然且、然而、然则、然后、虽然”；又用作词缀，用于形容词或副词之后表示状态，如“必然、偶然、忽然、突然、悍然、徒然、庞然、欣然、愤然、哗然、贸然、蔚然、飘飘然、庞然大物、焕然一新”等。

当“然”的引申意义和假借意义使用开来以后，人们又另造“燃”字表示燃烧的意义。

锦瑟

（唐代）李商隐

锦瑟无端五十弦，一弦一柱思华年。

庄生晓梦迷蝴蝶，望帝春心托杜鹃。

沧海月明珠有泪，蓝田日暖玉生烟。

此情可待成追忆，只是当时已惘然。

下篇

日常生活

第三部分

与建筑有关的

chǎng

【笔顺】一厂

【笔画数】2画

【部首】厂（厂部）

【结构】独体

【书写提示】“厂”两画，注意不要与“广”相混。

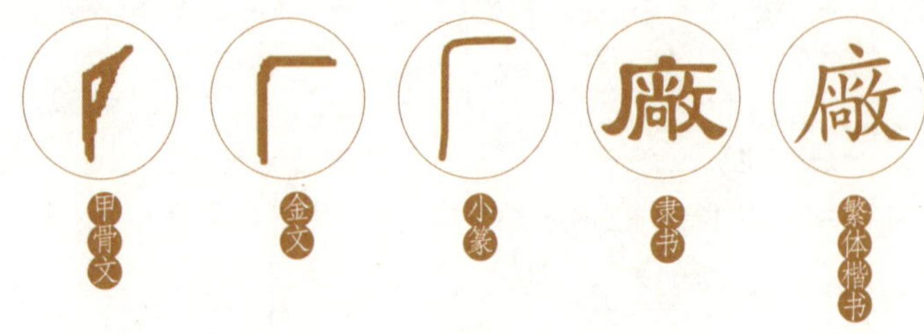

甲骨文中的“厂”像高而陡峭的山崖，左上边的小撇像在山崖高坡上开凿的洞穴。远古时期的人类在山崖高坡上凿穴挖洞，开始了穴居生活，“厂”的本义是在陡峭的山坡上挖掘开凿出来的供人居住的洞穴或土屋。时至今日，我们在黄土高原上仍可以看到“厂”的古字形所展现的景象：上面是高原，一边有着陡峭的山坡，山坡直达谷底，在山陡峭的高坡上，窑洞多依山而上呈现台阶式分布。黄土高原古代民居最大的特色就是窑洞，这种穴居式民居已有四千多年的历史，广泛分布于我国处于黄土高原的山西、陕西、河南、河北、内蒙古、甘肃、宁夏等地。黄土高原的黄土层非常厚，有的竟厚达几十公里，我们的祖先创造性地利用高原有利的地形和丰厚的黄土资源，凿洞而居，创造出有着冬暖夏凉、经济省钱、不破坏生态、不占用良

田等优点，被称为“绿色建筑”的窑洞建筑，可以说窑洞是黄土高原的产物。

早在周代，先民们挖掘的窑洞就遍布山原谷地，有了窑洞，人们可以防范野兽袭击，开始了定居生活和农业生产，如《诗经》“陶复陶穴”，“陶穴”即下沉式地坑，“复穴”即坡崖半敞式土屋，这是周人根据不同的地理条件而挖的两种形式的窑洞。唐宋时期窑洞种类增多，每个窑洞的作用都有了明确的分工。明清时期出现了小城堡，高大土墙将一组窑洞或地坑院围起来，以防御兵荒和盗贼，俗称“堡子”。民国时期还出现了窑洞城市。传统的窑洞上面是圆拱形，不仅体现了天圆地方的理念，门洞处高高的圆拱加上高窗，冬天还可以使阳光深入窑洞内部，充分利用太阳辐射，同时加大了内部的竖向空间，使人感觉开敞舒适。

“厂”由此引申为有屋顶、没墙壁的简陋棚舍，如“茅厂、厂屋”；后来又用来表示牲口住的棚子，如《齐民要术》“架北墙为厂”，“厂”即指牲口棚子。“厂”还特指明代由太监掌管的特务机构，如“东厂、西厂、厂狱”。近代以后，“厂”又引申指一种空间开阔的开放式建筑，成为制造、贮藏或修理产品的场所，如“厂房、工厂、纱厂、铁厂、木器厂”等。

在隶书中，“厂”变成了形声字，敞用作声旁，繁体字即源于此，简化字恢复使用“厂”的古字形。汉字中以“厂”为形旁的字多与山崖或房屋有关，如“崖、原、厅、厨、厕、厩”等。

◎ 晋中窑洞式传统民居

宫

gōng

【笔顺】丶丷宀宀宀宁宁宫宫

【笔画数】9画

【部首】宀（宝盖部）

【结构】上下

【书写提示】“宫”字下边是“吕”，注意不要与“官”相混。

【词语】蟾宫折桂

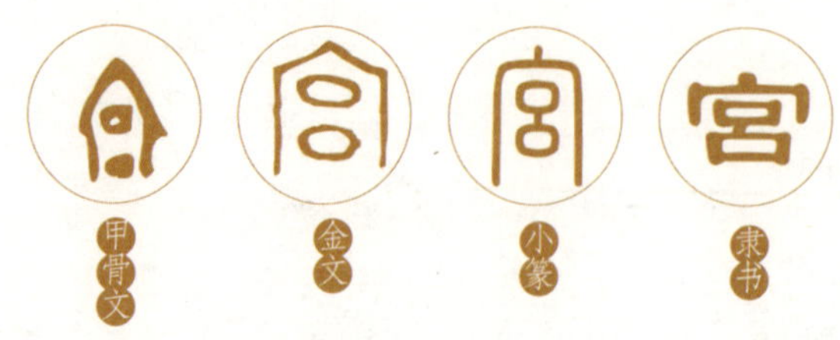

“宫”的甲骨文字形像古人居住的洞窟的样子，外面像一个大的洞口，里面像彼此相连的小洞窟，相当于现在的一间间居室；又像一个大的洞穴，上面开了多个窗口，相当于现在多楼层、多窗户的建筑。在甲骨文中，“宫”字既有两个口的，也有三个口的，口的位置也不固定，有的是垂直的，有的是平行的，这一方面说明甲骨文字形尚不固定，另一方面也是古人穴居时期简陋居室——洞穴之居的形象写照，我国北方部分地区的窑洞就是在此基础

◎ 新石器时代陶屋

上发展而来的。从古字形可以看出，“宫”最初的意义就是居住的房屋、居室，《尔雅》:“宫谓之室，室谓之宫。”《释文》:“古者贵贱同称宫。”可见“宫”与“室”意义相近，当时贵族、平民的住房皆可称“宫”，如《礼记》“父子皆异宫”，即父子不同室；《墨子》“父母妻子，皆同其宫”，即父母和妻子儿女同居一室。

秦始皇统一天下后，为了显示自己的尊贵地位，下令用“宫”字专指皇帝居住的处所，《释文》说：“秦汉以来，惟王者所居称宫焉。”从此一般人的居室称为“室”，而“宫”则富贵华丽起来，由普通的房屋变身为宫廷的意义，如“宫殿、宫阙、王宫、皇宫、后宫、冷宫、阿房宫”。北京的故宫又叫“紫禁城”，是我国明清两代的皇宫，共有二十四位皇帝在此生活居住和处理政务，是世界上现存规模最大、保存最为完整的宫殿型建筑群。

◎ 山西大同云冈石窟洞窟

“宫”还是神仙居住的房屋或供奉神灵的庙宇，如“宫庙、天宫、月宫、蟾宫、龙宫、雍和宫”；又是胎儿在母亲体内的居处，如“子宫、宫颈”；现在也是文化活动的场所，如“少年宫、青年宫、文化宫”。“宫”还是古代五音“宫、商、角、徵、羽”之一。

宫中词

（唐代）朱庆馀

寂寂花时闭院门，美人相并立琼轩。

含情欲说宫中事，鹦鹉前头不敢言。

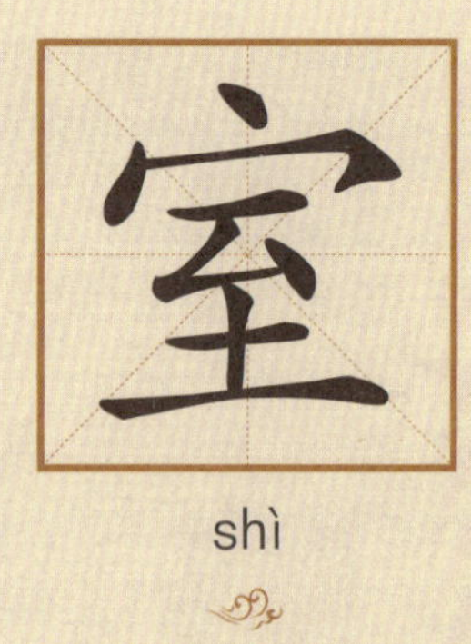

shì

【笔顺】丶 丷 宀 宀 宀 宀 宀 室 室

【笔画数】9 画

【部首】宀（宝盖部）

【结构】上下

【读音提示】“室”读作 shì，不要错读成 shǐ。

【词语】室如悬磬　十室九空　同室操戈

“室”在甲骨文中外面是宝盖，表示房屋；里面是至，像箭落地的样子，表示到达。整个字表示到达屋里而止息，是内室的意义。古代民居建筑格局为前堂后室，

◎ 汉代宅院画像砖

◎ 三国陶院落

房屋前部叫“堂”；房屋后部居于中间的房间叫“室”，即“正室、正房”，一般是长辈的居室，如成语“升堂入室”中“堂”与“室”对举；房屋后部居于东西两侧的房间叫“房”，即东西厢房，多为子女居住。

“室”由内室泛指房屋，如《诗经》“筑室百堵”，又如“居室、宫室、室宅、室舍、室庐、室第、引狼入室”；“室”还引申为家、家族，如杜甫《石壕吏》“室中更无人，惟有乳下孙”；又如“室人、室族、皇室”。“室”由内室又代指妻子，如《礼记》“三十曰壮，有室”；又如“家室、妻室、正室、侧室、继室”。“室”也用作动词，表示娶妻成家，如《韩非子》“丈夫二十而室，妇女十五而嫁”。

“室”还表示坟墓，如《诗经》“百岁之后，归于其室”；也表示刀剑的鞘，如《战国策》“剑长操其室”。在现代汉语中，“室”又表示单位机构的工作部门，如“办公室、教研室、阅览室”等。

◎ 山西灵石县传统民居院落

抵楚门

（元代）李仕兴

楚门山色散烟霞，人到江南识永加。
半垄石田多种麦，一冬园树尚开花。
海天日暖鱼堪钓，潮浦船回酒可赊。
傍水人家无十室，九凭舟楫作生涯。

guān

【笔顺】丶丶宀宀宀宀官官

【笔画数】8 画

【部首】宀（宝盖部）

【结构】上下

【书写提示】“官”的下边不要错写成“吕”，注意不要与“宫”相混。

【词语】官官相护　官样文章

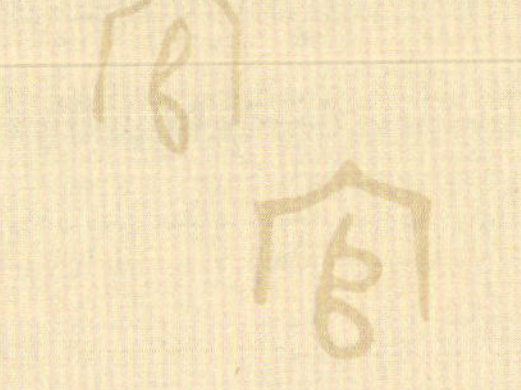

“官”的甲骨文外面是宝盖，表示房屋；里面是弓，表示兵器、兵权。弓在古代是军政权力的象征，屋子里挂有弓，象征着这是有权威的地方，指军政官员办事的要地，这是“官”的本义，如《礼记》“官，谓朝廷治事之处也”；又如“官府”。“官”引申指在官府办事的人，即拥有权力的官员，如“官吏、官僚”；还引申指官员的职位，如“官职、官位”；又引申为国家、政府的，如“官腔、官场”；也引申指人体生理的关键部位，如“器官、感官”等。

生查子

（宋代）晏几道

官身几日闲，世事何时足。君貌不长红，我鬓无重绿。

榴花满盏香，金缕多情曲。且尽眼中欢，莫叹时光促。

sòng

【笔顺】丶 丶 宀 宀 宁 宋 宋

【笔画数】7画

【部首】宀（宝盖部）

【结构】上下

【书写提示】“宋”字下边是“木”，中间一竖不带钩。

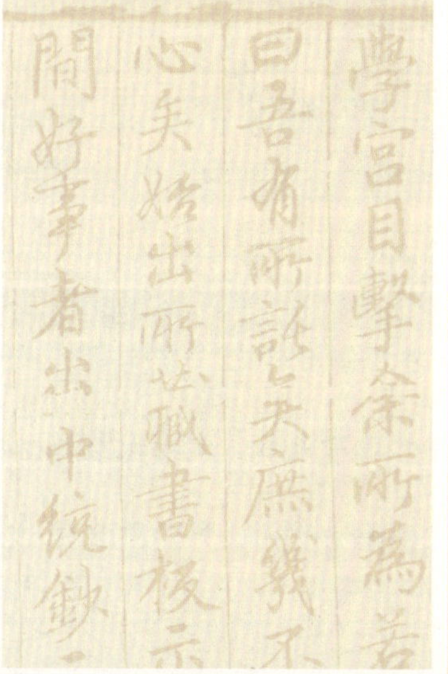

“宋”在甲骨文中是会意字，外面是宝盖，表示房屋；里面是木，表示房屋中的木头梁柱。“宋”的本义是居住、居所，后来用作国名、朝代名和姓氏，如春秋五霸之一的宋国、唐五代之后的宋代。“宋”作为姓氏，起源于周代。周武王灭商之后，将一大片土地封给商王帝乙的长子启，建立了宋国，其子孙便以国为姓。

自汉代发明纸以后，书写材料比起甲骨、简牍、金石和丝帛要轻便、经济多了，但是抄写书籍还是非常费工，远远不能适应社会的需要。东汉末年，出现了摹印和拓印石碑的方法。大约在唐代，因从刻印章中受到启发，中国人在人类历史上最早发明了雕版印刷术。雕版印刷是将书稿工整地抄写在薄而近乎透明的纸上，把纸的正面贴在一定厚度的平滑的木板上，这样字就成了反体；然后用刻刀把版面上没有字迹的部分削去，就成了字体凸出的阳文；印刷的时候，在凸起的字体上涂上墨汁，把纸覆在它的上面，轻轻拂拭纸背，字迹就留在了纸上。雕版印刷术开始于唐代，唐代中后期已广泛使用，到了宋代发展到全盛时期。雕版印刷一版能印几百部甚至几千部书，对文化的传播起了很大的作用，但是也存在着明显的缺点，刻版费时、费工、费料，大部头的书要花费好几年的时间；存放版片占用空间大，且常会因变形、虫蛀、腐蚀而损坏；有了错字不容易更正，需整块版重新雕刻。

宋代的毕昇总结了雕版印刷的实践经验，经过反复试验，终于制成胶泥活字进行排版印刷，完成了印刷史上的一项重大革命。毕昇的方法是用胶泥做成一个个规格一致的毛坯，在一端刻上反体单字，字画突起，用火烧硬，成为单个的胶泥活字；

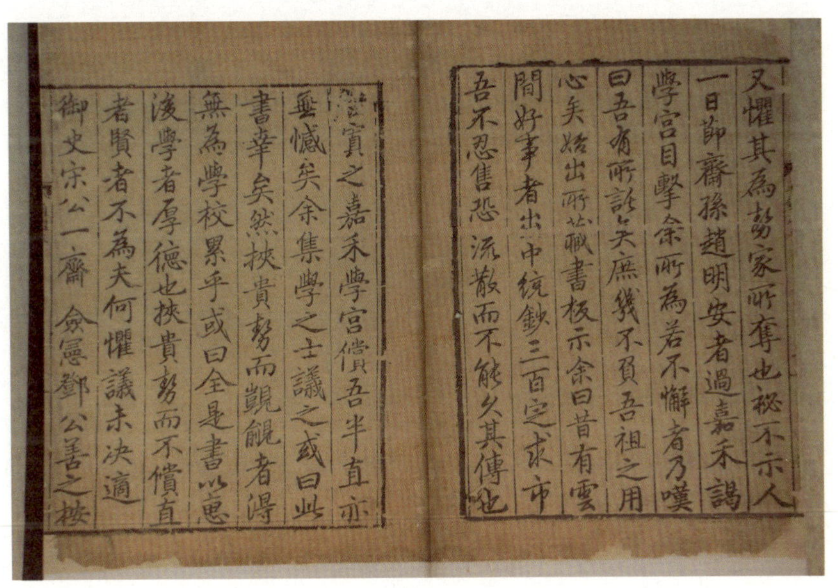
又懼其為勢家所奪也秘不示人
一日節齋孫趙明安者過嘉禾謁
學宮目擊余所為若不懈者乃嘆
曰吾有所託矣庶幾不負吾祖之用
心矣於出所藏書板示余曰昔有雲
間好事者出中統鈔三百定求市
吾不忍售恐流散而不能久其傳也
[illegible]寘之嘉禾學宮償吾半直亦
無憾矣余集學之士議之或曰此
書幸矣然挾貴勢而覬覦者得
無為學校累乎或曰全是書以惠
後學者厚德也挾貴勢而不償直
者賢者不為夫何懼議未決適
御史宋公一齋僉憲鄧公善之按

◎ 宋版《通鉴纪事本末》

然后按照稿件把单字挑选出来，排列在字盘内，涂墨印刷；印完后将字模拆出，留待下次排印时再次使用。活字制版避免了雕版的不足，只要事先准备好足够的单个活字，就可以随时拼版，活字版印完后，可以拆版，活字可重复使用，也容易存储和保管，大大缩短了制版时间，节约了大量的人力物力，提高了印刷的速度和质量。毕昇发明的泥活字标志着活字印刷术的诞生，比德国人约翰内斯·古腾堡铅活字印刷术早了约四百年。活字印刷术的发明是印刷史上一次伟大的技术革命，印刷术是中国古代四大发明之一，对世界文明进程和人类文化发展产生了极其重要的影响。

为适应雕版印刷的需要，宋代出现了一种便于刻写的印刷字体——“宋体”。宋体字字形方正，结构严谨，整齐均匀，笔画横细竖粗，棱角分明，容易辨认，阅读效果好。这种字体盛行于明代，并一直沿用至今，成为中国现代出版印刷行业应用最为广泛的基本字体，也是国家指定的印刷、制图、打字以及电脑使用的标准字体。宋体字在明代传至日本，被日本人称作“明朝体”。

宋代“兴文教，抑武事”，出现了前所未有的文化繁荣，宋代儒家的理学称为“宋学”，宋代出版印刷的书籍称为“宋版、宋本”，宋代的造纸技术也很发达。宋版书纸质白韧，墨色漆黑，字体优美，行列疏朗，校勘精湛，独具美学和文献学价值，非常珍贵，深受后世推崇，被誉为世界上最昂贵的书籍。

西湖杂诗

（清代）黄任

珍重游人入画图，楼台绣错与菌铺。

宋家万里中原土，博得钱塘十顷湖。

shǒu

【笔顺】丶 丶 宀 宀 守 守

【笔画数】6 画

【部首】宀（宝盖部）

【结构】上下

【词语】守身如玉 守株待兔 因循守旧 闭关自守

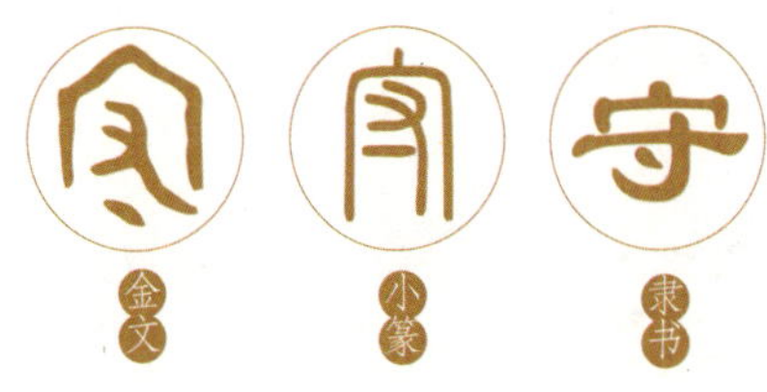

金文中的“守”外面是宝盖，表示房屋；里面是寸，表示法度。整个字表示官府执掌法度，本义指官员的职守，如《左传》“官司之守，非君所及也”，《孟子》“我无官守，我无言责也”。“守”由此引申为节操，如“操守”；也引申为官员名称，如“太守、郡守、河西守”。“守”又用作动词，表示防卫、看管等意义，如“守卫、守护、守御、守兵、守敌、防守、看守、把守”；还表示奉行、坚持等意义，如“守则、守法、守寡、守候、守望、遵守、保守、坚守、守财奴、守口如瓶、墨守成规、魂不守舍”。

中国人过年有“守岁”的习俗，即在除夕之夜，也就是农历大年三十的晚上，全家团园，欢聚一堂，彻夜不睡，迎接农历新年——春节的到来。除夕守岁不仅是中国人最重要的年俗，还影响到日本、越南、泰国等邻国。

jīng

【笔顺】丶亠亣亩亩亨京京

【笔画数】8画

【部首】亠（点横部）

【结构】上中下

【书写提示】“京”字下边是“小”，中间一竖要带钩。

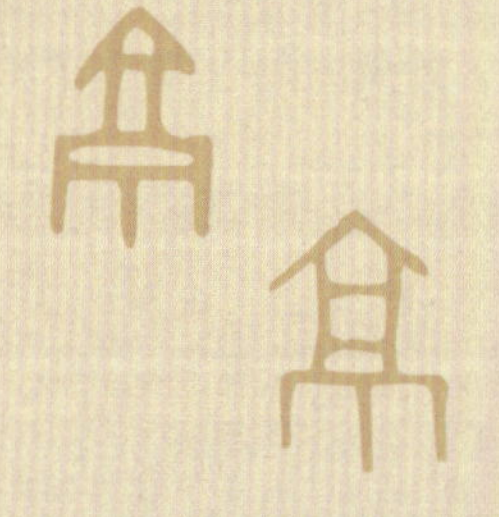

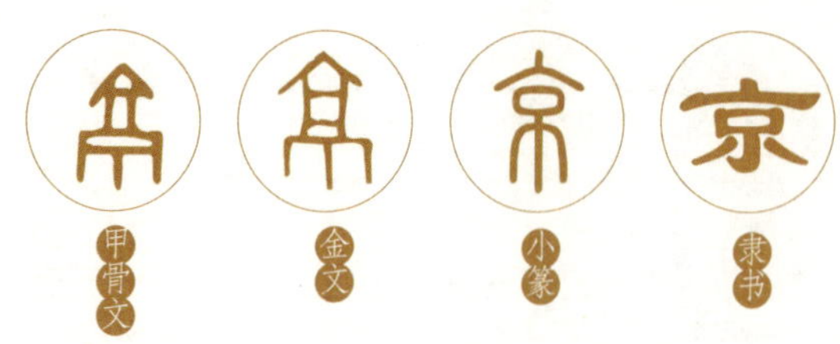

“京”的甲骨文像一座古代粮仓的样子，下面有着高高的立柱，使建筑高于地面，既可防潮，又防鼠害。“京”本义指高大的谷仓，如“京仓、京囷、京庾”指大粮仓，“京运”指运往京仓的粮食，“京储”指储备在京仓里的粮食。“京”也指高耸的瞭望台，如《淮南子》“筑重京”，《三国志》“于堑里筑京，皆高五六丈”；引申为高大、盛大的意义，如“京丘、京观、京冢”指高大的坟墓，“京陵、京峙”指高大的山丘，“京夏”指华夏大地，“京枣”即大枣。

古代帝王在国都内都建有大粮仓，用来储备大量的粮食，“京”由此代指都城、国都，含有邦国中大的城邑之意，如《诗经》“念彼京师”，白居易《琵琶行》“辞帝京”“有京都声”；又如“京城、京畿、京邑、京官、京吏、东京、西京、北京、南京”。“京”现在特指中国的首都北京，如“京腔、京韵、京白、京味、京郊”。

“京”的本义早已消失不用了，今天我们使用的只是“京”后来的引申意义。

从军行

（唐代）杨炯

烽火照西京，心中自不平。
牙璋辞凤阙，铁骑绕龙城。
雪暗凋旗画，风多杂鼓声。
宁为百夫长，胜作一书生。

◎ 汉代彩绘陶仓

gāo

【笔顺】丶 亠 亠 亠 亠 亠 亠 亠 高 高 高

【笔画数】10画

【部首】亠（点横部）

【结构】上中下

【词语】高高在上 高山流水 高抬贵手 高枕无忧 眉高眼低 身高马大 眼高手低 远走高飞

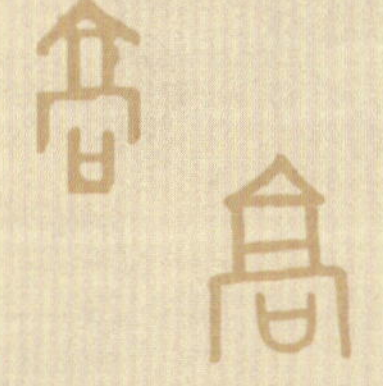

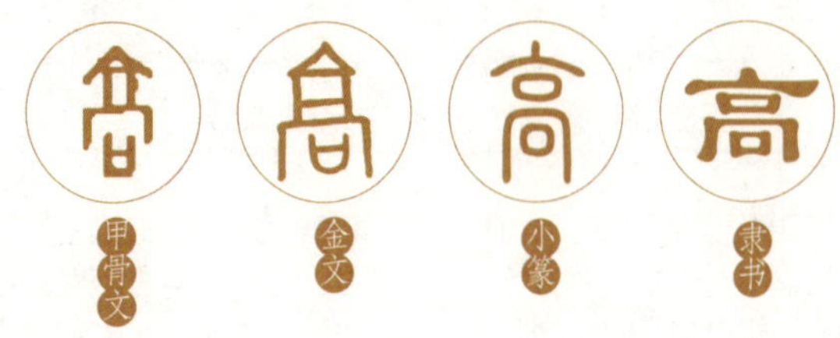

“高”的甲骨文字形是一座建造在土台之上、上部带有塔楼的高耸的建筑物，既像城门楼，又像碉楼。看来在商代就已经有了这种建造在台上的建筑，古人用这种高耸的多层建筑来表示由下到上距离大的意义，与“低”相对，如《礼记》“穷高极远，而测深厚”，《孟子》“城非不高也，池非不深也”；成语“高城深池”指高高的城墙，深深的护城河；“高屋建瓴”指从高层屋顶上把瓶子里的水倾倒下来，形容居高临下之势；又如“高台、高山、高峰、高空、高原、高耸、高不可攀、居高临下”。《荀子》说：“不登高山，不知天之高也。”这句话既阐述了客观道理，也蕴含着深刻的人生哲理。

“高”由此引申为等级在上的、超越一般标准的意义，如《庄子》“世上所高，莫若黄帝”，王勃《滕王阁序》“千里逢迎，高朋满座”；又如“高超、高质、高祖、高龄、高手、高才生、高爵显位、高官厚禄、曲高和寡”。“高”还引申为道德水平高的意义，如“崇高、清高、高尚、高洁、高风亮节”；又引申出热烈、盛大、响亮、超常、空泛等意义，如“高昂、高亢、高兴、高声、高歌、高寿、高举、高扬、高瞻远瞩、高谈阔论、兴高采烈”。

“高”也用作敬称，表示对对方的尊敬，如询问对方姓名用“高姓大名”，称对方的诗文为“高作”，称对方的言论、教诲为“高见、高论、高喻、高诲”等。

◎ 汉代绿釉陶楼

长相思

（南唐）李煜

一重山，两重山。
天高烟水寒，相思枫叶丹。
菊花开，菊花残。
塞雁高飞人未还，一帘风月闲。

guō

【笔顺】丶 亠 亡 亨 亨 享 享 享 郭 郭

【笔画数】10 画

【部首】阝（双耳部）

【结构】左右

【书写提示】“郭”左下边的“子”三画，不要把第一笔和第二笔连成一笔，错写成两画，第三笔横要写作提；右边是“阝”，不要错写成“卩”。

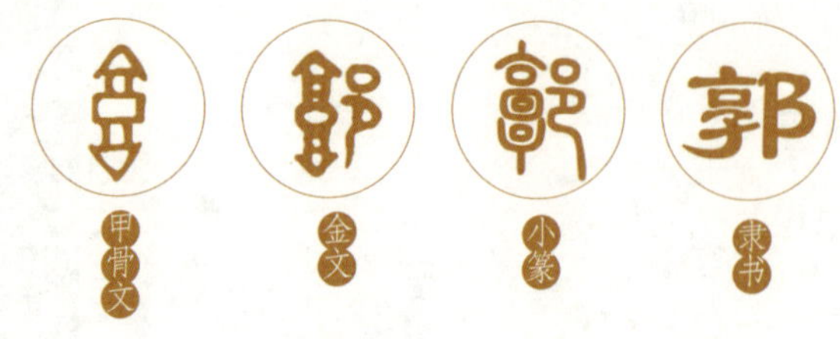

“郭”在甲骨文中就像一张建有城门楼的城墙的俯视图，上下是城墙，中间是城门楼。金文、小篆在右边又加了一个邑，强调城墙护卫城邑的作用。“郭”的本义是在城的外围加筑的一道城墙，即外城墙，如《管子》“城外为之郭”。古代内城为“城”，外城为“郭”，“城郭”即指内外城墙，如《孟子》“三里之城，七里之郭，环而攻之而不胜”，又如《乐府诗集·木兰诗》“爷娘闻女来，出郭相扶将”。“郭”由城墙泛指城市，如“郭外”即城外；又引申为物体的外框，如“耳郭”。“郭”的这些意义今天已不再使用了。作为姓氏，“郭”是一个多民族、多源流的姓氏，主要来自姬姓，也有一部分源于地名，因居于外城而以“郭”为姓，或因居于城郭的不同方位而姓“东郭、南郭”等，后改为单姓“郭”。

hù

【笔顺】丶 ㇇ ㇇ 户

【笔画数】4画

【部首】户（户部）

【结构】独体

【书写提示】“户”四画，第一笔是点，注意不要与“尸”或“卢”相混。

【词语】家喻户晓　千家万户

甲骨文中的“户”像一扇有转轴的门板，是繁体字“門”字的一半，即一个单扇门。“户”的本义就是可以开关的单扇门板。古代“户”与“门”都表示门，“户”是单扇门，指的是一般居室房间的门；“门”是双扇门，指的是临街或大厅的大门。

“户”由此泛指门，如“出户南望、夜不闭户”；《礼记》“未有入室而不由户者”，意思是没有进入居室而不经过屋门的；“窗户皆闭”中的“窗户”指的是窗和门。成语“户枢不蠹”的意思是由于经常转动，所以门轴不易被虫蛀蚀，喻指经常运动的事物不易受到侵蚀；“户枢”即门轴。“户”由居室之门喻指居室、房屋，如《老子》“不出户知天下”，又如“足不出户、蓬门荜户”。“户”也引申为住家、人家，一家为“一户”，“三百户”即三百家；

还有“户口、户籍、户主、住户、挨家挨户”；又引申为门第、派别等意义，如“门当户对、门户之见”。“户”还用作量词，用于计算住家的数量，如“三户人家”。

汉字中以“户”为形旁的字多与门或房屋有关，如“扇、扉、房、所”等。

元日

（宋代）王安石

爆竹声中一岁除，春风送暖入屠苏。
千门万户曈曈日，总把新桃换旧符。

shàn

【笔顺】丶⺀⺕户户户户扇扇扇

【笔画数】10 画

【部首】户（户部）

【结构】半包围

【读音提示】“扇”又读作 shān。

【词语】羽扇纶巾

小篆中的“扇”左上边是户，户是单扇的门；右下边是羽，羽是鸟翼。整个字表示像鸟的翅膀一样可以张合开关的门扇，如“扇扉、扇板、门扇、窗扇、隔扇”。早期的门扇比较简陋，制作的材料往往就地取材，如用木头做的门叫“阖”，用竹苇编的门叫“扇”，《礼记》“乃修阖扇”，“阖扇”即指用不同材料做的门。

“扇”由能开关的门引申指能翻转生风的扇子，早期的扇子使用的材料与门扇相同。扇子在我国有三千多年的历史，在电风扇发明以前，人类在夏天都是用扇子来引风纳凉的。我国最早的扇子出现在新石器时代，古书曾记载“舜始造扇”“舜作五明扇”，说明舜的时代就有了扇子。商周时期出现了用禽类羽毛制成的长柄羽扇，由奴仆执掌，用于仪仗之中，为主人障尘蔽日，彰显威仪，叫作“障扇、

◎ 宋代持扇侍女石刻

掌扇”。战国到两汉出现了一种梯形的竹篾编制的扇子，后世的扇子由此发展而来，如“羽扇、毛扇、竹扇、蒲扇、芭蕉扇”等。汉代出现了一种用细绢等制成的“纨扇、绢扇”，最初在宫廷使用，称作“宫扇”；因其多为圆形或椭圆形，“团团如明月”，又称“团扇”。东晋时期文人与扇结缘，书圣王羲之曾在竹扇上题字，引发人们争相抢购。到了唐代，小巧精致、富有情趣的团扇流行一时，扇面上画有山水楼台、草虫花鸟、仕女人物等，深受女性喜爱。

中国的团扇在唐代传到了日本，宋代又从日本、高丽传入了“折扇”。折扇又叫“撒扇、聚头扇”，宋元时期还只是一般市民以及执事仆从的手中之物。历代骚人墨客都以在扇上题诗写书作画为雅事，到了明代，文人雅士开始在折扇的扇面上题诗作画，折扇成为他们手中赏玩之物，故有“文人扇”之称。从明清到民国，几乎所有的书画名家都有过在扇面上染翰挥毫的经历，扇面艺术进入全盛时期，终于发展成为中国传统书画艺术中一个独特的艺术类别。与此同时，扇骨的制作工艺也日趋复杂与考究，工匠们将折扇的制作发挥到了极致。

折扇不仅是精巧雅致的工艺品和收藏品，也是持扇者身份的象征和情趣的体现。在中国传统歌舞戏曲中，扇子还是必不可

◎ 明代周之冕《花鸟图》扇面

少的道具，演员常借助手中的扇子作出各种动作，以表达人物情感，刻画人物性格，“扇子功”是演员必须掌握的基本功。

“扇”还泛指像扇子的东西，如“扇月”指形如团扇的圆月，“扇贝”指壳如折扇的贝；也用作量词，用于门、窗，如“一扇门、两扇窗”。

“扇”是多音字，又读作 shān，用作动词，表示振动、摇动、扇动的意义，如“扇动、扇扇子、扇一巴掌”等。

秋夕

（唐代）杜牧

银烛秋光冷画屏，轻罗小扇扑流萤。

天阶夜色凉如水，卧看牵牛织女星。

mén

【笔顺】丶 门 门

【笔画数】3 画

【部首】门（门部）

【结构】独体

【词语】门可罗雀　闭门思过　程门立雪　五花八门

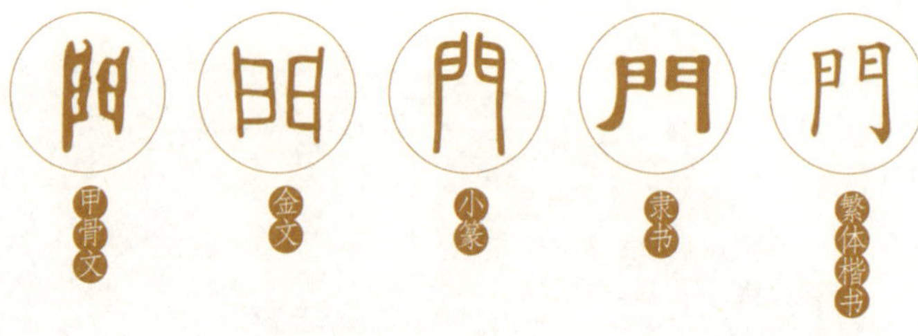

“门”在甲骨文和金文中就像两扇门的样子，本义是双扇门，即两扇的大门。双扇的门是房屋临街的大门，如《周礼》“掌扫门庭”，《诗经》“衡门之下，可以栖迟”；又如“正门、门扉、门面、开门见山、夺门而出”。“门”由此引申为房屋、围墙以及陆路、水路、装置等的出入口，如“宅门、家门、宫门、庙门、城门、洞门、江门、虎门、闸门、灶门”；泛指像门一样的东西，如“囟门、脑门、国门、气门、球门、电门”。

门既然是房屋临街的大门，它就不仅仅是供人出入房屋的通道，还体现着房屋主人的身份、地位和等级，成为富贵贫贱、盛衰枯荣的象征。官宦富豪人家“门庭若市”，是高大厚重、富丽堂皇的“朱门、侯门、豪门”；贫寒百姓人家“门庭冷落”，是矮小简陋的“柴门、蓬门、竹门”。

一门之内居住的往往是一家人，“门”因此引申出家庭、家族、门第等意义，如《战国策》“寄食门下”，《颜氏家训》“笃学修行，不坠门风”；又如“门阀、门客、灭门、门当户对、名门之后、满门抄斩、扫地出门、双喜临门”。“门”还引申出流派、类别等意义，如《论衡》“孔门之徒”，又如“门徒、门生、门派、门类、佛门、门外汉、门户之见、分门别类、旁门左道、遁入空门”；又喻指办法、诀窍的意义，如“门径、门路、门道、窍门、入门、有门、走后门”。

“门”也用作量词，用于大炮、功课、技术，如“一门炮、两门功课、多门技术”。“门”现在还是流行语，凡是具有新闻效应的大事件都可以称为“门”，如尼克松的“水门事件”、克林顿的“拉链门”等。

汉字中以“门”为形旁的字多与门有关，如“闩、闭、闯、间、闻、阙”等。

题李凝幽居

（唐代）贾岛

闲居少邻并，草径入荒园。
鸟宿池边树，僧敲月下门。
过桥分野色，移石动云根。
暂去还来此，幽期不负言。

◎ 山西传统民居院门

xiàng

【笔顺】丿 亻 门 向 向 向

【笔画数】6画

【部首】丿（撇部）

【结构】半包围

【词语】所向披靡　志向远大　人心所向

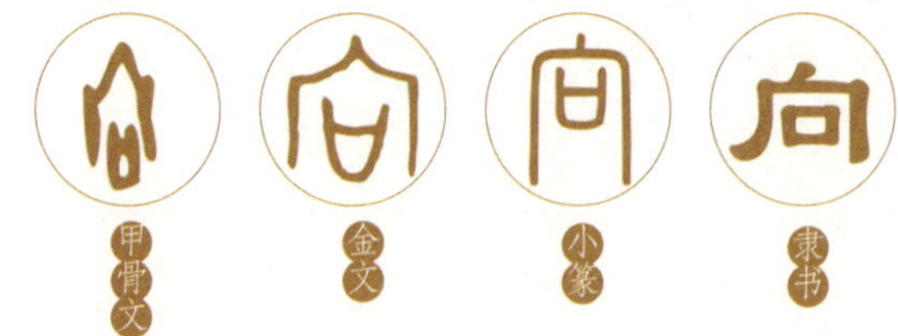

甲骨文中的“向”是象形字，外面像房屋的一面墙，里面的小方框像墙壁上开的洞。整个字像古代房屋墙壁上为通风采光开的洞，表示窗户的意义。“向”的本义是朝北开的窗户，如《诗经》“穹室熏鼠，塞向墐（jìn）户”，意

◎ 贝聿铭设计的香山饭店漏窗

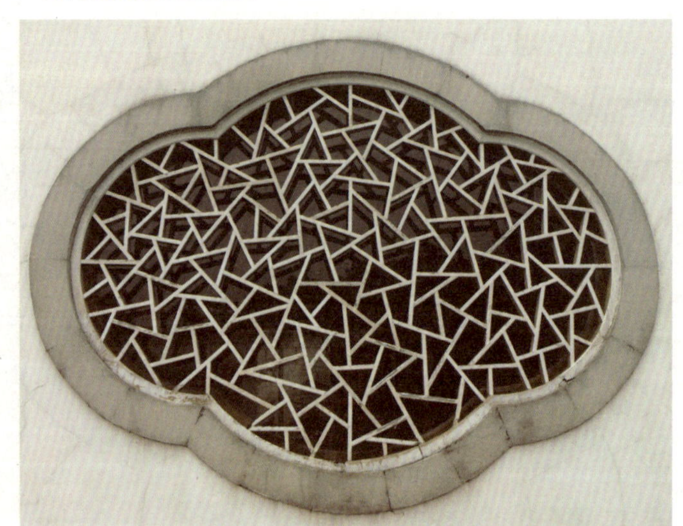

思是堵住墙洞熏老鼠，塞住朝北的窗户，用泥糊住透风的门，以抵御冬天寒风的侵袭；又如《齐民要术》“闭户塞向，密泥，勿使风入漏气”。在中国传统建筑和园林中，窗不仅是为了透光和通风，还是重要的审美元素，形状多样的窗框与图案丰富的窗棂构成一幅幅样式别致的优美图画，颇有一番趣味。

“向”由窗户引申为方位、朝向的意义，如《国语》“明利害之向”，又如“方向、东向、反向、去向、风向”；还引申为过去、以前的意义，如《庄子》“向也虚而今也实”，又如“向年”指往年，“向来、一向”指从来。

“向”也用作动词，表示面对着、面朝着的意义，与“背”相对，如《礼记》“请席何向”，《左传》“见剑向己”；又如“向北、向阳、向上、相向、朝向、向隅而泣、人心向背、欣欣向荣”。“向”还表示临近、亲近、偏爱等意义，如《尚书》“向于时夏”，《史记》“何故欲向汉”；又如“向晚、向顺、向暮、向着、偏向”。“向”又用作介词，表示动作的方向，如“向上、向心力、向前看齐”。

需要注意的是，“向”在表示方向、临近、偏爱等意义及用作介词时，繁体字仍作“向”；表示过去、对着、朝着等意义时，繁体字写作“嚮”。

咏鹅

（唐代）骆宾王

鹅鹅鹅，曲项向天歌。

白毛浮绿水，红掌拨清波。

gōng

【笔顺】一 丅 工

【笔画数】3 画

【部首】工（工部）

【结构】独体

【书写提示】“工”中间一竖上下端都不出头，注意不要与“土”或“干”相混。

【词语】勤工俭学　同工同酬　消极怠工　异曲同工

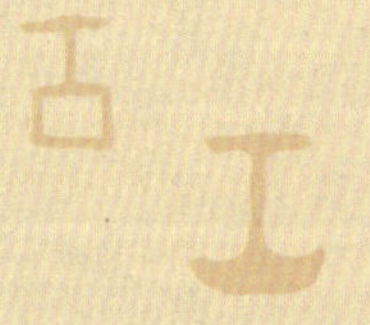

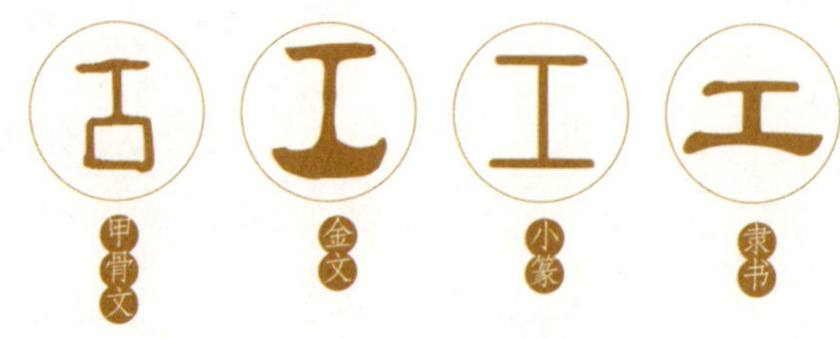

“工”的甲骨文字形有人说像工匠用的曲尺，也有人说像斧子或铲子一类的工具。其实，甲骨文中的“工”上面是柄，下面的方块是厚重的底部。整个字像用来平整或夯实泥土的一种工具，即夯，正如现代的夯上面装有木把，下部是石头做的，呈圆球状。黄土高原有着极为丰富的土资源，土是中国古代建筑的主要材料之一。而土只有被夯实才具有承受力，才能筑起结实的地基和坚固的城墙，这一切都离不开夯的使用。

夯的历史非常古老，使用也极为广泛。新石器时代就有了夯土技术，仰韶文化遗址发现了经过夯打的建筑地基；2016年，在陕西榆林石峁史前遗址的皇城台周围，发现了四千三百多年前的大型建筑遗址以及数千平方米的夯土建筑遗址。夏、商、周三代延续了原始社会时期的夯土

技术并广泛用于筑墙造台，先后建造了许多都邑，其宫室建筑皆为夯土台基、木质承重结构、茅草屋顶，即所谓“茅茨土阶”。在河南偃师二里头的夏王朝宫殿遗址，发现了夏代宫殿建筑群，其夯土台基面积达一万平方米，气势宏大的宫殿就建造在这巨大的夯土台上。著名的万里长城在隋代以前很多墙体都是内填黏土、层层夯实而成的。直到现在，在北方农村打土墙或打土坯时我们仍能见到夯的使用。看似简简单单的“工”字，实际上蕴藏着中国传统土木建筑的悠久历史和丰富信息。

“工”由夯土的工具引申指使用工具从事劳动生产的人，成为古代从事各种技艺的劳动者的统称，《论语》“工欲善其事，必先利其器”中的“工”就是这个意义，又如“工匠、木工、船工、百工、能工巧匠”；还引申指劳动的用具、技艺、场所等，如“工具、工尺、工夫、工艺、工地、工场”；又引申指生产劳动以及与生产劳动有关的事物，如“上工、下工、做工、手工、工程、工序、工料、工钱、工薪”。

“工”也用作动词，表示善于、擅长，如《乐府诗集·上山采蘼芜》“新人工织缣（jiān），故人工织素”；又如“工书善画、工于心计”。“工”又用作形容词，表示精巧、细致的意义，如《战国策》“此非兵力之精，非技之工”；还有“工巧、工细、工整、工笔画、精工细作”等。

绝句

（宋代）夏元鼎

崆峒访道至湘湖，万卷诗书看转愚。

踏破铁鞋无觅处，得来全不费工夫。

kùn

【笔顺】丨 冂冃冃冈困困

【笔画数】7画

【部首】口（方框部）

【结构】全包围

【书写提示】“困”字里边是“木”，中间一竖不带钩，最后一笔捺要写作点；不要与“因”相混。

【词语】艰难困苦　扶危济困　内外交困

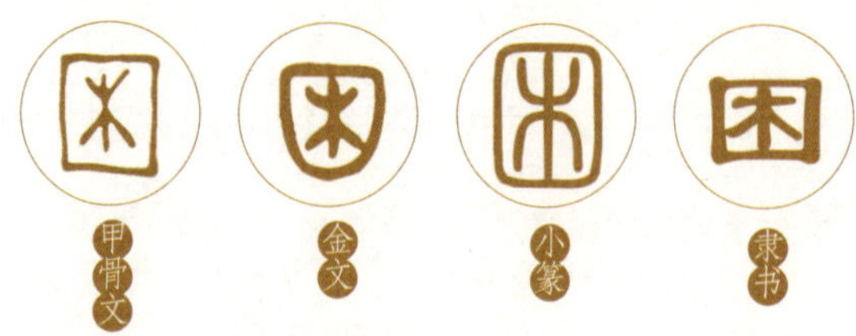

“困”在甲骨文中外面是方框，像房屋的门框；里面是木，指用来顶门或闩门的木桩。门被顶上或闩上后，人就无法进出，“困”的本义是阻止、限制出入，如欧阳修《伶官传》“数十伶人困之”；由此引申为没有出路，如《左传》“困兽犹斗”，又如“困守”；还引申为贫穷，如《周礼》“居而无食谓之困”，又如“贫困”；也引申为艰难，如《史记》“能急人之困”，又如“困境”；又引申为疲倦、想睡，如《左传》“行李之往来，共其乏困”。

六朝门再吟

（唐代）周昙

空知勇锐不知兵，困兽孤军未可轻。

安有长驱百余万，身驰几旅欲先征。

第四部分

与交通有关的

xíng

【笔顺】丿 彡 彳 彳 彳 行

【笔画数】6 画

【部首】彳（双立人部）

【结构】左右

【读音提示】“行”又读作 háng。

【词语】行云流水

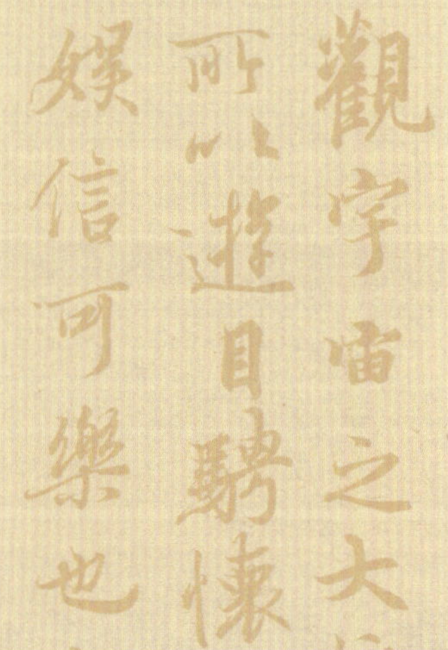

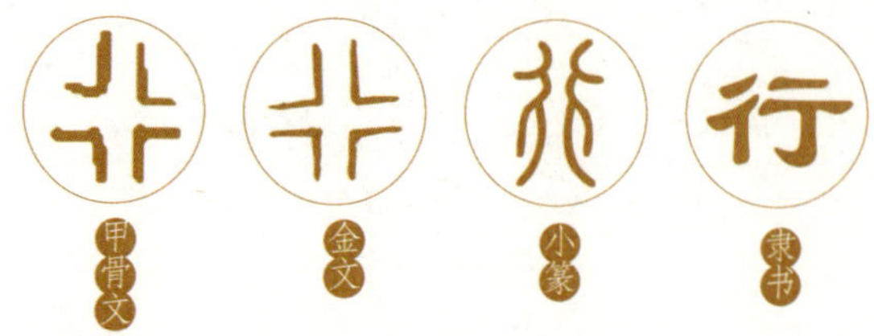

“行”在甲骨文中就像纵横相交的十字路口，表示四通八达的交通要道。“行”的本义是道路，读作 háng，如《诗经》“行有死人”“遵彼微行”，又如“行阡、行街”。据古代文献记载和现代考古发现，商代都邑内有十余条大路，构成棋盘式交通网络。周代的交通规模更加庞大，通过交通要道时，人车分行，要按照交通规则分别走不同的道，不同的车也有不同的车道。

道路是供人行走的，“行”由此引申为走、走路的意义，读作 xíng，如《诗经》“我独南行”，《老子》“千里之行，始于足下”；又如“行步、行走、行动、行军、行驶、行船、步行、旅行、行尸走肉”。《诗经》说：“高山仰止，景行行止。”第一个“行”读 háng，指道路；第二个“行”读 xíng，指行走；这句话的意思是高山可供人们仰望，大道可供人们行走，后来人们以“高山”比喻崇高的道德，以“景行”比喻光明正大的行为。成语“高山景行”即源于此，喻指崇高的品德令人敬仰，光明正大的行为是人们的行为准则。

“行”还引申为行走的、外出所用的意义，如“行程、行迹、行箧、行囊、行李、行装、行人”。“行”又引申为做、流通、传递、从事等意义，如《国语》“行刑不疚”，《史记》“乃问行卜”；又如“行动、行使、行善、行礼、行医、行销、行贿、行凶、行刺、执行、实行、进行、风行、行不通”。“行”也表示走得通的、可以、将要等意义，如“可行、还行、真行、不行、行将就木”。“行”还表示品德、举止、作为等意义，如“德行、品行、言行、善行、恶行、暴行、罪行”等。

“行”又特指“行书”。行书兴起于西汉末年，是在楷书的基础上发展起来的一

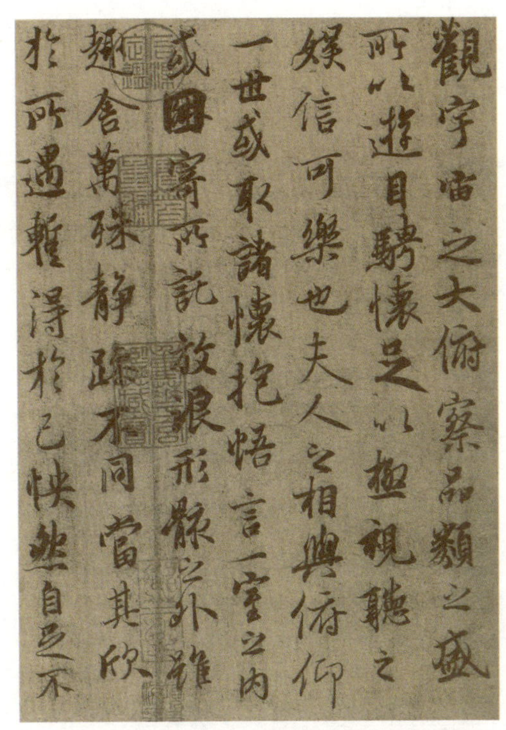

◎ 晋代王羲之行书《兰亭集序》

种字体。它介于楷书和草书之间，既不像楷书那样工整，也不像草书那样潦草，弥补了楷书书写速度慢和草书难于辨认的缺憾。其中楷法多于草法的叫“行楷”，草法多于楷法的叫“行草”。行书快捷易识，实用性与艺术性兼具，得到广泛流传，在各种书体中逐渐占据主流地位，历经千年长

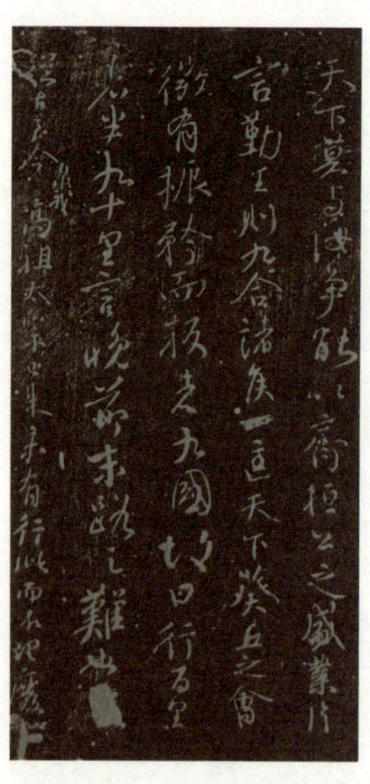

◎ 唐代颜真卿行书《争坐位帖》

盛不衰，成为日常书写中最常用的字体。中国古代最著名的行书大家是东晋书法家王羲之，他写的《兰亭集序》雄劲俊秀，天下闻名，为历代书家所敬仰，被奉为“天下第一行书”，王羲之也被后世尊为一代“书圣”；唐代颜真卿的《祭侄稿》被誉为“天下第二行书”，宋代苏轼的《寒食帖》则被誉为“天下第三行书”。

道路是成行的，“行”由此引申指纵向的行列，仍读作 háng。古代直排为行，横排为列，如《诗经》“左右陈行，戒我师旅”，《楚辞·九歌·国殇》“凌余阵兮躐余行”；又如“行距、行阵、单行、字里行间、杨柳成行”。“行”也指军队的编制，古代军队二十五人为一行；泛指军队，如《史记》“蹑足行伍之间”。“行”还引申指排列的次序，如《汉书》“以次贯行，固执无违”；又如“排行、行辈、他行几”。“行”又用作量词，用于成行的东西，如“站成一行、两行热泪、一行树木”。“行”后来还表示营业机构，泛指职业，如“行当、行会、行情、行规、商行、银行、车行、入行、改行、在行、行家里手、各行各业”。

次北固山下

（唐代）王湾

客路青山下，行舟绿水前。
潮平两岸阔，风正一帆悬。
海日生残夜，江春入旧年。
乡书何处达，归雁洛阳边。

dào

【笔顺】丶 丷 䒑 䒑 产 芦 首 首 首 道 道 道

【笔画数】12 画

【部首】辶（走之部）

【结构】半包围

【词语】道不拾遗　道貌岸然　分道扬镳　横行霸道

道高一尺，魔高一丈

一人得道，鸡犬升天

“道”在金文中是会意字，上边左右两边合起来是行，指道路，中间是首，表示人；下面是止，止是脚，表示行走。整个字用人行走在道路上表示四通八达的大路，如《周易》“道坦坦”，《论语》“道听而途说”；又如“大道、要道、山道、弯道、人行道、康庄大道、羊肠小道、问道于盲”。“道”从人行走的路引申为水流通行的途径，如“水道、河道、黄河故道”；又引申为路程、行程，如“近道、远道”。

人走路要按照一定的路径走才能到达目的地，办事情也要遵循一定的规律才能把事情办好，“道”由此引申为方法、规律、道理、学说等意义，如《庄子》“臣之所好者，道也”；韩愈《师说》“师者，所以传道受业解惑也”，意思是老师就是传授道理、教授学业、解释疑难的人；又如“周公之道、用兵之道、坐而论道、志同道合、歪门邪道”。“道”

还表示道义、正义、真理的意义，如《史记》“伐无道，诛暴虐”；又如“道德、公道、古道热肠、头头是道”。《孟子》说：“得道者多助，失道者寡助。”这两句话阐述了这样一个道理：顺应社会发展规律、符合道义的统治者就会得到多数人的支持帮助；反之，违背社会发展规律、不符合道义的统治者就得不到多数人的支持，必然陷于孤立。

在中国乃至东方的古代哲学中，“道”是一个重要的哲学概念，代表着宇宙间的客观规律及其本质，对此古人有许多论述。《周易》说：“一阴一阳谓之道。”《道德经》说：“道生一，一生二，二生三，三生万物。”《韩非子》说：“道者，万物之所然也。”“道者，万物之所成也。”我们的祖先很早就认识到自然现象和社会现象的背后是有规律的，这种客观规律普遍存在，是世界的本质，是主宰万物的法则。古人对“道”的阐释体现出古代中国人对自然、世界以及宇宙的认识和看法。

“道”又用作动词，表示说明、表达的意义，如《论语》“道之以政，齐之以刑，民免而无耻”，《史记》“万户侯岂足道哉”；又如“道白、道歉、道谢、道喜、道贺、道别、常言道、一语道破、能说会道”。“道”也用作量词，相当于“条、列”，如“一道道山、一道道水、一道难关”等。

归园田居（其三）

（晋代）陶渊明

种豆南山下，草盛豆苗稀。
晨兴理荒秽，带月荷锄归。
道狭草木长，夕露沾我衣。
衣沾不足惜，但使愿无违。

chē

【笔顺】一 𠂉 𠂉 车

【笔画数】4画

【部首】车（车部）

【结构】独体

【书写提示】“车”在字的左边时，第三笔横要写作提。

【读音提示】“车”又读作jū。

【词语】车水马龙 车载斗量 前车之鉴 螳臂当车 学富五车 车到山前必有路

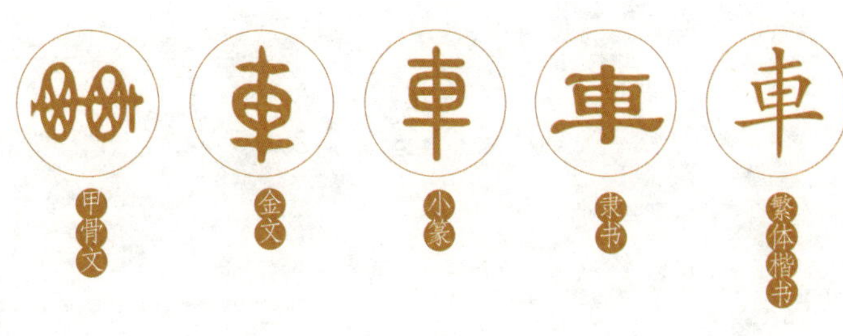

古代的车有着高高的车轮和方形的车厢，由两匹马，后来由四匹或六匹马拉着。“车”的甲骨文字形就像从正面看到的一辆车的样子，中间长长的一横是车轴，左右两个圆形是车轮。在甲骨文和金文中，有的“车”字还有车厢和马脖子上的夹板。相传黄帝看见路上蓬草的花被风吹动着飞快地向前滚动，受此启发，便自己动手造了一辆有四个轮子的车。黄帝发明了车，因此被称为“轩辕氏”。

在古代，征战和狩猎是帝王生活中的重要事件，车因此成为重要的交通工具和作战设备。据统计，甲骨文中有四百多个形体不一的“车”字，描绘出四百多种不同形制的车，这一方面反映了古文字形体还未固定的特点，另一方面也说明车在甲骨文产生的商代不仅极为重要，而且形制也相当复杂，有着不同的等级。到了周代后期，车才逐

◎ 秦代彩绘乘舆

渐退出军事领域，主要作为运送人和物资的交通工具。

“车”后来泛指那些利用轮子转动而行驶的交通工具，如“汽车、火车、摩托车、自行车、平板车”；还指那些利用轮轴转动的器械，如“水车、风车、纺车”。“车”又用作动词，表示使用轮轴转动的器械干活，如“车水、车螺丝钉”。

汉字中以“车”为形旁的字多与车辆有关，如“辆、轿、辅、轨、辙、辕、轴、轼、辐、辎、输、辇、载”等。

“车”在汉代以前读jū，现在象棋棋子中的“车”以及源于象棋的成语“丢车保帅”中的“车”仍读这个音。

依韵和犯景仁翰留题子履草堂（其一）

（宋代）王珪

门前车马走尘埃，偶到东园眼暂开。
鳌岭凤池人去后，不知载酒又谁来。

jūn

【笔顺】丶 冖 冖 宀 宀 军

【笔画数】6 画

【部首】冖（秃宝盖部）

【结构】上下

【词语】军令状　异军突起

金文“军”外面像包围的样子，里面是车。兵车是古代主要的作战工具和作战资源，打仗时要依靠兵车作战，驻扎时就用兵车将驻地围起来，形成营垒。“军”表示用兵车包围起来形成营垒；引申为驻扎、屯兵的意义，如《国语》“军于庐柳”；也引申指军队，如“驻军、溃不成军”；还指兵种，如“陆军、海军”。“军”又泛指与军队有关的人或事物，如“军卒”指士兵，“军营”指营房；又如“军纪、军旗、军舰”等。“军”也是军队最大的编制单位。

从军行（其五）

（唐代）王昌龄

大漠风尘日色昏，红旗半卷出辕门。

前军夜战洮河北，已报生擒吐谷浑。

hōng

【笔顺】一 𠂉 𠂊 车 ⿱车又 ... 轰

【笔画数】8画

【部首】车（车部）

【结构】上下

【书写提示】“轰”左下边的“又”最后一笔捺要写作点。

【词语】轰轰烈烈

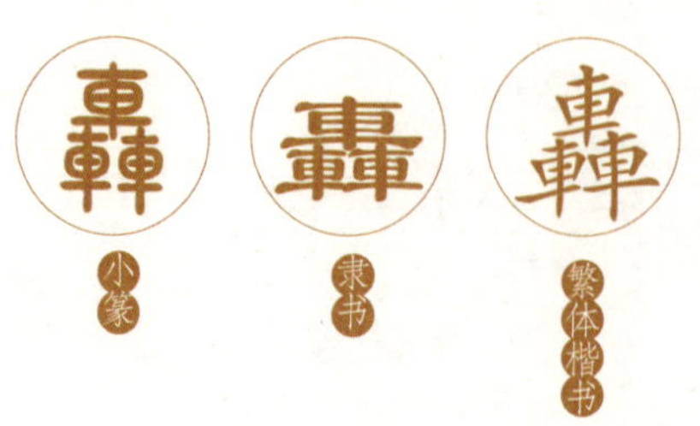

小篆中的“轰”是会意字，由三个车组成。古代以三为多，用三个车表示许多车。群车奔驰，发出轰隆轰隆的声响，“轰”就表示车队行驶中发出的震耳欲聋的轰响声，用作象声词，如《史记》“轰轰殷殷”，又如“轰隆、轰隆隆”。“轰”由此泛指如雷鸣、炮击、爆炸等巨大的声响，如“轰鸣、轰响、轰然一声”。

“轰”还用作动词，表示雷电爆发或炮击、炸弹爆炸而发出震响，也喻指用言语猛烈攻击，如“雷轰、炮轰、轰动、轰炸、轰击、轰打、雷轰电闪、天打雷轰”；又表示用巨大的响声赶走，泛指驱赶，如“轰走、轰赶、轰出去、轰麻雀、轰苍蝇”等。

繁体字“轟”笔画繁多，不便书写，简化字用双代替了“轟”下面的两个车，简化为“轰”。

fán

【笔顺】丿 几凡

【笔画数】3 画

【部首】几（几部）

【结构】独体

【书写提示】“凡”三画，注意不要与“几”相混。

【词语】凡夫俗子 超凡脱俗 肉身凡胎 不同凡响 仙女下凡 身手不凡 自命不凡

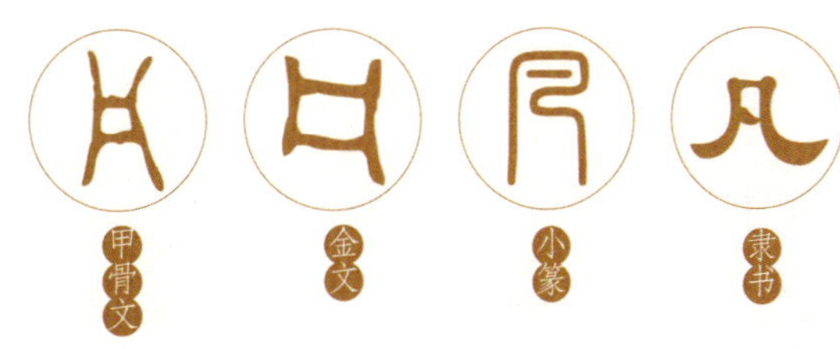

“凡”在甲骨文中就像船上的一张风帆的样子，本义指船帆，是“帆”的本字。最早的船帆用竹子、兽皮制作，后来才有了布做的帆。“凡”后来借为概括、总共等意义，如《尚书》“凡有辜罪”，即皆有罪；又如“凡事、凡有”。“凡”由此引申为大概、纲要，如“凡要、凡例”；还引申为平常的、一般的，如“平凡、凡俗”；又引申为相对于仙界的尘世，表示人世间，如“凡尘、凡界”等。“凡”后来多用于假借和引申意义，其本义另造“帆”字表示。

赠崔侍郎

（唐代）李白

黄河二尺鲤，本在孟津居。点额不成龙，归来伴凡鱼。
故人东海客，一见借吹嘘。风涛倘相见，更欲凌昆墟。

zhōu

【笔顺】′ 丿 ⺆ 月 舟 舟

【笔画数】6画

【部首】舟（舟部）

【结构】独体

【书写提示】“舟”字里面是两点，不要错写成一竖。“舟”在字的左边时，中间一横的右端不出头。

【词语】刻舟求剑　风雨同舟　积羽沉舟　木已成舟

◎ 新石器时代船形彩陶壶

甲骨文中的“舟”就像一只两头微翘的小船。《周易》说：“刳木为舟，剡木为楫，舟楫之利，以济不通，致远以利天下。”这段话说的是远古时代人们制作独木舟的方法和独木舟的作用。古人将大树干剖开凿空，制成独木舟，并用木头削成划船用的桨。《墨子》说："舟以行川谷。""舟人、舟子"即船夫，"舟牧"是掌管舟船的官吏，"舟师"是水上的军队，相当于今天的海军；又如"轻舟、扁舟、龙舟、泛舟、行舟、同舟共济、顺水推舟、破釜沉舟"。舟和车是古代水上和陆地重要的交通工具。据说大禹治水时就是陆地乘车，水路行舟，历经十三年，终于制服了洪水。"舟车"由此泛指交通或旅途，如"舟车之利、舟车劳顿"。

《尔雅》说："天子造舟，诸侯维舟，大夫方舟，士特舟。"这段话讲的是古代不同阶层的人乘船过江的礼仪，"造舟"就是把许多船聚合在一起而成为浮桥，"维舟"是把四条船维系在一起，"方舟"是把两条船并连在一起，"特舟"是一条船。据《诗经》记载，周文王成婚之时就是"造舟为梁"，纳聘于渭水之上的，"造舟"因此成为周代的天子之礼，"造舟之礼"也成为帝王迎婚之代称。"舟"又指古代尊、彝等礼器下面的托盘，《周礼》记载，祭祀时所用尊、彝等礼器之下"皆有舟"。

现在一般用"船"，"舟"只用于成语和书面词语。汉字中以"舟"为形旁的字多与船有关，如"船、舰、艇、艘、航"等。

早发白帝城

（唐代）李白

朝辞白帝彩云间，千里江陵一日还。

两岸猿声啼不住，轻舟已过万重山。

◎ 汉代陶船

第五部分

与器具有关的

合

hé

【笔顺】丿人亼亽合合

【笔画数】6画

【部首】人（人部）

【结构】上下

【书写提示】“合”字上边是“人”，不要错写成“入”。

【词语】貌合神离　同流合污　百年好合　珠联璧合

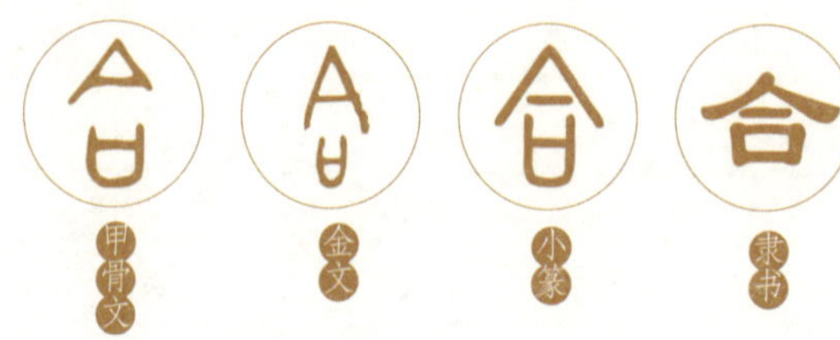

“合”的甲骨文字形像一种上面有盖的煮饭的炊具。盖子与器皿上下正好相合，表示相合、合拢关闭的意义，如《吕氏春秋》“离则复合，合则复离”；又如“开合、闭合、

◎ 汉代瓷盒

合掌、合眼、合抱、前仰后合”。“合”与“会”古字形相似，本义也相同，都表示带盖的炊具，因此组成“会合”一词。

“合”由相合、闭合引申为相符、一致的意义，如《荀子》“合群者也”，《资治通鉴》“甚合孤心”；又如“符合、相合、合情合理、合乎规律、不谋而合”。“合”还引申为聚集、联合的意义，与“分”相对，如《周礼》“将合诸侯”，《吕氏春秋》“齐桓公合诸侯”；又如“合力、合并、合伙、合资、聚合、集合、分久必合”。“合”由相符、一致的意义引申为匹配、配偶的意义，如《周礼》“得耦为合”，“耦”指配偶；又如《诗经》“天作之合”“妻子好合，如鼓琴瑟”。“合”还引申为相配、适合的意义，如《庄子》“合于桑林之舞”，又如“合适、合意、合辙”。“合”又表示全部、共同的意义，如“合吃、合住、合唱、合奏、合谋、合作、合约”；中国人在中秋、春节等节日里总是互相祝福“合家团圆、合家幸福”，“合家”即全家。

“合”也用作助动词，表示应当的意义，如白居易在《与元九书》中主张：“文章合为时而著，歌诗合为事而作。”意思是为文作诗应当为时代而写，应当有感而发，这句话表现出古代文人关注社会现实的历史使命感。“合”还用作介词，相当于“和、与”，如李白《月夜江行寄崔员外宗之》“月随碧山转，水合青天流”。“合”又用作量词，用于双方打斗的攻防动作，如“打了一个回合、大战三十合”。

寄远

（唐代）杜牧

前山极远碧云合，清夜一声白雪微。
欲寄相思千里月，溪边残照雨霏霏。

huì

【笔顺】丿 人 亽 亼 会 会

【笔画数】6 画

【部首】人（人部）

【结构】上下

【书写提示】“会”字上边是“人”，不要错写成“入”。

【读音提示】“会”又读作 kuài。

【词语】融会贯通 聚精会神 穿凿附会 心领神会

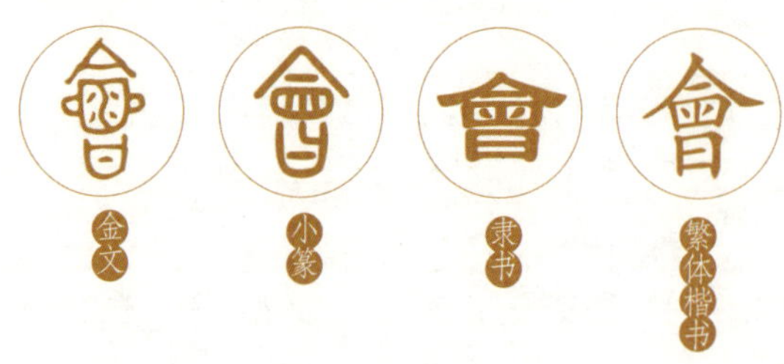

“会”的金文字形像一种蒸饭的双层炊具，上面有盖，两边有耳。盖子与器皿上下相扣合，因此表示聚集、聚合的意义，如《礼记》“会诸其币”“以会天地之藏”，《封建论》“然后天下会于一”；又如“会茶”指一起喝茶，“会酒、会饮”指一起喝酒，“会餐”是一起进餐，“会猎”是一起打猎，喻指一起作战。“会”与“合”字形相似，本义也相同，因此组成“会合”一词。

“会”由此引申为见面的意义，如《史记》“与燕王会境上”，又如“会面、会见、会晤、会客”；“会少离多”指相见时少，别离时多。“会”还表示领悟、懂得、有能力做等意义，如“领会、误会、会心、会读、会英文、会开车、心领神会”。

“会”又用作名词，表示器皿的盖子，如《仪礼》“命佐食启会”，“启会”即打开盖子。“会”还表示时机、小段时间等意义，如“适逢其会”，指正好碰上那个机会；又如“机会、这会儿、一会儿、不多会儿”。“会”又表示集会、市集、团体、组织、人口聚集的大都市等意义，如“开会、罢会、庙会、帮会、学会、省会、大都会”。

“会”也用作副词，表示正好、应当、一定等意义，如《史记》“会天大雨”，李白《行路难》“长风破浪会有时”。

“会”是多音字，又读作 kuài，用在“会计”中，表示总计的意义。

望岳

（唐代）杜甫

岱宗夫如何，齐鲁青未了。

造化钟神秀，阴阳割昏晓。

荡胸生层云，决眦入归鸟。

会当凌绝顶，一览众山小。

shí

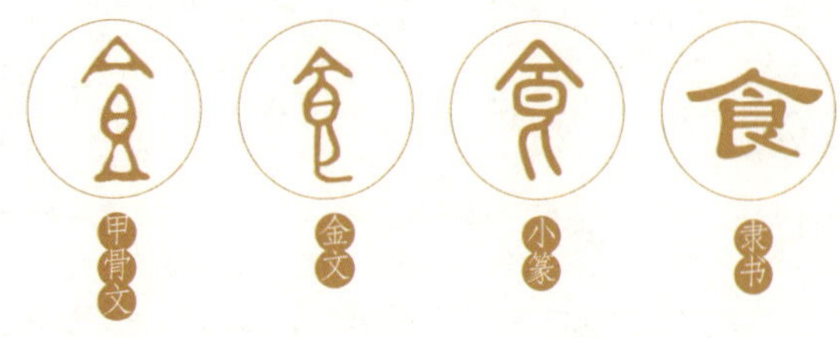

【笔顺】丿 人 人 今 今 今 食 食 食

【笔画数】9画

【部首】食（食部）

【结构】上下

【书写提示】“食”字上边是“人”，不要错写成“入”；下边的“良”最后一笔捺要写作点。“食”在字的左边时写作“饣”，叫作食字旁。

【词语】食不充饥 食不甘味 食不果腹 食不求甘 食不暇饱 食不下咽 食而不化 食古不化 饱食终日 自食其果 嗟来之食 弱肉强食 因噎废食 钟鸣鼎食

“食”在甲骨文中像一种盛放食物的器皿；上有盖，下有底座，中间盛放着食物。“食”的本义是五谷做的饭，也就是我们今天说的主食，如《周礼》“掌王之食饮”中的食就是饭的意思。孔子说：“食不厌精，脍不厌细。”意思是主食要舂得越精越好，肉要切得越细越好，美味出自精品是孔夫子的饮食观。

“食”由主食泛指饭食、食物，如《老子》“甘其食，美其服”，《论语》“君子谋道而不谋食”；“食官”是古代掌管饮食的官吏，“食膳”即膳食、肴馔，“食店”即饭店；又如“面食、副食、素食、肉食、零食、美食、粗食、鸡食、腹中无食”。“食”由饭食又泛指粮食，如“食地”指种粮食的田地，“口中食”即吃的粮食。古人非常重视食的问题，“食为民天、民以食为天”强调了粮食对于百姓之重

◎ 春秋秦公簋

要，统治者首要的任务就是要让百姓“丰衣足食”。

中国古代有个“寒食节”，也称“禁烟节、冷节”，在清明节前一二日，相传源于纪念春秋时期晋国的介子推。晋国公子重耳流亡在外十九年，介子推护驾跟随，曾从自己的腿上割下一块肉让重耳充饥。后来重耳回国继位，即“春秋五霸”之一的晋文公，他封赏功臣，唯忘介子推。经人提醒，晋文公非常惭愧，想请介子推上朝受赏，但介子推坚辞不来，背着老母隐居绵山（今山西介休市境内）。晋文公放火烧山，想逼其下山，介子推母子宁愿抱树烧死也决不出山。为了纪念介子推，晋文公葬其尸于绵山，并下令将绵山改名为介山，在山上修祠立碑，并晓谕全国：每年这一天禁忌烟火，只吃寒食，以寄哀思。人们推崇介子推的气节，寒食禁火便相沿成俗，绵延两千余年，成为古代民间第一大祭日。因寒食、清明两节相近，久而久之便合为一个节日。唐代寒食节与清明节已合而为一，明清时期清明节渐渐取代了寒食节，寒食节祭扫等习俗与清明节合并。

“食”还用作动词，表示吃、进餐的意义，如《论语》“食不语，寝不言”，意思是吃饭、睡觉的时候不说话；成语“废寝忘食”指顾不上睡觉和吃饭，形容非常专心或非常努力；又如“食肉、食草、食酒、食粥、食客、食无鱼、食之无味、食肉寝皮”。“食”还表示赖以为生的意义，如“食俸、食邑万户、自食其力”；又表示背弃的意义，如“食言、自食其言”。“食”还指日月亏损，如《左传》“日有食之”，《管子》“是故圣王日食则修德，月食则修刑”；又如“月盈则食”；这个意义后来写作“蚀”。

“食”还读作 sì，表示拿东西给人吃、喂养的意义，如《诗经》“饮之食之，教之诲之”，《战国策》“食以草具”；成语“以食食人”前一个“食”指食物，后一个“食”指给人吃；这个意义后来写作“饲”。“食”又读作 yì，用于古代人名“郦食其、审食其”。

汉字中以“食”为形旁的字多与食物或吃有关，如“饼、饺、饭、馐、馔、饮、饥、饱、馊、饲、飨、餐、饕、餮”等。

寒食

（唐代）韩翃

春城无处不飞花，

寒食东风御柳斜。

日暮汉宫传蜡烛，

轻烟散入五侯家。

hú

【笔顺】一 十 士 士 声 声 壶 壶 壶 壶

【笔画数】10 画

【部首】士（士部）

【结构】上中下

【书写提示】“壶”字上边是“士”，不要错写成“土”；下边是“业”，不要错写成“亚”。

【词语】悬壶济世

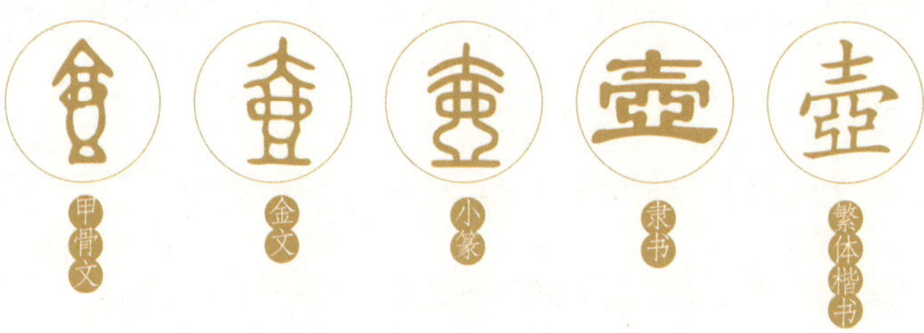

◎ 新石器时代彩陶背壶

“壶”在甲骨文中就像一把壶的样子；上有盖，下有底座，中间是壶腹。壶是一种盛器，长颈、鼓腹，多为圆形，也有方形等多种样式，最早是温酒盛酒的器皿，如《诗经》“清酒百壶”，又如“壶觞、壶尊”。后来用作盛放酒、水等液体的器具，如《公羊传》“国子执壶浆”；《孟子》“箪

◎ 战国龙梁原始瓷壶

食壶浆以迎王师”，说的是老百姓用箪盛饭、用壶盛米汤来欢迎大王的军队，后有成语“箪食壶浆”形容军队受百姓的爱戴和欢迎；又如“壶瓶、水壶、茶壶、酒壶”。

“壶”还泛指形状像壶的器皿，如古代滴水计时的“壶漏”，宴饮娱乐的“投壶、壶矢”，现代举重器械“壶铃”；古人还以“玉壶、冰壶”喻指晶莹皎洁的月亮，如“玉壶光转”。“壶”也用作量词，用于壶装的液体，如“一壶茶”。

壶的形状与葫芦相像，葫芦虽形状多样，但都有着硕大的身躯、圆鼓鼓的腹部和沙漏式的腰，有的还有细长的颈，成熟后掏空内瓤晒干可以盛物，最初人类便把葫芦当作器具或乐器使用。也许正是受到葫芦的启发，古人才发明了壶，因此“壶”在古代也代指葫芦，如《诗经》“七月食瓜，八月断壶”，“断壶”即摘下葫芦；又如《淮南子》“抱壶而度水”，“抱壶”即抱着葫芦。

月下独酌（其一）

（唐代）李白

花间一壶酒，独酌无相亲。
举杯邀明月，对影成三人。
月既不解饮，影徒随我身。
暂伴月将影，行乐须及春。
我歌月徘徊，我舞影凌乱。
醒时同交欢，醉后各分散。
永结无情游，相期邈云汉。

kuài

【笔顺】丿 𠂉 𠂉 𠃊 竹 竹 竹 筲 筷 筷 筷 筷 筷

【笔画数】13画

【部首】竹（竹部）

【结构】上下

【书写提示】“筷”右下边是“夬”，不要错写成“央”。

隶书

“筷”字大约出现在明代，而中国人使用筷子的历史却始自原始社会末期。中国是筷子的发源地，有史记载的以筷进餐的历史有三千多年。传说大禹治水时在野外进餐，有时时间紧迫，刚烧好的饭食滚烫无法下手，就以树枝夹取热食，筷子由此而发明。

筷子古称“箸”。远古时期我们的祖先用树枝、竹枝或兽骨等制成两根细小的棍子来夹取食物。夏商时期民间以竹为筷，王公贵族则用玉石和象牙做成的筷子，商纣王就使用象牙制作的“象箸”，如《韩非子》“昔者纣为象箸”。春秋战国时期出现了“铜箸、铁箸”，汉魏时期有了“漆箸”，隋唐时期有了“金箸、银箸”。宋元以来筷子在实用性的基础上还兼具工艺性，种类形状多样，设计制作精美，成了人们收藏的工艺品 。

“筷”字的出现源于民间忌讳。“箸”与“住”同音，“住”有停止的意思，东部沿海地区的渔民、船民最怕船“住”，便反其道而行，改“箸”为“快”，以图吉利。后来以“快”称“箸”在民间流行开来，因箸多为竹制，人们就给“快”加上个竹字头，造出了“筷”字。

筷子看起来简单，但它可夹、可拌、可挑、可拨，功能多样，使用灵活方便。它不仅使我们的祖先脱离了以手抓饭的远古时期，而且据研究，使用筷子能牵动人体几十个关节和肌肉，从而刺激大脑神经，使人心灵手巧。筷子的发明和使用还是中国人对人类文明的一大贡献，中国的筷子远传到朝鲜、韩国、日本、越南、马来西亚、印度尼西亚、爪哇等地，每年的8月4日是日本的“筷子节”，人们要庆贺一番，感谢筷子一日三餐不辞辛苦地为人类服务。

huáng

【笔顺】′ ㇀ 𠂆 白 白 自 皇 皇 皇

【笔画数】9画

【部首】白（白部）

【结构】上下

【词语】皇天后土　张皇失措　冠冕堂皇

金文中的“皇”像一盏灯的样子；下面是灯座，中间是灯盘，盘里有油，上面是闪烁的火光；整个字表示灯光明亮的意义。也有人认为金文“皇”的下面是土，中间是日，上面是太阳的光芒；整个字表示太阳从地面升起放射光芒的意义。“皇”是“煌”的本字，表示光明灿烂、光芒闪耀，如《尚书》“建用皇极”，《诗经》“皇以间之”。

◎ 汉代青铜豆形灯

后来古人借用表示光明、光芒的“皇”来指称上天、天神，

如《诗经》"上帝是皇"；又如"皇公、皇祇、皇天、天皇"指天神，"皇命"指天命，"皇门"指天门。"皇"引申为敬称德高望重、才智超群的人，如《春秋》"伏羲、女娲、神农为三皇"，又如"皇羲、皇娲、皇娥、三皇五帝"；也引申为敬称那些已经去世的祖先，如"皇祖、皇考、皇妣"。"皇"还引申为盛大、伟大的意义，"皇业"指大业，"皇道"即大道，还有"皇皇巨著、富丽堂皇"；又引申为美好的意义，如"皇想"指美好的怀想。

秦始皇统一天下后，认为自己德高三皇，功过五帝，为了彰显自己至高无上的权力和地位，特更改名号，把古代最尊贵的"三皇五帝"的称号合二为一，自称"皇帝"，以示天下唯我独尊。从此，"皇"就成为最高统治者的称号，一直沿用到清代，如"皇上、皇族、皇后、皇储、皇家、皇朝、皇权、皇位、太上皇、皇子皇孙、皇恩浩荡"。在封建社会，"普天之下，莫非王土"，"皇"由皇帝引申指朝廷和整个王朝，如"皇廷"指朝廷，"皇图"指封建王朝的版图，"皇纲"指朝廷的纲纪。

"皇"后来多用于假借意义和引申意义，人们又另造"煌"字来表示"皇"的本义。

早春

（唐代）韩愈

天街小雨润如酥，草色遥看近却无。

最是一年春好处，绝胜烟柳满皇都。

◎ 三国青瓷熊灯

jiān

【笔顺】丨 丨丨 丨丨丿 丨丨𠂉 丨丨𠂉丶 丨丨𠂉丶丨 丨丨𠂉丶丨𠃍 ... 监

【笔画数】10 画

【部首】皿（皿部）

【结构】上下

【读音提示】“监”又读作 jiàn。

【词语】监守自盗

甲骨文中的“监”右边像一个跪着的人睁着大大的眼睛往下看的样子；左边是皿，皿即器皿。在金文中，人变成了站立的形象，器皿上加了一小横，表示器皿中有水；整个字像人在一盆水旁边，弯着腰，睁大眼睛，看着水中映出的自己的影子。“监”指用盆子里的水照面。古人在生活实践中发现，清澈平静的水面可以照见自己的容颜，于

◎ 春秋吴王夫差青铜鉴

◎ 汉代大宁神兽青铜镜

是就用盛水的器皿来照容整妆。“监”是“鉴”的本字，反映了人类最原始的照镜子的方式，是镜子发明以前古人盛水为镜、以水映面的真实写照。新石器时代出现了铜镜，到了商周时期，青铜冶炼技术和青铜器的制造水平都达到了很高的水平，人们用青铜制造出了能够映出容貌的镜子，从此结束了人类盛水为镜的历史。铜镜出现以后，人们又造出“鉴”字，表示人用铜镜照面的意义，“监”的本义便渐渐消失不用了。

“监”从本义引申出察看、督察等意义，如“监斩、监修、监工、监考、监督、监视”；还引申出掌管、督促等意义，如“监帅、监国、监院、监事、监管”；又引申出统领的意义，如“监统、监御”；还有关押、牢狱等意义，如“监禁、监候、监押、监狱、探监”。这些引申意义现在仍在使用着。

“监”是多音字，又读作 jiàn，用于古代官署名，如“国子监、监生、监本”；也用于地名，如湖北“监利”。

◎ 汉代画像砖上持镜照面的情景

yì

【笔顺】丶 丷 丷 丷 兰 兰 兰 兰 益 益 益

【笔画数】10画

【部首】皿（皿部）

【结构】上中下

【书写提示】“益”字中间是“八”，捺要写作点；不要错写成“人”。

【词语】良师益友 集思广益

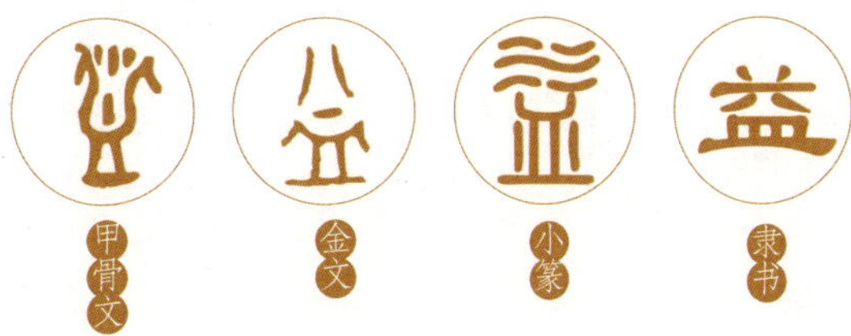

“益”在甲骨文中像一个器皿中装满了水，水多得要从器皿里流出来的样子，表示水从器皿中漫出来的意义，是“溢”的本字；引申为水涨，如《吕氏春秋》“澭水暴益”。“益”由此泛指增长、增加的意义，如《周易》“损益，盛衰之始也”，《吕氏春秋》“人或益之，人或损之”；“益甲、益兵、益军”指增兵；又如“增益、延年益寿、大有所益”。

“益”还引申为有利的、有好处的，如《晏子春秋》“圣贤之君，皆有益友”；又如“益鸟、益虫、益处”。“益”又引申为好处，与“害”意义相对，如《资治通鉴》“大有所益”，又如“获益、收益、有益、无益、利益、权益、受益不浅”。《尚书》说：“满招损，谦受益，时乃天道。”说的就是自满招致损失、谦虚使人受益的人生道理。

“益”也用作副词，表示更加的意义，如《孟子》“如

水益深，如火益热”；又如“益发、益加、日益、精益求精、老当益壮、多多益善”等。

“益”后来多用于引申意义，人们另造“溢”字表示水漫出的意义。

秦中寄远上人

（唐代）孟浩然

一丘常欲卧，三径苦无资。

北土非吾愿，东林怀我师。

黄金燃桂尽，壮志逐年衰。

日夕凉风至，闻蝉但益悲。

jìn

【笔顺】㇇ ㇇ 尸 尺 尽 尽

【笔画数】6 画

【部首】尸（尸部）

【结构】上下

【读音提示】“尽”又读作 jǐn。

【词语】鞠躬尽瘁　仁至义尽

“尽”的甲骨文字形上面像一只手拿着一个像毛刷子样的东西，下面是一个器皿；整个字像手拿刷子洗刷盛过东西的器皿。只有当盛东西的器皿空了才能清洗，因此古人用洗刷器皿来表示器物空了的意义；泛指空的，如“尽然”“尽觞”即饮完了杯中的酒。

器物空了，有完了、终了的含义，“尽”由此引申为完了、全部用出、努力做到等意义，如《荀子》“马力尽矣”，《墨子》“攻械尽”，《资治通鉴》“烧尽北船”；又如“竭尽、穷尽、尽兴、尽责、尽义务、尽心尽力、弹尽粮绝、筋疲力尽、一言难尽、一网打尽、取之不尽”。“尽”还引申为达到极点，如“路的尽头、山穷水尽”；喻指死亡，如“自尽、尽死、尽命”。“尽”又引申为全部、所有、最大限度的意义，如《礼记》“虚坐尽后，食坐尽前”，《孟子》“尽信书”；又如“尽数、尽杀之、尽人皆知、尽善尽美、应有尽有”等。

“尽”的繁体字过于繁复，后来简化成现在的字形。需要注意的是，“尽”是个多音字，表示上述意义时，读作 jìn，繁体字写作“盡”；在“尽管、尽量、尽早、尽快、尽可能”等词语中，读作 jǐn，繁体字写作“儘”。

登高

（唐代）杜甫

风急天高猿啸哀，渚清沙白鸟飞回。
无边落木萧萧下，不尽长江滚滚来。
万里悲秋常作客，百年多病独登台。
艰难苦恨繁霜鬓，潦倒新停浊酒杯。

下篇 日常生活

第六部分 与符号有关的

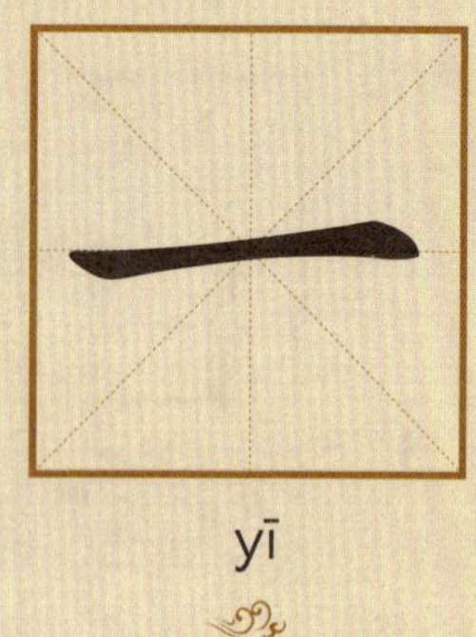

yī

【笔顺】一

【笔画数】1 画

【部首】一（横部）

【结构】独体

【读音提示】“一”声调是一声，读作 yī，但在口语中会发生变调，在四声字前要读作二声 yí，在一、二、三声字前要读作四声 yì。

【词语】一溜烟　一刀两断　一鼓作气　一马平川　一目十行　一丝不苟　一望无际　以一当十　名噪一时　莫衷一是　众口一词　表里如一　不管三七二十一

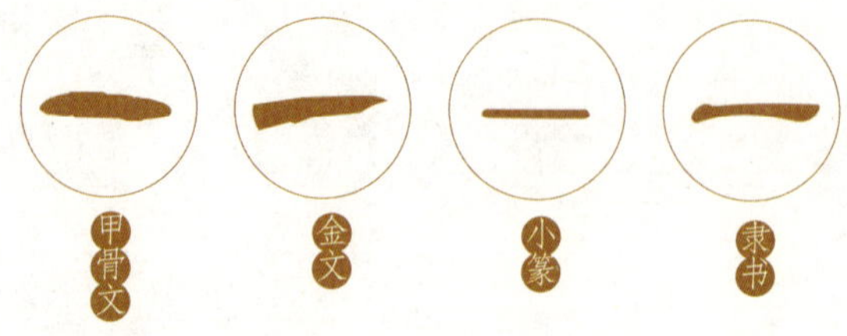

“一”在甲骨文中是指事字，就是一横。古人用画的一个横道来记数，表示人、事、物的最少数量，即数字一。“一”在汉字中笔画最少，也最容易认写，可它的内涵却并不简单，在中国文化与中国人的思维中，“一”由普通的数字上升到哲学范畴。古人认为，“一”是万物之源，至高无上，无所不包，正所谓“道立于一”，有了“一”，才有了天、地、人以及世界中的万事万物。正如老子《道德经》所说：“道生一，一生二，二生三，三生万物。”《淮南子》说：“一也者，万物之本也。”《说文解字》说：“一，惟始太初，道立于一，造分天地，化成万物。”“一”至简的字形包含着如此丰富而深刻的哲学意义，充分体现了中国人繁源于简、至简之中有至繁的辩证思想。

“一”既是最小的数字，可以表示某一个、每一个，如“一天、一次、一刹那、一字千金、一念之差、一马当先、一草一木、一丝一毫、一朝一夕”；又是最大的数字，可以表示全部的、整体的，如“一切、一山、一车、一辈子、一生一世、一天一夜、一城一池、一路平安、一身是胆、一代英豪”。“一”可以表示“专一、纯一、始终如一”的意义，如“精一、一心一意、一团漆黑”；还可以表示同样的、统一的意义，如“一同、一概、一共、一律、同一、一模一样、一统天下、大小各一、看法不一”；又可以表示绝对、完全、非常等意义，如“一定、一览无余、一匡天下”；也可以表示短暂、稍微、初始等意义，如“试一试、一眨眼、一时半会儿、一出门、一不留神、一见如故”；还可以表示另外的意义，如“一说、番茄一名西红柿”等。

数字“一”的大写是“壹”，“壹”本义为专一，后来借用为“一”的大写，用于财务账目票据，防止数目被涂改。

绝句（其三）

（唐代）杜甫

两个黄鹂鸣翠柳，一行白鹭上青天。

窗含西岭千秋雪，门泊东吴万里船。

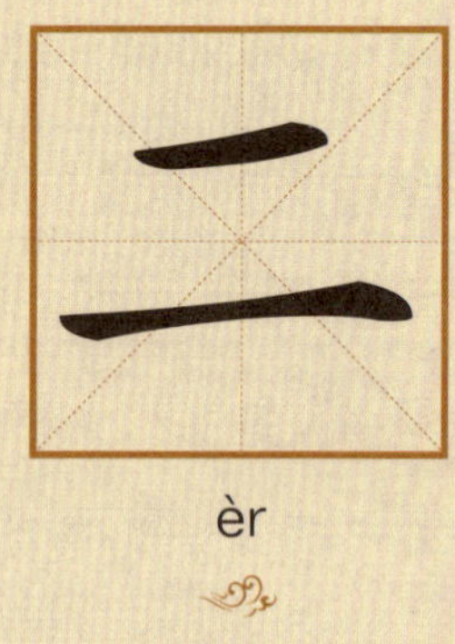

èr

【笔顺】一二

【笔画数】2 画

【部首】二（二部）

【结构】独体

【书写提示】“二”的大写汉字是“贰”，不要错误地简写作“弍”，“弍”是“貳”的异体字。

【词语】二话不说 梅开二度 三心二意 独一无二 数一数二 说一不二 一分为二 三下五除二

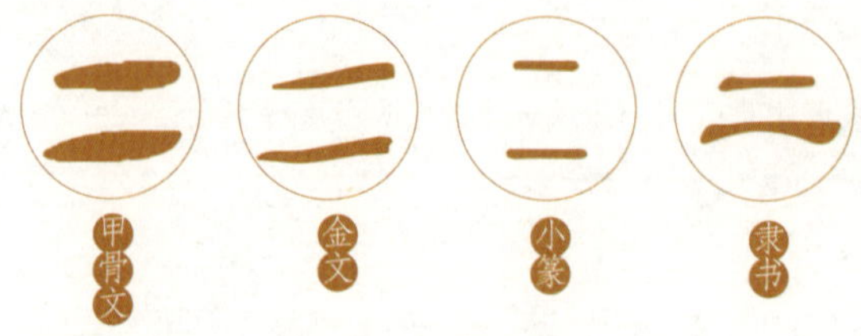

“二”在甲骨文中是上下两个平行的长短相同的横线，这是古代原始的记数符号，表示一加一所得的数字，如《论语》“闻一以知二”，又如“二人、二女”；引申为排列顺序中的第二位，如“二甲”指殿试第二等，“二公子”指第二个儿子；也引申为双、两个的，如“二重唱、独一无二”；还引申为再一次的、两倍的，如“年方二八”；又引申为两样的、不同的，如“有二心、没二话”。

数字“二”的大写是“贰”，专用于财务账目票据，防止数目被涂改。

咏柳

（唐代）贺知章

碧玉妆成一树高，万条垂下绿丝绦。

不知细叶谁裁出，二月春风似剪刀。

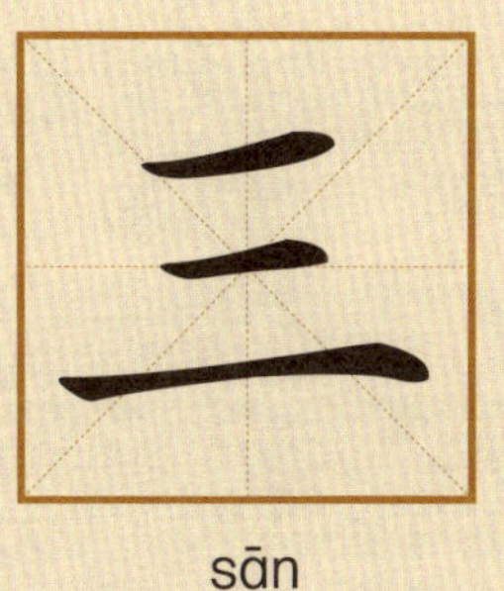

sān

【笔顺】一 二 三

【笔画数】3 画

【部首】一（横部）

【结构】独体

【词语】三令五申　三三两两　三五成群　三言两语　不三不四　颠三倒四　接二连三　举一反三　三寸不烂之舌

三天打鱼，两天晒网

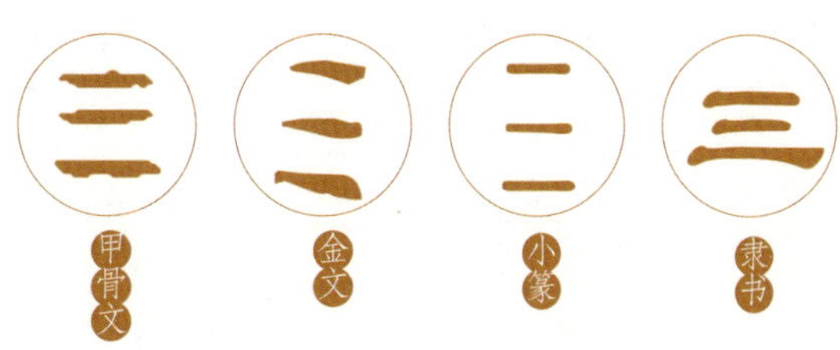

“三”在甲骨文中是三个平行的长短相同的横线，这也是古代原始的记数符号，表示二加一所得的数字，如《庄子》“二与一为三”，《道德经》“道生一，一生二，二生三，三生万物”，《诗经》“三星在天”，《论语》“三人行，必有我师焉”；又如“三足鼎立、三顾茅庐、狡兔三窟、酒过三巡”。

“三”在汉语中不仅实指数目三，还用于虚指，表示三以上的多数，《诗经》“一日不见，如三岁兮”，“三”即指多数；又如“三缄其口、三思而行、三心二意、三长两短、三番五次、三头六臂、韦编三绝”。古人造字时，以三人为“众”、三水为“淼”、三石为“磊”、三口为“品”、三日为“晶”、三木为“森”、三金为“鑫”、三牛为“犇”、三直为“矗”等，无不体现出以“三”示多的理念。

“三”在中国传统文化中还具有特殊的意义。古人观察自然与社会常“以三为法”，如天、地、人为“三才、三元、三极、三灵”，日、月、星为“三光”，福、禄、寿为“三星”，松、竹、梅为“三友”，还有“三皇、三王、三君、三亲、三军、三仪、三德、三戒、三山”等。

数字“三”的大写是“叁”，专用于财务账目票据，防止数目被涂改。“叁”是将“参”字下面的三撇变成三横而造出的字。

兰溪棹歌

（唐代）戴叔伦

凉月如眉挂柳湾，越中山色镜中看。

兰溪三日桃花雨，半夜鲤鱼来上滩。

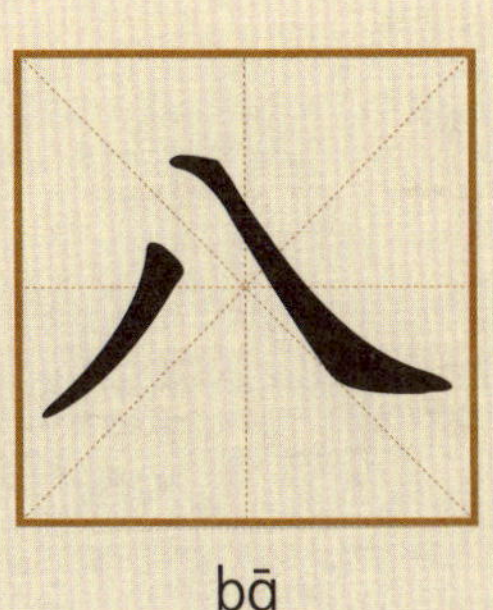

bā

【笔顺】丿 八

【笔画数】2 画

【部首】八（八部）

【结构】独体

【书写提示】“八”是一撇一捺，两笔上端不相交；注意不要与“人”或“入”相混。“八”在字的中间和下边时，最后一笔捺要写作点；在字的上边时，最后一笔捺有时也写作点。

【词语】八拜之交　八面玲珑　八仙过海　乱七八糟　七上八下　四面八方　四通八达　横七竖八　八九不离十

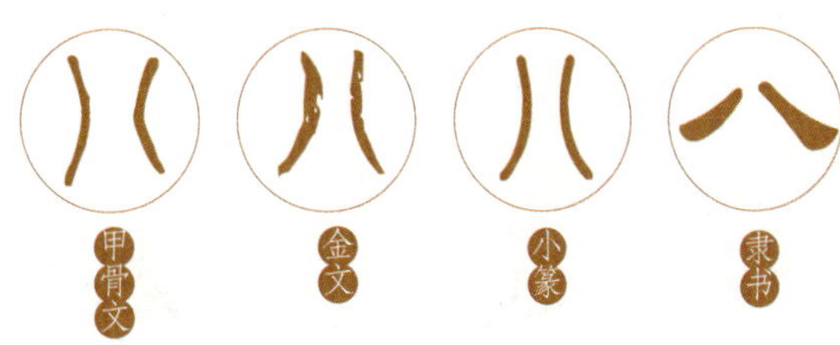

“八”在甲骨文中由两条相背、分开的曲线构成，本义表示相背、分开；后来借作数字，表示七加一之所得，如《诗经》“八月在宇”，又如“八股文、八宝饭”。古代表示人出生有年月日时四项，每项两个字，古人认为这八字决定人生的一切，民间有“八字还没有一撇”的说法，指人的命运还未算准，后用来表示事情刚开始、好坏成败还不清楚的意义。“八”又引申为多，如“五花八门”等。

数字“八”的大写是“捌”，专用于财务账目票据，防止数目被涂改。

山村咏怀

（宋代）邵康节

一去二三里，烟村四五家，

亭台六七座，八九十枝花。

shí

【笔顺】一十

【笔画数】2画

【部首】十（十部）

【结构】独体

【词语】十行俱下　以一当十　十八般武艺　十八层地狱　十年树木，百年树人

“十”的甲骨文是一条竖线，像一根悬垂的绳子。金文在竖线中间加了一个圆点，像在绳子上打了一个结。小篆中一点变成了一横，成了现在的字形。远古时期人们曾经在绳子上打结来记事、计数，即结绳计事。用一根绳子代表一个记事主题，用绳子上的一个结代表表示全数的数字十，“十”的金文字形表现的就是这种原始的记数方法，代表了人类最古老的记数符号。

我国是世界上最早使用十进位制的国家，“十”表示九加一所得的数字，如“十指连心、十亩之间、十里长亭”。“十”也用于虚指，表示多数的意义，如“十手所指、十年寒窗、十室九空、十有八九、十面埋伏、五光十色、一曝十寒、一目十行”；又表示达到极点、齐全、完美等意义，如“十足、十成、十万火急、十拿九稳、十恶不赦、十全

十美”等。

数字“十”的大写是“拾”，专用于财务票据，防止数目被涂改。

金陵图（其二）

（唐代）韦庄

江雨霏霏江草齐，六朝如梦鸟空啼。

无情最是台城柳，依旧烟笼十里堤。

shàng

【笔顺】丨 ⺊ 上

【笔画数】3 画

【部首】丨（竖部）

【结构】独体

【读音提示】“上”又读作 shǎng。

【词语】上天入地　承上启下　不相上下　后来居上　蒸蒸日上　上梁不正下梁歪

甲骨文中的“上”是指事字，由上下一短一长略有弧度的两横组成，短横在上，长横在下，以短横的方向表示朝向天空、位置在上的意义。为与表示数字的“二”相区别，金文字形在长横上加了一竖，变成了现在的字形。“上”指上面、高处的意义，如《诗经》“施于松上”“宛丘之上兮”，又如“上游、山上”；引申指上天、天神，如《诗经》“文王在上”，又如“上方、上天、上仙、上皇、上神”；又特指君主、天子，如《史记》“上使外将兵”，“上林、上苑”指帝王的园林。“上”还引申为等级、辈分高或尊贵的意义，如《战国策》“上客从赵来”，又如“上策、上流、上辈、上位、上司、上级、上宾、上座、至高无上”；又引申为时间或次序在前面的意义，如“上古、上代、上世、上月、上一年”。

“上”也用作动词，表示由低到高、攀登的意义，如“上岸、上山、上升、上台、上马、上天入地、上蹿下跳、蛇行而上”；泛指去、到、达到的意义，如“上阵、上门、上学、上班、上岗、上任、上年纪、成千上万”；喻指陷入，如“上当、上钩、上套儿、上了贼船”。“上”还表示呈报、进献、报送等意义，如“上报、上书、上表、上章、上诉”；也表示刊登、增加、安装等意义，如“上榜、上刑、上螺丝”；又表示开始、加入、进行等意义，如“上劲、上瘾、上菜、上药、上课、上班”。

“上”还用作方位词，表示时间、处所、范围以及动作的趋向、开始或完成，如“早上、墙上、事实上、爬上、迷上、考上”。

“上”是多音字，又读作 shǎng，表示现代汉语普通话四个声调中的第三声，如“上声、平上去入”。

和乐天春词

（唐代）刘禹锡

新妆宜面下朱楼，深锁春光一院愁。

行到中庭数花朵，蜻蜓飞上玉搔头。

xià

【笔顺】一丅下

【笔画数】3 画

【部首】一（横部）

【结构】独体

【词语】承上启下　急转直下

骑虎难下　双管齐下

千里之行，始于足下

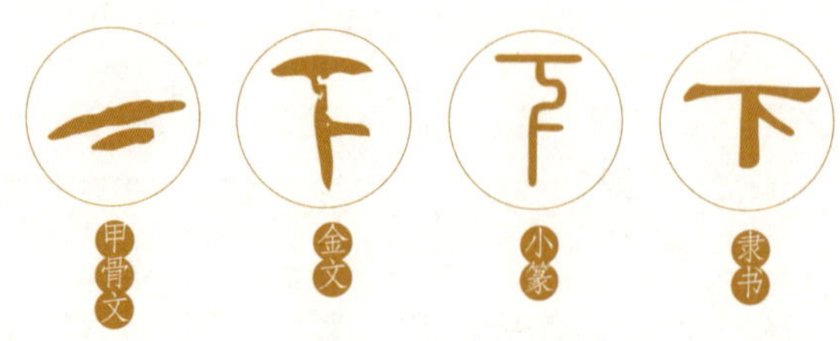

甲骨文中的“下”是指事字，是上下一长一短略有弧度的两横，长横在上，短横在下，以短横的方向表示朝向地面、位置在下的意义。金文字形在长横下又加了一竖，变成了现在的字形。“下”指下面、低处的意义，如《诗经》“在南山之下”“十月蟋蟀入我床下”，又如“下游、下方、山下、朝下、以下、上吐下泻、居高临下”；引申指与天相对的地，如《尚书》“昭升于上，敷闻在下”，“下土”指大地、人间，“下世”指阴间，“下鬼”是地下之鬼，即死者。“下”还引申为等级、辈分低的意义，如《礼记》“君臣上下”，《论语》“不耻下问”；又如“下品、下策、下等、下乘、下级、下属、下层、下人、下贱、下里巴人、不相上下”。“下”由此喻指百姓、臣子，如“瞒上欺下、媚上欺下”；也用作谦称，用于对人称自己，如“在下、下官”。

“下”又引申为时间或次序在后面的意义，如“下午、下月、下次、下辈子、下不为例”。

“下”也用作动词，表示由高到低、降下的意义，如《左传》“下视其辙”，又如“下雨、下船、下山、下降、下马、下台、下阪走丸、落井下石”；泛指去、到、进入等意义，如“下水、下海、下乡、下江南、下车间”。“下”还表示颁布、递送、作出等意义，如《战国策》“令初下”，又如“下诏、下令、下指示、下达、下战书、下聘礼、下结论、下逐客令”；也表示拿掉、攻克、投放等意义，如“攻下、下旗、下货、又下一城、下了他的枪、下笔、下棋、下毒、下面条、下力气、对症下药”；又表示离开、结束、退让等意义，如“下岗、下架、下课、下班、相持不下”。“下”还有低于、少于的意义，如“不下一百人”；又喻指某些动物生产，如“鸡下蛋、下小猪”。

“下”还用作方位词，表示时间、处所、范围以及动作的继续、完成或结果，如“年下、城下、乡下、私下、四下里、坐下、说下去、定下计划”；又用作量词，表示动作的次数，如“拍一下、打几下、有两下子”。

送孟浩然之广陵

（唐代）李白

故人西辞黄鹤楼，烟花三月下扬州。

孤帆远影碧空尽，唯见长江天际流。

编辑手记

随着网络技术的普及，我们书写汉字的机会越来越少，提笔忘字成了中国人的一声叹息。但随之而来的是，手写汉字的复古风也渐渐成为一种潮流，越来越多的年轻人开始写日记、记手账、抄心经、临摹字帖。这从一个侧面反映出中国人内心深处的汉字情节。

汉字是打开我们认知世界的一扇门。记得小时候，最初开始认识汉字，是在妈妈怀里跟着她一起看书读报。先是妈妈念给我听，后来，那些在我眼里原本都是一个个小黑块的东西开始有了生命力，认识它们之后，我能流利地读懂书里的故事，流畅地说出内心的想法。随着认识的方块字越来越多，我也越来越喜欢用学会的词语来表达自己的感受。现在想想，汉字竟是如此神奇，那一撇一捺、那横折弯钩，每一笔都联通着我们中华民族的文化之根。尽管很小的时候就认识了不少汉字，但却不了解每个汉字背后所承载的文化，更不了解每个汉字的起源及其演变。直到很偶然也很幸运地拿到子默老师写的这本书稿。静下心来，仔细阅读书中讲述的每一个汉字，我发现，原来每一个汉字的背后，都有我们中华民族五彩斑斓的历史故事和博大精深的文化。

这是一本从汉字的古字形入手，梳理汉字意义演变的书，其中穿插着丰富而有趣的中国历史文化知识，既直观明了地展示汉字字体与字义演变，又贯穿着悠久的中华文明史，让读者读懂汉字的前世今生。书中的古诗词，又使读者能够深刻感悟汉字的形意之美与独特韵味。

读完书稿，更多地感受到一种无法言表的愧疚，读了这么多年的书，天天与汉字打交道，我对汉字的认识也只是一知半解而已。石虎先生曾说过："汉字有道，以道生象，象生音义，象象并置，万物寓于其间。"作为一名编辑，我觉得应该让更多的人了解我们中华民族的符号——汉字，让更多的人知晓汉字所承载的丰厚文化。因为越是了解祖先的文化根基，才能越深刻地认识我们自己。

本书得以付梓，离不开子默老师良工苦心的创作，特别感谢子默老师在书稿编校过程中给予的悉心帮助和指导。感谢李晓前老师对我的信任和栽培，感谢美编孙艳武为版式与封面设计投入的热忱与精力。感谢国家博物馆为本书提供精美文物图片，感谢剪纸艺术家刘卓提供技艺精湛的剪纸作品、国画艺术家温熹专门为本书绘制的书画作品，以及京剧票友包玥为本书提供的京剧摄影作品。每一位为本书的出版付出心血的朋友，在此一并致谢！不足之处，敬请各位专家和读者批评指正。

2017年2月于北京

图书在版编目（CIP）数据

人类与生活 / 子默著. -- 北京 : 中译出版社,
2017.11(2023.2 重印)
(读懂汉字)
ISBN 978-7-5001-5365-8

Ⅰ. ①人… Ⅱ. ①子… Ⅲ. ①汉字－通俗读物 Ⅳ.
①H12-49

中国版本图书馆CIP数据核字(2017)第178360号

出版发行 / 中译出版社
地　　址 / 北京市西城区车公庄大街甲4号物华大厦六层
电　　话 / （010）68359376 68359827（发行部）（010）68359719（编辑部）
邮　　编 / 100044
传　　真 / （010）68357870
电子邮箱 / book@ctph.com.cn
网　　址 / http://www.ctph.com.cn

策划编辑 / 李晓前
责任编辑 / 王博佳
封面设计 / 孙艳武

印　　刷 / 天津奥丰特印刷有限公司
经　　销 / 新华书店

规　　格 / 880mm × 1230mm　1/24
印　　张 / 18.5
字　　数 / 336千字
版　　次 / 2017年11月第一版
印　　次 / 2023年2月第三次

ISBN 978-7-5001-5365-8　　定价：96.00元

中　译　出　版　社